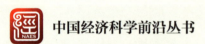
中国经济科学前沿丛书

中国流通理论前沿 (7)

Frontiers of the Theoretical Development of China: Distribution Theory

荆林波　依绍华　李蕊/主编

社会科学文献出版社
SOCIAL SCIENCES ACADEMIC PRESS (CHINA)

总　序

从 1999 年我们推出第一辑"中国经济科学前沿丛书"至今,已经跨越 15 个年度。按照当时每隔 2~3 年时间编撰一辑并形成一个连续性系列的计划,今年该是推出第七辑前沿丛书的时候了。

第七辑前沿丛书的编撰正值中国站在新的历史起点、全面深化改革的关键时期。改革不仅是实践层面的制度变迁,也迫切需要理论的指导。在这具有承前启后意义的全面深化改革时刻,作为理论工作者,特别是作为国家级学术型智库的理论工作者,在时代变革大潮中,对近年经济理论前沿回顾、总结和进一步研究,既挖掘学术研究前沿的重大理论问题,又以经济学术前沿知识支撑伟大改革事业的理论基础,是一项极为重要的工作。我们以此为当仁不让的神圣责任和使命。这种责任与使命既来源于一个理论工作者的基本要求,更来源于中国社会科学院财经战略研究院的基本定位——马克思主义财经科学的坚强阵地、中国财经科学的最高殿堂、党和国家财经领域的思想库和智囊团。

在编撰第一辑前沿丛书之时,我们便为它定下了基本特点。那就是:学术性——重点反映主要经济学科领域在一定时期的理论研究概况和重要的学术观点;历史性——动态地反映一定时期内的理论发展脉络或发展轨迹;前瞻性——对今后进一步深化研究做出判断并提出建议;理论与实践相结合,将学术研究与对策研究融为一体,研以致用,在实践中提炼理论,为实践寻找理论依据或支撑。这几个特点,我们不敢说都做到了,但总是尽力将其贯穿于每一本书的编撰之中,竭力拿出精品著作回报读者的厚爱。

编撰上一辑"中国经济科学前沿丛书"时,我们的身份还是"中国社会科学院财政与贸易经济研究所"，这次我们的身份变为"中国社会科学院财经战略研究院"。这种身份的变化不仅仅体现在单位名称的变更上，更是内涵和职能的变化与升华。2011年12月29日，我们在"财政与贸易经济研究所"的基础上组建了"财经战略研究院"。从此，我们不仅仅是传统意义上的"做学问"、"写文章"，更要在学术研究的基础上从事"智库"工作。我们的研究更加讲究"综合性、战略性、前瞻性"，更加讲究"研以致用"，为政府的决策"出谋划策"。但是，我们又不是一般意义上的"出谋划策"，而是更植根于坚实的学术研究基础上的"出谋划策"。因此，我们一如既往地重视学术前沿问题的研究，重视这套丛书的编撰工作。

我们这次编撰出版的"中国经济科学前沿丛书"由五本理论文集所构成：《中国财政经济理论前沿》、《中国流通理论前沿》、《中国国际商务理论前沿》、《中国价格理论前沿》和《中国服务经济理论前沿》。细心的读者会发现，这次的"前沿丛书"多了一本《中国服务经济理论前沿》。服务经济学科是我们财经战略研究院重要的组成部分。当时的财政与贸易经济研究所于2003年组建服务经济理论与政策研究室，从此系统地开始服务经济理论与政策研究。11年来，他们不辱使命，承担了大量国家和部委课题，发表了许多有影响的学术论文，参与了许多与服务业相关的政府文件起草和政策咨询工作，研究工作颇有影响。经过多年学术积累后，今年推出了第一部《中国服务经济理论前沿》。

最后想说的是，前沿丛书的连续出版，与广大读者的关注、鼓励和支持是分不开的。在表达我们最真诚的感谢的同时，也期待广大读者能够继续关注前沿丛书的发展与进步，并对其中的问题和不足批评指正。总之，让我们共同努力，把"中国经济科学前沿丛书"的有关工作做下去、做得更好。

中国社会科学院财经战略研究院

高培勇

2014年11月9日

目 录
CONTENTS

1

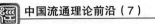

CONTENTS
C O N T E N T S

Part I Distribution Theory

Part II   Industry Development

Part III   Building System

Part IV   Industry Innovation

第一篇　流通理论探讨

推进国内贸易流通体制改革 建设法治化营商环境[*]

宋　则^{**}

摘　要　我国市场体系分割封锁，市场秩序混乱，行政垄断横行，潜规则盛行，不正当竞争泛滥，严重弱化了市场应有的资源配置效能，增加了巨大的额外交易成本，即体制性成本。而无端的高额体制性成本，推高了商品价格，增加了城乡居民负担，极大伤害了国计民生，影响了国民经济可持续发展。所以，完善现代市场体系，深化国内贸易流通体制改革，建设法治化营商环境，提高市场配置效率，提高流通效能，刬除体制性成本意义重大、刻不容缓。

关键词　流通体制改革　法治化　营商环境

中共十八届三中全会圆满落幕，全面深化改革重要决策举世瞩目。《中共中央关于全面深化改革若干重大问题的决定》（以下简称《决定》）对新一轮经济社会体制改革以全新的思路做出了全面部署。其中，《决定》就加快完善现代市场体系提出了一系列新任务和新要求，"推进国内贸易流通体制改革，建设法治化营商环境"是重要内容之一。《决定》的时间

---

* 本文结合中共十八届三中全会决定，2013 年 12 月，为商务部专家座谈会年会提供的书面发言，部分理论观点和政策主张已通过中国社会科学院内参报送中央，国务院领导有批示。商务部主要领导姜增伟、副部长房爱卿、主任黄海等听取了笔者的发言，所提建议和改革要点引起各方关注。本文在《中国流通经济》2014 年第 1 期发表，在中国人民大学复印报刊资料《贸易经济》2014 年第 4 期全文转载。

** 宋则，中国社会科学院财经战略研究院研究员，博士生导师。主要致力于中国市场经济、居民消费、现代服务业、流通创新等理论和政策研究。

表规定，"到 2020 年，在重要领域和关键环节改革上取得决定性成果，完成本决定提出的改革任务"。按照这个要求，只有六七年的时间，推进新一轮流通体制改革任务十分紧迫。

一 完善现代市场体系，深化国内贸易流通体制改革，建设法治化营商环境意义重大、刻不容缓

《决定》在"全面深化改革的重大意义和指导思想"中指出，要"紧紧围绕使市场在资源配置中起决定性作用深化经济体制改革，坚持和完善基本经济制度，加快完善现代市场体系、宏观调控体系、开放型经济体系，加快转变经济发展方式，加快建设创新型国家，推动经济更有效率、更加公平、更可持续发展"。

《习近平关于中央全面深化改革决定的说明》中就这一重大问题做了进一步的阐述，"进一步处理好政府和市场关系，实际上就是要处理好在资源配置中市场起决定性作用还是政府起决定性作用这个问题"；"市场经济本质上就是市场决定资源配置的经济。健全社会主义市场经济体制必须遵循这条规律，着力解决市场体系不完善、政府干预过多和监管不到位问题。做出'使市场在资源配置中起决定性作用'的定位，有利于在全党全社会树立关于政府和市场关系的正确观念，有利于转变经济发展方式，有利于转变政府职能，有利于抑制消极腐败现象"。

应该说，"在资源配置中市场起决定性作用"这一"市场决定论"来之不易，意义重大，是付出巨大的艰辛探索、经验教训和沉重代价才换来的。今后，政府越过市场，继续过多不当干预，将被视为助长消极腐败而加以整改。"市场决定论"第一次剔除了以往不必要的谨慎和保留，对政府与市场的关系给出了实事求是、准确到位的科学阐释，必将对深化改革产生全方位的深远影响。

要在实践中切实体现和充分落实"市场决定论"，首先就必须具备完善健全的市场体系。而恰恰在这个要害问题上，由于种种原因，我国市场体系发育严重滞后，弊端丛生，阻碍了市场高效配置资源的能力。《习近平关于中央全面深化改革决定的说明》中列举了这些问题的严重性："经过 20 多年实践，我国社会主义市场经济体制已经初步建立，但仍存在不少问题，主要是市场秩序不规范，以不正当手段谋取经济利益的现象广泛存

在；生产要素市场发展滞后，要素闲置和大量有效需求得不到满足并存；市场规则不统一，部门保护主义和地方保护主义大量存在；市场竞争不充分，阻碍优胜劣汰和结构调整，等等。这些问题不解决好，完善的社会主义市场经济体制是难以形成的。"

实际情况的确如此，仅就商品市场而言，我国市场、流通领域对外开放有余、对内开放不足，国内市场体系分销渠道被行政划定的边界（例如省、市、县边界）阻断压制，被种种行政隶属关系封闭禁锢，分销渠道被切割得零零碎碎、难成体系，产供销辐射半径被大为压缩，商品很难无障碍高效流动，导致市场化、横向性、有实力的商业企业稀缺。在一个主权国家内部，地方商品与消费者之间很少有见面的机会，供给与需求很难充分接触，障碍重重，致使成本高、效能低、东西贵。可以说，体制机制问题极大地阻碍了消费增长和扩内需政策的有效落实。而按照《决定》要求，加快健全市场体系，畅通流通渠道，将大幅度搞活生产，盘活商品，激活消费，增强经济发展的内生性动力。

农产品销售难引致的农民增收难，以及农民消费的"购买难"也是我国市场体系中的突出问题。农民不但增收能力低，增收代价高，而且即使已经到手的货币收入，也很难像城里人那样方便快捷、安全可靠地买到物美价廉的消费品，农民分享现代物质文明依然存在困难。换句话说，由于流通阻滞淤积，农民受到的是双重损失。就"三农问题"而言，构建完善的城乡一体化的市场体系和畅销体系是"解决卖难保增收"和"化解买难促消费"的有效措施。

总体而言，我国市场体系分割封锁，市场秩序混乱，行政垄断横行，潜规则盛行，不正当竞争泛滥，严重弱化了市场应有的资源配置效能，增加了巨大的额外交易成本，即体制性成本。例如，市场壁垒所发生的额外成本，自主经营受到干扰、不当干预所发生的额外成本，竞争不公平不充分、不平等交换所发生的额外成本，消费者自主选择受到阻碍所发生的额外成本，商品和要素无法自由流动所发生的额外成本，商业欺诈、诚信缺失所发生的额外防范成本。而无端的高额体制性成本，推高了商品价格，增加了城乡居民负担，极大地伤害了国计民生，损害了国民经济可持续发展。所以说，完善现代市场体系，深化国内贸易流通体制改革，建设法治化营商环境，提高市场配置效率，提高流通效能，剔除体制性成本意义重大、刻不容缓。

为此，必须按照《决定》的要求，"加快形成企业自主经营、公平竞争，消费者自由选择、自主消费，商品和要素自由流动、平等交换的现代市场体系，着力清除市场壁垒，提高资源配置效率和公平性"；"建立公平开放透明的市场规则。改革市场监管体系，实行统一的市场监管，清理和废除妨碍全国统一市场和公平竞争的各种规定和做法，严禁和惩处各类违法实行优惠政策行为，反对地方保护，反对垄断和不正当竞争。建立健全社会征信体系，褒扬诚信，惩戒失信。健全优胜劣汰市场化退出机制，完善企业破产制度"。按照《决定》给出的时间表，要在六七年之内，在这些问题上取得实质性的重大进展，难度很大、任务艰巨，不容拖延。

二　完善现代市场体系，深化国内贸易流通体制改革，建设法治化营商环境的具体对策

这些年在市场流通领域"改什么"以及"怎么改"的问题上一直含糊其辞，模糊不清，多有遗漏。这里按照《决定》精神，按照倒计时的思路，简要提出健全市场体系、深化流通体制改革十二个方面战略性的新举措。

（一）深化国有和非国有商贸企业产权制度改革

构建完善的市场体系，培育市场主体是重中之重。大批实力雄厚的商贸企业是天然的市场主体，是市场体系的重要支柱和微观基础。如果说市场经济就是市场机制配置资源的经济，那么商贸企业及其订单机制就是市场机制的实际体现者，因此也可以说市场经济就是商贸企业配置资源的经济。为此，要通过市场化的企业兼并重组，培育一批大型市场主体，自下而上（而不是以往的"自上而下"）地做实、做强、做大、做优一批实力雄厚、机制灵活的大型国际化企业，促进企业走出长期徘徊的中等规模陷阱。其中，非国有商贸企业建立现代企业制度也应该视为体制改革的范畴。与此同时，促进中小微企业管理体制改革。时间紧迫，时不我待，唯一有效的办法就是打破部门、地方保护，创造必要条件，实行大型企业促进政策，在充分竞争和兼并重组中自下而上地加速这一进程。

（二）深化零售企业运行机制改革

促进买方市场条件下的机制创新，注重夯实市场体系、流通领域的微观基础。目前，中国 80% 以上的零售企业管理粗放，50% 以上资金短缺，零售企业管理层的素质水平也整体低下，不能满足跨区域、全国性市场的扩张需求，不能有效地利用规模经济降低成本、提高效益，赢利模式简单、低端。业内普遍流行的收取通道费的盈利模式降低了企业的赢利能力及控制流通渠道的实力。我国零售百强排名前五名的企业销售额规模不足沃尔玛营业额的 5%。

国外有实力的大型零售企业，包括连锁店、百货店等都是"两条腿走路"，不仅自己开店，而且也自己做买卖。这些企业到处签采购销售订单买断经营，在全世界广布渠道网点，自主开发推销系列品牌（有些企业自主比率高达 40% ~ 60%），凭借自有资金、规模化的主营业务实力和抗风险能力，牢牢控制购销价格的主动权，在产业链中占有主导地位，并千方百计地获取丰厚利润。越是有实力的企业，这些特征就越明显。

相比之下，我国开店零售商做买卖的主营业务已只是个象征和例外，普遍不足收入来源的 5%。假如"开店的不做买卖，做买卖的不开店"、"有实力的拼命开店，做买卖的却少有实力"成为长期普遍现象，零售商的主要注意力和主营业务发生蜕变，纷纷"自废武功"，则有可能造成一系列灾难性后果。这就是，我国商品自主渠道淤塞弱化，企业核心竞争力丧失，流通半径缩小，大额订单锐减，自主品牌缺失，流通成本高昂以及零售商与供应商关系紧张，大企业成长停滞徘徊，并殃及第一产业、第二产业的正常运转。① 据此推测，零售商过度依赖收取各种租费生存，不仅势必激化与供应商的矛盾，还会导致自身业务素质滑坡，商业人才流失，买手队伍解体，整个零售业损毁。

在分工社会，各行各业都要"守土有责"，做好本职主业。而核心竞争力也只能来自每个行业的主营业务，人们也是根据所从事的主营业务特征来界定、区分和识别每个行业的，零售业也不例外。放弃自营的主业，

---

① 国际金融危机后，出口下挫，大订单产品需要在国内找出路，但是制造商和出口商立刻发现，在国内基本找不到大规模自主采购的零售商，只能走零敲碎打的高成本、小批量之路，加工贸易企业因无力内销而陷入困境。

就从根本上失去了自己的核心竞争力，甚至失去了被称作"商人"的身份资格。可以说，在买方市场条件下，把自营为主的买卖做好是商业企业的必修课和基本功。从这个意义上说，零售商主要注意力长期大面积不放在做买卖上，既不买也不卖，就是不务正业的严重失职，就好比工人不做工，农民不种地，雇员不上班，学生不上学，士兵开小差。

零售商大面积"失职""塌陷"终非长久之计，需要亡羊补牢、探寻良策。告别卖方市场后，我国应从战略高度，探索在买方市场环境下，推动主营业务回归，重建大型零售商自主购销渠道。特别是要从全面改革和制度设计的高度，促使国内流通企业自有资本的再积累和再集聚，增强国内各类商业企业的经商能力、融资能力和综合影响力，夯实商贸领域的微观基础。同时，也要从减轻零售企业负担、制定鼓励政策等方面入手，推动零售业向主营业务回归。针对目前的现实情况，似可倡导这样的过渡性思路：在现阶段，商业企业毕竟要保持自主经商的本色、特色，开店零售商不仅要做好服务商，更要做好自己的主营业务，逐步形成"自营业务为主、提供服务为辅"（也即自营为主，联营为辅）的新格局，努力使两者保持适当比例，相辅相成、互相促进。主要包括，增强自有资金实力和开展主营业务的能力，重建买手队伍，稳步提高大额采购销售、买断经营的比重，增强开店零售商承担风险的能力和责任。这是零售业做大做强、走出去的重要基础，也是降低流通成本、提高流通效能的必由之路。

最新动向显示，近年来由于大环境发生变化，租金、人工成本大幅上涨，商业企业外延扩张明显变缓，内含化转型成为新趋势。其中，商业企业联营遭遇挫折、陷入困境，联营模式再受考验，一部分企业已重新转型，尝试回归主业，逐步提高自营比例。

无论是大型企业还是中小型企业，做好自己的主营业务都是安身立命的根本。回归主营业务，重建大型企业规模化、高效能、低成本的流通渠道是今后的一项战略任务。振兴大型零售企业迫在眉睫。最重要的是加快促进企业商业资本的再积累和再集聚，扭转零售企业在买方市场条件下经商能力不断弱化的状况，增强一批零售商的经商能力、融资能力，增强一批企业的"四自"能力，即自有资本、自营业务、自主品牌、自担风险的能力，从而真正发挥引导生产、促进消费、优化资源配置的作用。这是完善市场体系的基础性、战略性任务，必须在短期内拿出有效措施，取得显著实效。

（三）深化批发体制改革，夯实现代批发市场的微观基础

促进一批有条件、有愿望的摊位制个体商贩向现代企业法人转变，多渠道培育一批具有国际影响力的大批发商。我国工业品流通量占商品流通总量的85%以上。多年来，最高决策层一直密切关注工业品批发业的规范化和现代化问题，有关部门也进行了广泛调研。目前的基本态势是，零售业发展、创新明显，而工业品批发业依然严重滞后，困扰国民经济的高效安全运行，突出表现是"市场大，商人小，秩序乱，隐患多"。目前由自然人个体工商户为主体支撑的传统批发市场已经相对过剩（这种模式的简单复制和重复建设的势头依然强劲，值得警觉），而规范的依托现代科技手段、经营管理手段和财务结算手段的独立大型批发企业却严重不足。这一强烈反差是我国工业品批发业滞后的症结所在，也是长期以来批发体系建设"重数量、轻质量"、"重场所建设、轻主体培育"所导致的必然后果。因此，在《决定》精神指引下，要加快夯实批发体系的微观基础，构建低成本、高效能、安全顺畅的现代工业品批发体系，推动生产性服务业企业深度参与"转方式"和"调结构"，在资源优化配置中发挥更大作用。

新动向显示，加快摊位商向公司制企业转型的时机已经成熟，公司化转型的比率已有所提高。在成千上万的摊位商中，有相当一批已经完成原始积累，在工商局多年前定制的个体"摊位商"的"小帽子"之下，经营规模、经济实力与日俱增，今非昔比，早已不是20世纪80年代"小商小贩"的陈旧概念，年交易额上百万都算是小的，上千万、数千万，甚至上亿元的个体摊位商比比皆是。现行管理体制已经不适应批发商的成长，许多有实力的摊位商迫切希望向现代公司制企业转型。主要原因是，公司制企业所具备的法人资格和商业信誉影响力远非个体工商户可比，银行等金融机构根据公司制企业资信状况减少相应贷款审查时间，提高授信额度和借贷偿还期限等项政策，对相当一批个体摊位商已产生极大的吸引力，故纷纷要求公司化注册。公司化注册比重，在一些专业批发市场已经达到30%以上。因此，要因势利导，加快扭转局面，告别30年一贯制的个体户模式，促成一批现代批发商快速成长，在资源配置中发挥低成本、高效率、大进大出的强大作用。

（四）深化商贸管理体制改革，促进商贸企业在电子商务时代的模式创新和业态创新

互联网信息技术、电子商务呈井喷新趋势，深刻而迅速地改变着商贸流通业的整体面貌，以往被简单定义为低技术含量、高劳动密集型的传统服务业，正在向高技术含量和高资本投入的现代服务业转变。高端技术和专业管理人才奇缺，已经成为商贸流通服务业转变发展方式的最大瓶颈。与此同时，虚拟经济与实体经济、网上购物与物流配送之间的矛盾迅速尖锐化。"轻点鼠标"过后，常常遭遇信息泄露、网络诈骗、诚信缺失和快递延误。这些政府管理与服务缺位的新问题需要在流通体制改革中加以解决。

此外，在互联网基础上，引入传感技术形成智能化的物联网将会是下一阶段改变商贸流通业面貌的新推动力。物联网是继计算机、互联网和移动通信之后引发新一轮信息产业浪潮的核心领域。通过 RFID 技术在多式联运、大型物流园区、城市配送、冷链物流等方面的应用，探索利用物联网技术对物流环节的全流程管理；开发面向物流行业的公共信息服务平台，开发适用于各种物流环境的特种电子标签、物流装备、读写器、中间件、管理系统等产品。据此推测，云计算、互联网、物联网将彻底改变商贸流通服务业的传统格局，引发难以想象的巨大变革，并迅速改变原有的生产和消费方式。这些新动向将对流通管理、服务体制提出新的更高要求，要认真研究新动向对完善市场体系和经商模式创新方面的推动作用。

（五）深化物流管理机构改革，提高物流效能，率先剔除政出多门等导致的极不合理的体制性物流成本

我国物流成本问题十分复杂，主要原因是原有的计划经济生产型主导的统计核算系统多有缺失和遗漏，很难对实际发生的物流成本完整准确地剥离识别。从体制和政策视角看，物流成本还可以划分为经济性成本与体制性成本。前者属于物流领域正常经营活动中所必然发生的成本，属于不可避免、需要补偿的合理成本；后者则是由于管理体制和政策缺陷引发的不合理成本，例如，顽固不化的三乱现象，物流运输苛刻的交通管制，重复纳税等。前者是设法降低的问题，后者是坚决剔除的问题。

物流成本上升，表明实体经济中综合成本的基本结构发生了趋势性变化，值得进一步研究。总体而言，商品实体的空间转移（储运等）难成虚拟，流通电子化降低商流成本的能力，远远大于降低物流成本的能力，人工成本、能源成本、减排成本刚性上升势头难以扭转；经济运行面临的一个重大问题是生产的相对成本趋低，但物流的相对成本趋高，生产时间较短，但物流时间很长。因此，发展现代物流业，缩短物流耗时，降低物流成本，不仅关系到物流产业本身的转型、升级，提高竞争力，而且关系到我国经济的整体转型。而深化体制改革，彻底铲除物流过程中的体制性成本理应是今后的战略重点和主攻方向。

（六）深化公共财政税费体制和金融体制改革（营改增、租费、用地、用水、用电等）

减轻商贸企业负担，提高商贸企业的融资能力、经商能力和抗风险能力。要从商贸服务业影响力"间接性"、"机制性"和"公益性"特点出发，大力发展流通领域事关民生、推动消费的公益事业项目建设。

依照流通领域公共产品的界定实施相应的财政支持政策是《中国国民经济和社会发展十二五规划纲要》中大力发展公共服务业的重要内容，也是公共服务均等化的基本要求。在公共产品和私人产品之间，存在一系列巨大的中间过渡地带，即兼有复杂多样的"准公共产品"的特征组合，很难"一刀切"做出笼统的界定，必须具体分析，把握分寸，拿捏适度，给出适当的具体思路和可操作的具体办法。这也就决定了，在准公共产品领域，第一，政府作用与市场作用之间并不是非此即彼的绝对排斥关系，而是二者融合、兼而有之的关系；第二，各个国家在流通领域的准公共产品政策也是千差万别、各有千秋。

流通领域公共产品的供给可以相机抉择、不拘一格。在灵活运用、分类指导的基础上，加大财政支持力度的重点是：①政府出资研究并建立流通业安全评价预警体系；②保护和扶植中小型商业企业发展；③增加农产品批发市场建设、升级改造的政府补贴；④重点支持农产品可追溯体系建设，维护食品安全；⑤加大财政补贴，扩大废旧消费品以旧换新范围，提高折价标准；⑥城市基层社区商业服务业支持项目；等等。

实施商贸流通服务业公共财政支持战略。关注商贸流通服务影响力不断增强趋势，特别是其间接影响力贡献增强的趋势，具有极强的政策含义和战略性启示。商贸流通服务业外溢效应影响力普遍存在。功能越强、障碍越少，其效果就越明显。与外溢效应对应的刚好是公益性事业和公共财政支持的范畴。以往只是看到了商贸流通领域充分竞争的一面，片面强调其市场性，而忽视了其间接影响力，因而对商贸流通服务业的财政支持"多有亏欠"。为使这种功能得到可持续发挥，应当合乎逻辑地将其纳入公共财政支持长期预算范畴，而不应属于必须取消的"制造不公平的专项补贴"，以使得这种外溢效应得到适当、合理的补偿，使得这种服务能够延绵不断地为社会造福（举一反三，合理解决这一问题对服务业领域具有普遍意义）。

实践证明，基于商贸流通服务影响力，为民生花钱最值得、最合理。我国运用公共财力及时推出战略举措，都将是事关国计民生的大事，惠及百姓的实事，深得民心的好事，为此，需要将某些阶段性、临时性政策措施调整、转变为长效机制，以便为商贸流通服务业促消费、保民生、转方式、调结构提供更长远的预期。应该把这一点纳入"创造公平竞争市场环境"的范畴。

（七）深化内外贸一体化的管理体制改革

推动现代化大型商贸企业走出去，根本扭转服务贸易逆差，扩大我国在海外的商业存在，增强国内商品在国外的自主渠道和销售能力。把国内商店"开出去"，彻底扭转中国在海外"买啥啥贵、卖啥啥贱"和"里外里"赔钱的尴尬局面。

就服务贸易中的零售业而言，我国在海外的商业存在是逆差，是赤字，国际影响力是负数。与此同时，单向开放，外资长驱直入的直接后果是，外资挤压使国内始终没有形成高效、强大的商贸和物流业，自主渠道和自主品牌始终健全、强大不起来，统一开放竞争有序的市场体系和高效畅通的零售体系始终难以形成，效率低下、成本高昂始终是流通领域的顽疾，以至于我国不得不在扩大内需、增进消费的时期加紧"补课"，加紧补救。应该说，30多年来，我国零售业的快速发展和巨大成就始终是主流，目前的最突出问题是，传统业态资源过剩，新型业态发展虽快但规模过小，大型企业极少，国际化企业空缺，落后局面远未根本改变。

构筑强大的自主渠道并向海外延伸符合我国的最大利益。一方面，零售业影响力在提升制造业国际分工地位方面有着不可替代的重要作用，这当然与我国零售业主动走出去，进入国际市场、国际供应链密不可分。既然流通业零售业具有主导商品交易和利润分配的天然优势，当我国零售业走出去进行海外扩张经营时，可以培养自主销售渠道和品牌、价格主导权，提升制造业的分销能力，获得更多国际供应链分工利益，并通过国际市场增强化解国内经济存量矛盾的能力。另一方面，零售业主动走出去还可以避免进口国对我国产品的恶意排挤，收集国外产品需求信息，并及时反馈给国内生产厂商。日本在 20 世纪 60 年代，内部培育形成的六大综合商社积极参与国际商品贸易，在寻求全球资源、拓展国外市场、提升本国产品竞争力方面发挥了极其重要的作用，并在此基础上，最终成为日本国内颇具实力的跨产业财团。

主权国家自己主导的网状流通渠道与自主品牌有着天然的依存关系。自主网络渠道是自主品牌的摇篮、孵化器，自主品牌是自主网络渠道的显赫代码。自主网状渠道被损毁，必然导致我国制造业知名老品牌遭重创，新品牌难存活。实际情况是，美国、欧盟、日本主导的世纪恰恰也是渠道争夺、品牌大战和零售业国际化的世纪。发达国家 GDP 的 60% 来自知名品牌产业，我国不足 20%。与此相关，自主品牌只占全国出口总额的 1%，在世界品牌 500 强中，真正属于中国的品牌微乎其微。自主品牌缺失让中国人感受到了切肤之痛，但冰冻三尺非一日之寒。中国自主品牌每况愈下，实质上是长期重工轻商、缺乏渠道意识，自主网状渠道资源被外资大面积切割替代所致。道理很简单：在由外资构筑的国际化网状渠道中，品牌筛选当然要由外资来主导，从来就不希望看到中国的自主品牌。而跨国公司长驱直入、控制中国的购销网络，就抓住了品牌、技术、订单、信息和产品，加速了优质商贸和物流资源向跨国公司集中，也就夯实了其可持续盈利的在华基础。通过这种品牌、渠道的挤出效应，中国制造商只能在低端产品上拼数量、拼消耗、拼能耗，粗放微利，保本经营。

长期以来，特别是持续的经济危机使人们更深切感到，自主渠道就是收入，自主品牌就是利润，渠道安全才有经济安全。纵观世界，"掌握主导权的人赚别人钱，不掌握主导权的人送别人钱"。在国际商品货物贸易市场上，我国是举足轻重的头号产品出口国和能源原材料进口国，但为什么总是"买啥啥贵，卖啥啥贱"，"剪刀差、里外里"地给贸易对手"无偿献血"而自己"失血"？为什么贸易对手不但不买账，还回过手来威胁，对我国实施"反倾销、反补贴"，指责我国是"血汗工厂"？一个重要原因就是我国缺乏海外的商业存在，在国内外没有足够强大畅通的自主购销渠道，价格话语权和采购分销渠道这个命脉掌握在别人手里。经济合作与发展组织（OECD）举行的政策发布会的调查显示，苹果公司每销售一台 iPad 可获利 150 美元，相当于售价 449 美元的 30%，而中国工人仅能从中获得 8 美元的收入，只相当于售价的 1.8%。

从战略角度看，自主渠道向海外延伸将给我国带来巨大利益。我国需要把思维倒过来，以自主渠道、品牌建设为中心，以现代服务业为基础，在下一个 30 年，应努力实现传统工业资本主导向商业资本主导转变；实现"肥水不流外人田"，利润从 1∶9 向 9∶1 转变。从近期实战角度看，我国必须拥有内外贸一体化的自主购销渠道，才能灵活运用国内外两个市场，才能拥有自主品牌、掌握自己的命运，实现就业和利润最大化。我国要走向世界、实现"自主品牌万里行"，迫切需要"自主购销渠道万里长"，不仅要"中国商品遍天下，更要中国商店遍天下"。若要自主品牌商品销往世界各地，首先要自主分销网点渠道遍布世界各地。

持续的国际金融危机和经济长期低迷有可能给我国带来转机。目前国外越是困难，对我国物美价廉商品的依赖就越强。我国此刻商品出口受阻、订单下降，在一定程度上是由原来外资主导的资金链、供应链和购销渠道损毁所致。而外资主导的流通渠道损毁正是我国商贸和物流企业"走出去"，抓紧培育自主分销网点的重要契机。从长远看，我国巨大的商品输出必须同巨额的商业资本输出相匹配。只有这样的外贸战略和政策才是完整的，服务贸易逆差才有望根本扭转，有巨额效益的商品出口才可望回升。

将零售业向海外延伸纳入国家战略。零售业走出去是服务贸易平衡问题，也是内外贸一体化问题。内外贸一体化可分为内外贸主管机构一体化、内外贸企业一体化、国内外产品流程一体化，对审批程序、税费负担、商品流程、企业运作等不再有明显区别。而将零售业渠道向海外延伸纳入国家战略的基本思路是：在国内，要自下而上地做强做大一批零售企业；在国外，要从单向开放转变为双向开放，"走出去"一批企业。总体而言，要抓住机遇构建内外贸一体化、城乡一体化、批发零售物流配送一体化的商贸物流渠道体系网点，实施国外抢滩、国内整合的"两头扩网"战略。

目前，我国商人在海外大多数属于"小散差"，不成气候，大多只是我国"个体户摊位制的传统批发市场"模式在海外的简单延伸，而国际化、现代化大型零售几乎为零。针对这种状况，今后零售业对外开放的重心要从吸引外资"请进来"转变为推动内资"走出去"，从委托代理出口为主转变为自营出口为主，促使国内大型商贸企业增强主营业务的经营能力和经济实力，按照产业链和供应链的思路向外延伸，实施渠道接管、销售终端前移，用我国企业的全程自主分销取代外商主导的低价采购，逐步用自主品牌取代加工贴牌，打一场持久的和系统化的产业链、供应链、渠道、价格和品牌的争夺战，逐步掌控海外的主动权、主导权和话语权。

（八）深化农产品信息化调控体制改革

狠抓先导型监测指标体系建设，提高驾驭农产品市场和价格波动的能力和水平，从根本上减少农产品损失，增加农民收入，增加消费者实惠。农业组织化程度越低，市场调控难度越大。在我国农业组织化程度比较低、盲目性较高的历史阶段，稳定农产品市场是最富于挑战性的现实选择，也是考验中国"调控智慧"的真正难题。在我国，常常是当农民"发现"某些肉、蛋、菜、果"突然多了"，大面积过剩滞销了或某些农产品"突然少了"，大面积短缺脱销了，一些预测决策机构才跟着"发现"。这类所谓的"突如其来""措手不及"现象每年都有发生，损失巨大，几成常态。为满足农产品生产经营者渴望的信息需求，减少盲目性，消除大起大落，提高驾驭、稳定农产品市场的能力，必须创新工作思路，将市场调控的主要注意力，从事后的被动跟进管理，转变为事前的主动引导服务，创建以先导型数据指标为基础的政府信息服务体系。实现这一转变将给国计民生带来巨大利益。

满足农民渴望的信息需求，狠抓先导型数据指标对改善政府调控最为重要。由种植业、养殖业自然特点和经济原因所决定，农产品市场存在着有规律的波动周期，加之自然风险和市场风险的双重影响，波动周期中时常夹杂着偶发的不确定性。在这个动态连续的过程中，各种情况都是上一个周期波动震荡和偶发影响的自然延续。绝对消除市场波动几乎不可能，但只要抓住要领，认识其规律性，即使是在小生产、盲目性程度较高的情况下，减少农产品市场一再出现的大起大落也是完全可能的。

驾驭市场的要领就是创新工作思路，转变政府职能，将市场调控的重心和主要注意力，从事后的被动跟进管理，转变为事前的主动引导服务。实现这一转变的核心就是建立先导型的数据统计分析系统和信息准确的提前发布制度。

我国最稀缺、最重要的信息资源是可资预测预警的"将来时"信息。农业分散小生产者最渴望的，正是能够提前及时正确告知他下一轮"种养什么、种养多少"，可供指导其实战。而当生产者、经营者得不到这类信息的时候，就只能别无选择地"把市场当赌场"，凭侥幸去"猜"、去"蒙"、去"碰运气"，或者盲目"随大流"被动扎堆去"跟"。因此，信息迟滞误导会把农民、经营者和消费者的市场预期扭曲、搞乱，把市场变成"赌场"；而有参考价值的信息将使"赌场"回归市场，基本消除农民生产者、经营者一窝蜂式的盲目扩张或盲目收缩。所以，满足农民生产者和经营者渴望的信息需求，狠抓先导型数据指标对改善政府调控最为重要。

为了"让赌场回归市场"，农产品市场调控的现实选择，只能是在加快提高农业生产和流通领域现代化、集约化、规模化、组织化水平的同时，实行数据统计分析方式和统计分析指标体系的彻底转变，建立以"将来时"数据指标为基础的先导型政府信息服务体系。这种高品质、预见性、前瞻性、可靠性的指导性信息，是建立在摸清一系列先行数据基础上才能"打出提前量"的科学信息，也就是最有价值的信息。实现这一转变将给国计民生带来巨大利益。创新思路，建立以先导型数据指标为基础的政府信息服务体系。要点是：指标设置创新，建立先导型数据统计分析的指标体系；组织建设创新，建立先导型数据的调查采集队伍；管理体制创新，建立统一扁平化、多层级的预测预警管理体制；职能转变创新，强化政府前瞻性的综合服务能力；责任意识创新，建立稳定农产品市场的问责制。

当然，实施以先导型数据为基础的信息统计和发布制度至关重要，但包打不了天下，况且瞬息万变的市场造成的政府信息不对称缺陷以及灾害损失永远无法完全克服，小范围、少品种局部的波动在所难免，大面积、多品种剧烈波动和巨额经济损失应该可以防范。提前发布农产品市场供求、价格信息，给出精准化、权威性的种养殖指导意见和建议，是政府无可推卸的责任，也是今后政府转变职能、提高服务水平的努力方向。而对于普遍看好的"农超对接"，虽然能效较高、成本较低、环节较少，但前提是需要以大规模集中精确供给与超市大规模集中精确采购为条件，而农民组织化程度普遍很低，超市也没有能力大包大揽，"农超对接"目前尚难以大面积推广，蔬菜批发市场依然是长期的流通渠道。

（九）深化城乡一体化体制改革

积极发展社区商贸物流服务业和农村现代流通体系，夯实食品安全的冷链物流供应链基础。城市的重点是深化改革,创造有利于发展社区商业的环境条件;农村的重点是深化改革,创造有利于发展连锁经营、物流配送的环境条件。此外,在深化城乡一体化体制改革中,夯实食品安全的冷链物流供应链基础至关重要。

按照科学发展观评价,我国目前的经济运行质量绝对不能算高。主要表现是工农业产品生产和流通中流程粗放、效能低下、成本高昂、周转缓慢,产成品库存积压严重、经济损失浪费惊人。且不说居高不下的巨额工业品库存积压日益突出,农产品的产成品现状也是触目惊心。最新数据显示,我国粮食产后损失率高达 8% ~ 12%,每年因此损失的粮食超过 500 亿斤;蔬菜每年损失率更是超过 20%,其中,叶菜类损失率超过 30%,每年只有 60% ~ 70% 的蔬菜能得到有效利用。其中,生鲜农产品冷藏、冷冻、冷运的冷链物流建设落后,是我国农产品流通和食品安全流程中最薄弱的环节,致使每年付出人、财、物和环境代价,辛辛苦苦生产出来的生鲜农产品蒙受着巨额经济损失,也是农民增产不增收的重要原因之一。而由流通环节落后所导致的损失和浪费,最终都将摊入农产品总成本,从而推动农产品价格上涨。因此,要从动态的新财富观视角出发,稳市场、保流通要与保生产并重,以大力发展冷链物流产业为重点的农产品流通现代化迫在眉睫。

迅速改变农产品流通的落后局面绝非易事,有两个要害问题是绕不过去的。一是冷链物流所需要的巨额启动资金从哪里来?古语讲“将欲取之,必先与之”。我国在得到冷链建设的种种好处、明显减少涉农产成品的损失和浪费之前,必须偿还长期以来形成的历史欠账,在农产品冷链基础设施和技术层面增加巨额的先期投入。鉴于这项投入明显带有社会公益性质,在很大程度上还要依靠公共财政提供支持,实行政府出资、监管,企业化运作的办法。

二是已经启动、处于营运中的冷链物流体系如何保持可持续发展?在保障食品安全水准与冷链物流降低能耗之间如何权衡?如何做到既能达到冷链温度标准,又能够降低冷链的能耗成本?冷链中的各个环节如何无缝化协调衔接?目前,由于相关企业无力承担冷链中的巨额能耗成本,生鲜农产品冷藏冷冻冷运覆盖面极小,低温程度远未达标,冷链流程不够完整,各个环节协调衔接很不紧密,“脱链现象”十分普遍,因而对食品安全构成了极大威胁。农产品冷链物流的真相大可存疑。这些核心问题都需要在理论和实践中不断探索并加以解决。

按照这个思路，需要进一步研究的具体问题包括：冷链物流提供商和冷链物流用户的投资－成本－价格－盈利等经营状况；农产品－食品冷链真相调查；实现既能确保生鲜农产品－食品冷链物流全流程绝对安全，又能将冷链物流成本和碳排放保持在冷链物流提供商、冷链物流用户和消费者可以承受的范围内；冷链物流冷库吞吐机制与生鲜产品市场供求－价格稳定的关系；突发事件后应急冷链物流能力建设；等等。

（十）深化服务业运行机制改革，建设法治化营商环境

营造服务业讲诚信、促消费，公平竞争和诚实守信的法制秩序。要在扩内需、促消费方面拿出成效显著的新思路和新招数。其中，促进高端消费、中老年消费和"半市民"（农民变市民过程中的）消费应是新重点；在中产阶层消费和服务消费上应有新突破。

（十一）深化反垄断改革

取缔、剔除产品特供－特权等反市场化的流通渠道，铲除官商勾结、腐败寻租等共同形成的灰色利益链。不久前，国家食品药品监督管理总局下发通知，要求全国加强白酒质量安全监督管理工作。据悉，《白酒生产许可审查细则》修订工作已启动，明确将控制塑化剂指标等新问题列入审查细则。此外，在对标签的要求中提出，不准生产标注"特供"、"专供"、"专用"、"特制"、"特需"等字样的白酒。类似特供、专供产品应该加紧清理，杜绝特权对完善市场体系的消极影响。

（十二）深化政策出台的机制改革

清理审批项目，梳理已经出台的政策措施执行情况，严格问责制和实施细则制，维护法制权威，依法行政，减少政策出台数量，提高政策质量，保持政策的连续性、稳定性。

完善现代市场体系，深化国内贸易流通体制改革，建设法治化营商环境中还需要研究的其他紧迫问题是：电子商务与实体商店协调互补战略；农产品批发市场与连锁超市协调互补战略；商贸流通服务业诚信文化建设战略；等等。这些问题也很重要，但还需要跟踪研究，不再赘述。

再论零售通道费的性质及产生原因

夏春玉　杨　旭[*]

摘　要　多年来，零售通道费的经济性质、作用、价值来源等问题在理论界悬而未决，与此同时，通道费的实践却在不断推广和演进。理论的滞后导致各国政府对通道费的规制思路不一，规制效果有限。为弥补现有"效率论"和"市场势力论"的不足，为通道费的性质及产生原因找到新的理论解释，本文采用准历史研究的方法回溯通道费产生和发展的过程，利用历史线索，在双边市场理论框架下，从"平台化的零售商"角度去解读通道费现象。通过一系列的分析，本文认为 20 世纪 80 年代中期大型连锁零售商的平台化发展是零售通道费出现并持续存在的根本原因。通道费可以看作零售商平台进行倾斜定价以获取最大收益的定价形式，其价值来源可能是零售平台为双边用户（供应商和消费者）所额外创造的交叉网络外部性收益。

关键词　零售通道费　平台产业　双边市场　交叉网络外部性

一　引言

"通道费"一般是指供应商为使其产品能够在零售商的货架上首次获得展示权或者能够在零售商的备货中首次占有一席之地而一次性付给零售商的一笔作为交换条件的费用。零售商与供应商之间因通道费问题产生的

---

*　夏春玉，东北财经大学校长，教授，博士生导师。杨旭，管理学博士，东北财经大学工商管理学院企业管理系讲师。

纠纷由来已久。在零售商看来，由于零售市场的竞争日趋激烈，零售店铺要吸引顾客、维护市场地位，就必须在维持低毛利的条件下加大促销和服务的力度，这就大大增加了零售商的成本负担，为了获取正常的利润，有必要以通道费的形式向供应商索取经济补偿。但是，在供应商看来，通道费的存在不尽合理。他们认为，零售商收取通道费不仅是抵补先期付出的促销、服务成本，而且更多的是将通道费作为直接的利润来源，是零售商滥用市场优势地位压榨供应商利润的手段。据调查，大卖场所收取的通道费已占到供应商总销售额的8%～25%，最高可达35%。我国零售上市公司的年报显示，部分大型零售商若扣除通道费收入，其经营将处于微利甚至亏损状态。有的大型零售商通道费占主营业务收入的比例达200%以上。通道费问题一时间成为零售商与供应商之间矛盾冲突的焦点。实际上零售通道费也是个世界性的问题。零售商业较发达的美国在20世纪80年代中期开始大量出现零售商向供应商收取通道费的现象，曾经引起了广泛关注。然而伴随着对通道费的关注和争议的，是收取通道费的做法在诸多商业领域逐渐蔓延。随着全球经济一体化的发展，欧美商业机构不可避免地将它们的商业习惯带到全世界，从而使通道费日益成为世界性的现象。中国于20世纪末期实行零售业对外开放之后，跨国零售企业大举进入。海外零售企业的进入在以现代化经营理念及经营技术极大刺激中国本土零售业实现产业升级的同时，也将通道费这一习惯做法引入中国零售市场。

之所以政府出台的一些规范通道费收取行为的法规没能起到良好的规制效果，很大程度上是因为我们对通道费现象还缺乏清晰的认识。目前国际、国内的理论界针对20世纪80年代以来的通道费现象已经做出一些重要的研究成果，如著名的"效率学派"和"市场势力学派"，但总体而言，现有的理论仅能对通道费现象做出部分的解释，尚有很多问题仍在继续研究探索之中。与此同时，通道费在商业活动中的实践却也在不断地向前发展，不断出现新的收取通道费的理由和方式，一些互联网商务平台公司已经可以凭借大数据挖掘、分析、定位技术牢牢掌控平台上交互各方的实时交互动态，并据此制定极为精确和有效的通道费收取方案。应该说，通道费的理论研究仍然明显滞后于通道费的实践发展。这在很大程度上导致各国政府在制定通道费的规制政策时底气不足。例如，目前美国的商业法规允许零售商收取通道费；法国通常是由制造商与零售商约定解决；日本的反垄断法明确规定零售商只能收取上架费、进场费和广告费三种通道费（庄尚文、赵亚平，2009）。可见从各国关于通道费的法规来看，都或多或少承认通道费存在的合理性，至少是部分的合理性。但是究竟其合理性在哪里？通道费在怎样的范围和程度上才具有合理性？为什么通道费现象不能或者不必通过强制办法予以消除？供应商为何一边抱怨高额通道费，却又不愿转而与不收或少收通道费的零售企业合作？这些问题在理论上还未能给出解答。

本文试图从历史视角进行研究，回溯通道费现象的产生和发展过程，并在双边市场理论框架下将零售商视作平台型企业进行分析，以期从平台企业的经营逻辑出发对通道费的性质和产生原因做出新的解释。

二　理论回顾

（一）通道费的界定

从 20 世纪 80 年代开始，由于经济发展和技术进步，日用消费品领域中不断推出新产品，尽管这个时期的零售商也经历了技术升级和规模扩张，但由零售经营的空间特性所决定，零售商的货架资源相对于等待进入卖场的众多供应商的新产品来说，仍显数量不足。因此，零售商只能选择一部分新产品进入自己的卖场。这个时候，供应商（最早是一些食品制造商或日用品批发商、代理商）要优先获得自己的产品在零售商店内上架的机会，往往要预先一次性支付一笔费用，以表明对该新产品销路的信心或与零售商合作的诚意，这样的费用项目即被称为 Slotting Allowances 或 Slotting Fees，意为"开槽费"或"占位费"，我国学者习惯将其译为"通道费"。美国联邦贸易委员会（The Federal Trade Commission，FTC）将通道费定义为"供应商为使其产品能够在零售商的货架上首次获得展示权或者能够在零售商的备货中首次占有一席之地而一次性交给零售商的一笔作为交换条件的费用"。但这个定义实际上没有囊括零售通道费在现实操作中的多样性。在商业实践中，零售商收取的通道费既非限于"首次"，也非限于"一次性"。零售商不仅对进店销售的新产品收取通道费，也向长期进驻卖场的老产品收取通道费，而且即使是新产品进店，也不是只收费一次。实践中，供应商向零售商支付通道费只能获得未来一段时间内（通常是 6 个月）新产品上架试销的机会，并不是永久性的，一旦试销的新产品未能取得成功（通常是未能达到一个事先约定的销量目标），零售商就有权中止该产品的销售，并重新把货架空间腾给其他产品。制造商如果想延长试销期必须另外缴纳一笔通道费（即"维持费"，Pay‐to‐stay Fees）。由于零售商经常动态调整自己店内的商品组合，每有新产品进店，就可能发生一笔通道费，因此通道费的收取是阶段性或周期性的。相应地，对大多数供应商来说，通道费具有时效性①。既然通道费并不只针对"首次进店"的新产品征收，也并不只是"一次性"缴纳，而是随着商品试销阶段的变化追加名目繁多的费用，那么就有必要根据通道费的完整内容重新定义这个概念。表 1 是西方学者归纳的通道费内容，主要包括展示费（Presentation Fees）、货架费（Slotting Fees）、陈列费（Display Fees）、维持费（Pay‐to‐stay Fees）和保底费（Failure Fees）。

表 1　西方等学者归纳的通道费内容

费用项目	功能描述
展示费（Presentation Fees）	为获得进行销售展示的特权而支付的费用
货架费（Slotting Fees）	为获取货架空间而预先支付的现金、促销费或商品
陈列费（Display Fees）	为产品的特殊陈列、促销展示而支付的费用
维持费（Pay‐to‐stay Fees）	为维持产品的持续备货、陈列而支付的费用
保底费（Failure Fees）	当某产品未达到预期销售目标时需支付的费用

资料来源：Bloom, Gundlach, Cannon, 2000, "Slotting Allowances and Fees: Schools of Thought and the Views of Practicing Managers", *The Journal of Marketing*, Vol. 64, No. 2, p. 94.

Bloom 等人用简略的定义使通道费包含了更多内容：通道费是指制造商为说服流通渠道下游成员（分销商）采购、展示和支持自己的新产品而向渠道下游成员支付费用的一系列营销行为。这个定义虽然不再强调"一次性"支付，但仍然限定"新产品"。根据我国的营销实践，吴小丁

---

① 对于一些供应商来说，初次缴纳通道费后，产品销售就较为顺利，能够达到零售商设定的"成功"标准，那么有可能零售商就不再对该产品项目收取通道费，除非供应商生产新的产品替代该产品。严格意义上，哪怕仅仅换了包装，也算是一个新的产品了。几乎没有任何一个产品可以在今天的市场环境下一成不变，供应商或多或少会对原有的产品做一些调整和改进，因此已经没有完全意义上一成不变的产品，而一旦涉及改进后的产品替换原有产品的问题，零售商就可能要再收取通道费了。因此，不管时效长还是短，通道费在一般意义上还都是有一定的时效性的。

（2004）认为，通道费是大型零售商在商品定价以外，向供货商直接收取或间接扣除，或以其他方式要求供货商额外负担的各种费用。董春艳和张闯（2007）认为，通道费有广义和狭义之分，狭义的通道费是制造商为了获得零售商的卖场空间的使用权以展示其商品而支付的费用；广义的通道费即商业促销费，是制造商因使用零售商的分销渠道而在价格以外支付的各种费用或非费用形式的折让。

本文在总结和借鉴国内外现有的通道费定义的基础上，将零售通道费定义为：供应商为使自己的商品获得进入零售店铺展示和销售的机会而在商品批发价格①以外支付给零售商的各种费用。

根据本文对通道费的定义，零售通道费不但包括表1中所列的各项费用，还包括供应商支付给零售商的一切满足下面两个条件的费用。

（1）所支付的费用必须在商品价格之外。

（2）供应商支付费用的目的是占有或维持零售货架使用权及零售商对供应商产品的优待。

本文的通道费首先界定在"商品价格以外"，也就是不把交易中供应商向零售商做出的商品进货价格（从零售商角度是"进货价格"，从供应商的角度是"销售价格"，即批发价）上的折让作为通道费的变形来对待。尽管在实践中价格折让经常与通道费联系紧密。比如，可能存在一种"水床效应"，即当供应商承诺以更低价格销售商品时（即降低了零售商的进货价格），零售商通常会给予供应商一定的通道费减免。这样，从供应商的角度来看，由降价所带来的销售收入损失似乎也相当于是缴纳了通道费。反过来，当供应商不得不接受高额通道费时，他们又可能会以此为理由而保持商品价格在一个相对高的水平上，以此弥补由缴纳通道费而带来的损失。"高价格、高通道费"与"低价、低通道费"两种情形中，对供应商来说所付出的总通道成本可能是差不多的，因为供应商可以在价格和名义通道费之间谋求补偿平衡。但在现实中，也有一些情况下供应商无法因高额名义通道费而寻求价格上的补偿，即他们没办法抬高商品价格，或者说，抬高商品价格的成本更大。例如，当供应商的商品处在充分竞争的市场，商品同质化程度较高，那么价格上涨一点就会造成销量巨大下滑，这样即使零售商收取高额通道费，供应商也不能因此就轻易抬高商品价

---

① 即供应商向零售商销售商品的价格，或者说是零售商的进货价格。

格谋求补偿，而是必须要维持具有竞争力的低价格。差异化商品的供应商相对来说拥有更多的定价空间，本文后面部分将会论及——恰恰零售商对差异化商品不会征收高额通道费，甚至实行免费入场，因此差异化商品的供应商又很少真正实施谋求"水床补贴"的价格策略。更常见的情况是供应商面对"低价、低通道费"的情形。如上文所述，这种情况下站在供应商的角度很容易将降价损失作为通道费的一部分来看待。一些现有研究也正是这样做的，但本文坚持将两者分开对待。首先，我们认为将价格折让作为与通道费紧密相关的一个变量而不是作为其部分来对待，更有利于概念的清晰化。毕竟，在通道费现象出现以前，进货价格就长期作为零售商、供应商双方谈判的焦点而存在，与其说价格折让也是一种通道费，不如说通道费出现以后对供应商的价格策略有了新的影响。其次，本文限定通道费必须是为了"占有或维持零售货架使用权及零售商对供应商产品的优待"而支付的费用。长久以来，关于通道费合理性的最大的争议之一，就是通道费有"通过商业贿赂排斥竞争"之嫌。这一方面是因为通道费额度看起来远远超过零售商为提供货架服务而付出的成本，另一方面是因为确有具"贿赂色彩"的费用被算作通道费。例如，某家供应商为了说服零售商不销售竞争供应商的商品，而通过缴纳更高的通道费来"收买"零售商，也就是高额通道费充当了双方订立"排他性合约"①的工具，这样的确就排斥了市场竞争。本文认为，通道费并不天然地具有"贿赂色彩"，尽管在通道费刚出现时的确给人这种不良的印象。通道费只是有时被用作实行商业贿赂、订立排他性合约的工具，就像任何东西都有可能被用来行贿一样，这不是通道费的本质属性。因此，具有贿赂色彩的排他性通道费，不是真正具有一般性的通道费，一般通道费仅限于为获得"通道"而支付的正当费用。本文认为，当不存在贿赂和排他性合约的时候，通道费依然有其存在的机制，这可能恰恰就是通道费的合理性之体现，这也正是本文所关注的。

（二）现有理论对通道费性质和作用的解释

通道费问题争论的焦点在于以下几点。

---

① 通道费有时还涉及另一种反相的排他性合约，即零售商说服供应商不向其他竞争的零售商供应产品，并为此减免供应商的通道费。

第一，通道费的存在是否妨害了市场竞争，包括零售商之间的竞争以及供应商之间的竞争，从而是否降低了社会经济运行效率。

第二，通道费是否会造成商品零售价格的上涨从而损害消费者利益。

第三，通道费是否侵害了制造商的利益，或抑制了制造商进行产品和技术创新的动机，从而在长期看来有损于社会经济发展和消费者福利。

国际学术界围绕上述争论焦点形成了关于通道费问题的两大理论派别——"效率学派"（The Efficiency School）和"市场势力学派"（The Market Power School）。

1. 效率学派

效率学派认为通道费的存在对社会经济利大于弊。通道费的积极作用体现在以下几点。

（1）通道费作为零售商与供应商之间的一种"风险转移"和"成本共担"机制，有利于提高新产品上市、分销的效率。Kelly（1991）和Sullivan（1997）认为，通过向供应商收取通道费的方式，零售商得以与供应商共同分担新产品推广中所发生的成本和费用，这就意味着新产品的市场销量风险也部分地由零售商转移至供应商。通道费起到风险转移和成本共担的作用，大大降低了零售商接受新产品的风险和成本，这使得新产品在上市过程中面临更小的来自零售商的阻力，新产品的分销效率提高了。

（2）通道费具有"信号指示"（Signaling）的作用，便于零售商提高对新产品的"筛选"（Screening）效率。由于通道费充当了风险转移和成本共担的机制，因此供应商只有对自己的新产品的销售前景有充分自信的情况下才愿意向零售商支付通道费，否则由于通道费是事先一次性支付的，一旦产品在零售店中销量不佳，供应商因缴纳了通道费而要比零售商承担更大的损失。因此，零售商可以通过观察哪些供应商会为自己的新产品缴纳通道费以及缴纳多少来判断供应商对自己新产品销量前景的自信程度，进而筛选出那些前景更好的新产品项目予以引入，淘汰那些潜在不成功的新产品项目。可见，通道费作为一种"信号指示器"提高了零售商甄选新产品项目的效率（Sudhir，2006）。

（3）通道费提高了零售商货架资源的配置效率。相对于越来越多的新产品，零售商的货架空间资源是稀缺的，优质的货架资源更是如此。零售商通过收取通道费的方式，将有限的货架空间"拍卖"出去，取得最大的回报。

（4）通道费有助于平衡供需。Sullivan（1997）认为通道费有助于抑制产品的过度供给。由于技术进步、产能扩大，制造商开发的新产品项目越来越多，超过了市场的实际需求。许多新产品缺乏实质性的改进和创新，只是稍加改变，博取消费者的注意，抢夺竞争对手的市场份额。通过收取通道费，过度的新产品供给受到抑制，那些缺乏真正创新的产品会缺少进入零售店的机会，实质性创新得到保护和鼓励。

（5）通道费有利于商品零售价格的降低。通过收取通道费，零售商能够将货架空间成本与商品销售中的交易成本区分开来（张赞、王小芳，2010）。由于零售商的货架空间成本①已经通过通道费得到补偿②，零售商就不会在决定商品零售价格时考虑这部分成本的回收问题，零售商得以制定更具竞争性的商品零售价格，以较低的毛利率维持经营。因此，通道费有利于商品零售价格的降低。

多年来，效率学派的理论观点仅部分地得到后续研究的支持，但仍有一些与通道费有关的现象不能被很好地解释。Bloom 等人对 800 余家制造商、零售商、批发商的问卷调查中发现，零售商和供应商都倾向于认为：①通道费的确是零售商运用市场势力的手段；②通道费导致零售商对某些制造商的歧视；③通道费的"信号指示"和"筛选"作用并不明显；④通道费确实使销售新产品的风险从零售商处部分转移至供应商处；⑤通道费对平衡新产品的供需状况起到一定作用；⑥通道费导致了商品零售价格的上升。此外，关于通道费是否有助于零售商优化货架配置、是否破坏上下游渠道成员间的关系、是否排斥竞争、是否建立了零供双方成本共担的机制等问题，零、供双方各执一词，并未达成一致意见（Bloom, Gundlach, Cannon, 2000）。Battigalli、Fumagalli 和 Polo（2007）通过新产品进驻零售店铺的模型分析，认为新产品的供应商通过向零售商缴纳通道费而实现了新产品推广过程中与零售商之间的风险分担，有利于供应商借助零售商对消费者的影响力使新产品更快获得市场的认可。这个结论似乎能够印证效率学派的观点，但是效率学说仍旧

---

① 一般是基于货架的机会成本而估算，以通道费的形式从供应商处获得补偿。

② 通道费具体额度是由供应商和零售商的谈判结果规定的，实际的通道费额度可能在补偿了零售商货架的机会成本之外还有剩余。

无法解释零售商除了向新产品收取通道费为何还向那些已经占据市场主导地位的知名品牌商品收取通道费。

2. 市场势力学派

（1）收取通道费是零售商运用市场势力的手段。一些学者认为通道费的收取是建立在零售商市场势力增强的基础之上的（Chu, 1992; Rao, 2003）。零售商相对于供应商市场势力增强，导致零售商为供应商制定的价格（通道费是这种价格的一种表现形式）被置于一种非竞争水平上。通道费作为市场势力强势一方的垄断定价，减少了供应商的利润，增加了零售商的利润。

（2）通道费是零售商对供应商进行价格或促销歧视的一种手段（Sullivan, 1997）。大型供应商通常比中小供应商更具资金实力，因此高额通道费经常将中小供应商挡在零售卖场门外。

（3）通道费是通过对货架空间的拍卖来限制竞争的一种手段。在对货架空间进行竞价拍卖的过程中，一些实力较强的供应商为了将其他竞争对手（特别是资金实力弱于自己的竞争厂商）排挤出局，会主动要求零售商提高通道费额度，零售商通常不会反对。通道费的这种排他性作用就势必导致供应商之间的竞争被削弱，从而使商品零售价格提高，社会经济福利下降（Avory, 1997）。

（4）通道费是造成渠道冲突的重要原因。尽管通道费是零售商与供应商共同商定而确定下来的一种收费机制，但多年来双方一直对通道费问题有争执。围绕通道费问题的争执一再引起零售商与供应商之间的冲突，已经破坏了渠道成员之间的合作（Lucas, 1996）。

（5）收取通道费导致商品零售价格提高。通道费的"预先支付"特性和对零售商利润的直接正向影响减少了零售商通过提高效率促进零售竞争的动机，进而导致了更高的零售价格（Shaffer, 1991）。

目前，市场势力学说也并未获得后续研究的有力支持。如 Messinger 和 Narasimhan（1995）分析了零售超市企业的会计信息及股票市场数据，发现产业利润并没有从制造商向零售商转移。Farris 和 Ailawadi（1992）通过对食品行业数据的分析，发现制造商的利润在 20 世纪 80 年代一直稳定增长，而同期零售商的利润却相当稳定。英国竞争委员会（British Competition Commission, BCC）2000 年发布的关于食品行业供应链的报告表明，在此前 10 年间零售商并没有获得更高的利润率；至于通道费对零售价格的影响，报告认为食品零售业是充分竞争的市场，零售价格并没有被抬高的迹象：1989～1998 年，英国食品的实际零售价格下降了 9.4%，一些大型超市甚至以接近成本的价格销售某些日常用品（岳中刚、赵玻，2008）。Klein 和 Wright（2007）通过对 1980～2003 年美国零售业与制造业数据的分析，认为通道费没有导致零售商利润率的上升，相比之下制造商的利润率却明显增加了，而且研究发现，那些缴纳零售通道费的制造业比不缴纳通道费的制造业通常具有更高的利润水平。因此，研究认为，零售商并没有借由通道费侵占供应商的利润，而恰恰是帮助供应商创造了更多的利润。

近年来，国内一些学者开始从纵向市场约束、买方抗衡势力、渠道权力结构等方面入手来分析零售通道费问题。本文认为他们的理论基础和分析逻辑与市场势力学派比较相近。例如，张赞和郁义鸿（2006）通过纵向市场结构模型，分析了不同纵向结构中通道费对生产商利润、零售商利润、消费者剩余以及社会福利带来不同的影响，指出当零售商具有买方垄断势力而没有卖方垄断势力时，收取通道费会使批发价格和零售价格都上升，使零售商的利润增加，消费者剩余减少。汪浩（2006）运用双寡头模型分析指出通道费强化了大型零售商的价格优势，抬高了其他市场势力较弱的零售商的采购价格。董春艳和张闯（2007）以渠道权力理论为切入点，通过多案例比较研究，对渠道权力结构与通道费之间的作用关系进行了初步的实证研究，研究表明：在零售商处于权力优势的渠道中，零售商的权力优势越显著，通道费额度越高；在制造商处于权力优势的渠道中，不存在通道费；在权力高度均衡的渠道中，存在通道费，但额度较低。董烨然（2012）运用数值模型和一般化博弈模型对 1 个生产商、1 个大零售商和 n 个小零售商的市场进行了分析，认为在大零售商使用包含通道费在内的三部门合约的市场均衡中，上下游可以实现纵向一体化利润，与生产商对下游完全拥有市场力量的情形相比，消费者剩余不会降低，市场价格不会上升，生产商获得的利润也不会减少。大零售商的利润来自消除上下游市场的外部性，以及对市场效率改进的边际贡献。通道费可以视作大零售商通过挖掘市场效率而获利的一种机制设计。

总之，对于通道费的经济性质和作用，现有的理论均不能给出完整和令人信服的解释。于是本文试图回溯通道费从无到有的历史过程，期待从中找到一些新的线索和解释。

三　通道费溯源：一个历史视角的研究

通道费从它诞生那一天起就是一个讳莫如深的话题——通道费的谈判通常是某家供应商与零售商私下进行的，事后双方也并不对外公开。通道费不论在供应商的账簿上还是在零售商的账簿上都难以通过标准的会计信息直接反映出来。专业文献较少论及通道费的产生时间和扩散过程。笔者通过检索 1980 年以来世界主要英文报纸报道通道费相关现象的文章，获得了一些关于通道费"起源"的线索。我们发现对通道费关注最多的英文报纸是美国的《纽约时报》（The New York Times）和《华盛顿邮报》（The Washington Post）。此外，英国的《卫报》（The Guardian）、美国的《今日美国》（USA Today）和加拿大的《环球邮报》（The Globe and Mail）等世界主要英文报纸也曾对通道费现象进行调查和报道①。本文以下部分关于通道费现象出现初期的描述和判断主要基于这些媒体报道。

（一）通道费初现

关于世界上第一例通道费现象出现的确切时间，学术界并无十分精确的考证。大体上从 20 世纪 80 年代末期开始，通道费问题才出现在主要报纸和学术刊物上。1989 年 7 月 16 日的《纽约时报》刊载了一篇有关绿色食品通道费问题的报道，文中提到"通道费的收取已有 5 年左右的历史"②。由此判断，今天我们所说的通道费现象大约最早出现在 1984 年的美国。现有文献大都认可"通道费现象产生自 20 世纪 80 年代中期"这一说法。实际上通道费雏形的出现可以上溯至 20 世纪 30 年代。当时美国的连锁商业机构迫使其供应商接受苛刻的供货条件和附加费用，引起了强烈的反对连锁店的情绪，后来在中小制造商联合起诉的压力下，

---

① 作者通过 LexisNexis. com 提供的 Major World Newspapers 在线数据库对 1980 年以后有关通道费的报道文章进行了全文检索，得到 1988～2009 年的 16 篇对通道费有一定深度报道的文章。

② Jack Steinberg, "What's New in The Natural Foods Business: onto Supermarket Shelves without Paying A Slotting Fee", *The New York Times*, July 16, 1989, Sunday, Section 3, Page 13, Column 3.

美国政府出台了《罗宾逊－帕特曼反价格歧视法案》（石奇、孔群喜，2009）。但这个法案看来最终未能有效遏制通道费现象的进一步蔓延。到 20 世纪 90 年代，通道费现象已经广泛存在于欧美发达国家的各类商品分销市场上。

（二）通道费产生的历史条件和诱因

1. 历史条件：大量新产品的涌现

20 世纪 80 年代，美国市场上的新产品大量涌现。很多因素推动了新产品大爆发。首先是消费者需求的变化，随着美国人饮食习惯的变化和技术创新，制造商开发出许多新的产品，包括可微波加热食品、单份食品、健康食品、脱脂食品等。在当时兴起的强调健康营养的新潮流下，美国市场上仅 1989 年一年就推出了 200 多种麦麸产品。人们预测随后几年上市的新低脂食品马上会达到 2000 种之多。其次，食品制造商通过特许经营手段大举进行品牌扩张，这也导致新产品层出不穷。由于在许多消费品领域销量增长缓慢，食品公司感觉到最佳的谋求增长的方式就是从别人手里抢夺市场份额。于是食品制造公司竞相仿制竞争对手的成功产品，并以多种颜色、口味、形状制造新产品来占领零售商货架的有利位置，把竞争对手的产品挤走[①]。此外，20 世纪 80 年代美国资本市场上恶意收购现象的增长迫使上市公司高管急于创造优异的财务绩效以提振或维持公司的股票价格，在这种压力之下，公司纷纷通过研发创新来营造竞争优势。食品制造商通过大量的产品创新来谋求竞争优势。每年有超过 1 万种新品问世，随之而来的是高失败率。据估计，每年成千上万的新产品中有 94% 最终失败。因为超市的货架无法容纳所有的新产品，消费者消费食物的数量也不会因为新产品的出现而有所增长。同时，超市也面临选择的困境，因为这些新产品中仅有少部分是在推向市场之前经过了市场检验的，大部分产品未经市场检验，成败未卜。在 1990 年的一项调查中，96% 的零售商、100% 的批发商、83% 的制造商认可这种说法[②]："制造商用太多并不真正有创新也没经过正规市场测试的新产品来填塞市场。"（Kelly，1991）

---

① Caroline E. Mayer，"No Room on the Shelf, Grocers and Manufacturers Debate Fees for New Products"，*The Washington Post*，October 17，1990，Wednesday，Final Edition，Section：Food，p. 1.

② 原文："Manufacturers are flooding the market with too many new products that are not really new or have not been properly market tested."

在商品种类极大丰富的背景下，零售业的货架无法容纳如此多的产品，零售店铺的规模扩张远远赶不上新产品推出的速度（因为零售店铺的规模扩张很快会遇到城市商业空间的限制）。这样，相对于层出不穷的新产品，零售商的有限货架成为非常稀缺的资源。零售商在面对成百上千种等待进店上架的商品时，必须力求做出明智的选择，以使零售货架资源得到充分的利用，维持零售商自身的生存和发展，一旦选择失误，选择了销路并不理想的商品，将面临一系列的损失。此时，通道费恰恰充当了一种信号指示器（Signaling Instrument），即那些愿意为自己的新产品支付通道费的制造商，借由事先缴纳通道费表明了自己对新产品未来销路的信心以及与零售商分担销量风险的诚意，零售商便优先考虑采购这类制造商的产品。这里，通道费的作用正是效率学派所说的"信号指示"（Signaling）和"筛选"（Screening）作用。

报道中曾这样描述通道费与新产品的关系：

······*With the ever - growing number of new food products, supermarkets are finding their shelf space increasingly valuable – so valuable that they are charging food companies hundreds of millions of dollars a year for the chance to have their products displayed.* ······

（随着新产品的不断增加，超市正发觉它们的货架空间越来越值钱，值钱到超市现在每年向食品制造商收取几千万美元①才肯允许他们的产品在店内销售。）

······ *"You might say it's blackmail, but the supermarkets have some good common sense for doing it,"* said Mr. Jones, *a consultant for both supermarkets and food manufacturers. "There are 3,000 new products a year,"* he said, *"and warehouses can become clogged with products that are unsalable."* ······

（零售商每年面对 3000 种新品要求进入卖场，如果不精挑细选，卖场就可能堆满卖不出去的商品。）

······ *"Basically, slotting allowances are a reflection of the rapid proliferation of new products,"* said Paul Bernish, *a spokesman for Kroger, which*

---

① 这里应是指美国全国超市收取费用的总量。

is the nation's largest supermarket chain and is based in Cincinnati. ……

（"基本上，通道费是新产品的迅猛增长所带来的反应。"超市发言人如是说。）

……The slotting allowances are generally paid only when a product is being introduced to a supermarket chain or a region. The allowance is paid for a trial period, usually no more than six months. ……

（通道费仅在引入新产品时才收取，通常为开展不超过 6 个月的试销而收取。）

资料来源：Trish Hall, "For New Food Products, Entry Fee is High", *The New York Times*, January 7, 1988, Thursday, Late City Final Edition, Section A, Page 1, Column 2.

可见，20 世纪 80 年代美国市场上由技术进步、消费者需求多样化、产业急剧扩张等因素推动的新产品爆发式增长，是零售通道费形成的重要历史条件。通道费现象从一开始就与新产品试销密不可分。这也是美国联邦贸易委员会对通道费的定义与新产品进店联系在一起的原因。

这里也需要澄清"新产品"的概念。我们认为通道费问题中所说的新产品，比市场营销学中所说的新产品的概念更加广泛，只要是目前没有在特定零售卖场中上架出售过的商品，对该零售卖场而言都属于新产品。这里"新产品"概念里的"新"是针对零售商特定店铺的货架而言的"新"，并不是指产品本身设计、制造工艺上的"新"。零售商在通道费问题上对"新产品"的界定，恰恰体现了通道费从一开始就带有风险补偿金的性质。"新"产品对特定零售店铺而言缺少历史销售记录的积累，零售商并不清楚该产品上架后是否能实现较好的销量。这意味着零售商同意该产品上架就要冒一定的风险。如果不存在通道费的话，供应商一旦将产品出售给零售商，收回货款，产品未来销量不佳的风险就完全转移到了零售商一方。如果产品果然滞销，造成的各种损失必定全部由零售商自己承担。这样相当于供应商在没有承担任何新产品的销量风险之前就拿着自己的那份收入跳开了，不管产品滞销还是畅销，供应商的利益已经优先被保证了。在零售商看来，这不公平。零售商对产品制造过程中各种技术信息的了解程度一定远远不及制造商。因此，如果一个产品由于设计、制造过程中的固有缺陷而遭遇市场失败，失败的结果不应单独由零售商承担。为了与新产品的制造商分担产品未来销量的风险，提前做好产品销售失败的准备，零售商就向制造商提前收取一笔费用。本文认为零售商基于风险共担的要求而向制造商收取的通道费，是具有合理性的。

此外，从通道费与新产品试销联系紧密这一点，我们也看出通道费确实是有时限的，即通道费不会保证某个产品永久获得占据零售货架的权利，一旦试销期过去，零售商发现这个产品的销路并不理想，那么零售商就会马上将产品撤下货架，转而重新物色其他新产品。迫于竞争压力，零售商不会将一个长期销量不佳的产品保留在货架上，即使该产品的供应商继续缴纳通道费。

2. 最初诱因：供应商的"发明"

……That although manufacturers are complaining about the slotting allowances, it was manufacturers who started offering them a few years ago when competition among new products began intensifying. …… "They did it because of their anxiety to do business," he said, "All you need is a few to start the parade." ……

（尽管食品制造商们如今纷纷抱怨通道费，但几年前却是制造商自己主动开始缴纳通道费给零售商的，当时新产品之间的竞争开始激烈起来。他们主动缴纳通道费是因为他们迫切希望有生意做，结果一发不可收拾。）

资料来源：Trish Hall, "For New Food Products, Entry Fee is High", *The New York Times*, January 7, 1988, Thursday, Late City Final Edition, Section A, Page 1, Column 2.

据这位业内人士的观点，最初的通道费机制并非由零售商一方的主动收取而引起，而是有部分供应商主动向零售商支付通道费以使自己的产品获得进店销售的优先权。虽然这段描述出自记者对一家小制造商主管的采访，其观点缺乏客观、严谨的考证，但联系到当时美国零售市场新产品爆炸式增长的情况，以及供应商长久以来对通道费问题的微妙态度，我们认为这个判断是基本可信的。尽管商品的丰富化程度已经远超零售业的货架承载能力，但零售商可能并未主动意识到收取通道费的可行性。旺盛的生产能力和有限的消费使众多制造商面临巨大的竞争压力，部分制造商为抢得使自己产品进入零售店的机会，而不惜支付一笔费用给零售商，这种做法很快在制造商之间推广普及。这使零售商首次意识到，可以借此选择商品，甚至可以通过"拍卖"货架获得可观的收入，但零售商始终否认在通道费中直接获利。

所以，虽然听起来很有讽刺的意味，但很可能确实是供应商迫于竞争压力为了争抢有限的零售货架资源而"发明"了通道费，零售商最初仅仅是被供应商推动来施行通道费制度，起码在通道费从无到有的阶段上可能是这样的。零售商对通道费的带有某种"被动接受"意味的态度可以用当时一位零售商的话来描述：

……"*Our position is very simple*", *said Pete Manos, Giant's senior vice president of food operations.* "*We don't encourage slotting allowances. We don't think they are right, but if they are being offered in the marketplace, we expect them to be offered to us. A slotting allowance plays the last part in decision to buy. The first factor is media advertising by the manufacturer.*"……

（"我们并不是鼓励大家交通道费，我们也并不觉得应该交通道费，但是如果市场上就是有人愿意交通道费，我们当然希望收下。但通道费不会对我们的采购决策起到决定性的作用，我们首要的考虑是制造商在媒体广告上的投入。"）

资料来源：Caroline E. Mayer, "Supermarket Space Race, The Controversial Costs of Putting Products on the Shelves", *The Washington Post*, April 26, 1989, Wednesday, Final Edition, Section：Food, P1.

最初由供应商的主动缴纳行为而建立的零售通道费机制，在零售商的"恍然大悟"继而竞相效仿之后，很快成为美国零售业中通行的惯例。虽然供应商最初为获得产品进店优先权而主动付费"收买"零售商的做法，颇有商业贿赂的嫌疑，但在反商业贿赂较为严厉的美国，通道费仍然没有受到过多的盘查，这可能说明通道费与商业贿赂还是存在某些本质上的区别。在美国联邦贸易委员会（FTC）2003年针对通道费问题的调查中发现，收取通道费的做法在商业领域中已经相当普遍，以至于被调查的制造商和供应商纷纷表示对通道费已经习以为常，他们认为"通道费是日常商业往来中必然要花费的成本"[1]。

（三）通道费争议的焦点

1. 通道费是否超出了零售商实际发生的成本

从下面这些当时的媒体报道中我们看到，零售商收取通道费行为本身

---

[1] Margaret Webb Pressler, "Shelf Game, When Stores Force Makers to Pay Them Fees, You Lose", *The Washington Post*, January 18, 2004, Sunday, Financial, F5.

可能并不面临巨大争议，因为制造商自己也承认，零售商面对爆炸式增长的新产品进行选择取舍时确实有困难，并且在引进和撤换这些新产品时，也确实会发生一些费用项目的支出，但是通道费最大的争议就在于零售商通道费的收取额度看起来已经远远超出了充当信号指示器和抵补实际成本的费用水平，尽管零售商始终声称他们收取的通道费并未超出与引进新产品有关的各项实际发生的费用。

……*for supermarkets, but they argue that stores should charge only what it costs to get a new product into the warehouse and into the store's inventory system.* ……

（食品制造商也承认新产品爆炸式增长给零售商决策造成的困难，但他们认为零售商收取的通道费应基于新产品采购、上架给零售商带来的实际成本，不能高得离谱。）

……*He estimated that it costs a chain of 40 stores about ＄1,500 to put a new item into its system, but that the amounts demanded from manufacturers are sometimes far more. In some Northeastern cities, food manufacturers and brokers say, it can cost ＄20,000 to get a new product into a supermarket chain for a six - month trial.* ……

（据食品零售业咨询专家估计，对于一家拥有40家店铺的连锁零售商来说，引入一个新产品进店大约要花费的成本是1500美元，但是实际上零售商向供应商索取的通道费有时远远多于这个数。据食品制造商和代理经纪人反映，在东北部城市，要想让连锁超市同意一个新产品在其店内开展为期6个月的试销，就要付出20000美元之多。）

……*Supermarket officials deny that they charge more than it actually costs them to put a new product into the system. "The slotting allowance is not a net profit generator," ……Because figures on slotting allowances are not made public, even by publicly owned companies, it is impossible to verify assertions by food manu - facturers and consultants that the fees exceed the costs.* ……

（零售商否认通道费高于引入新产品实际成本的说法，他们声称通道费并不能产生净利润。但由于通道费金额的具体数字并不公开，即使是上市公司也不公开通道费金额，因此对于食品制造商和行业咨询专家的关于通道费超出新品上架成本的说法也无法进行检验。)

资料来源：Trish Hall, "For New Food Products, Entry Fee is High", *The New York Times*, January 7, 1988, Thursday, Late City Final Edition, Section A, Page 1, Column 2.

……*According to Parsons, when his company tried to sell to New York supermarkets two years ago, it was asked to pay $3,000 an item.* …… *"And then there was no guarantee that the product would remain in the store past six weeks", Parsons said. Making matters worse, he added, if the product was pulled off the shelves, supermarkets would try to get Perfect Pinch to buy it back at the retail, not the wholesale, cost, arguing that sum was the amount of money they lost by not selling Perfect Pinch or another product that would have been in its place.* ……

（一家公司要在纽约的超市中推介一款新品要缴纳 3000 美元通道费……但交了通道费也不能保证该产品 6 周后是否会被留在货架上。更糟的是，如果产品销路不好而被下架，超市会要求制造商以零售价而不是批发价原价回购这些产品，超市声称这是其因销售你的产品而没能销售别人的产品而带来的全部损失。)

资料来源：Caroline E. Mayer, "Supermarket Space Race, The Controversial Costs of Putting Products on the Shelves", *The Washington Post*, April 26, 1989, Wednesday, Final Edition, Section：Food, P1.

1990 年，分别代表零售商和制造商的总共 6 个美国商业组织联合开展专项研究，旨在判断通道费的合法性。研究结论并未清晰证明通道费合法与否，一个重要的原因是通道费额度很难确定，因为没有零售商或制造商愿意谈论通道费问题。另外，通道费不但在店与店之间、产品与产品之间千差万别，而且在地区间也不相同，美国东北部地区的费用最高。食品制造商私下称每个新产品的每款产品的通道费从 1000 美元至 30000 美元不等。官方称华盛顿地区的通道费在 3500 美元到 5000 美元之间，算是通道费较低的区域了。但该研究首次证明了，当中止一个产品的销售（涉及产品下架为新产品腾出空间）时，超市确实承担了大量成本。根据研究结果，通道费只是引入一个新产品所发生的全部成本的一部分。在对 1988 年推向市场的 20 种新产品进行调研之后，研究发现，贯穿整个食品供应链——从制造商到代理商、批发商，最后到零售商——平均一个新产品到达一家超市店面的成本是 252 美元（美国当时有 31000 家超市，那么在全国市场引入一个新产品的费用就是将近 800 万美元）。在这个单位总成本 252 美元中，制造商承担的成本是每个新产品、每家店面 222.12 美元，其中 103 美元（差不多一半）用于直接对消费者的促销，通过广告和优惠券等形式。产品研发费用占总成本的近 7%，平均 15 美元。而相当于研发费用 2 倍多的平均 36.34 美元的费用支付给零售商、批发商、代理商，其中包括从通道费到广告费，再到新品试用费等众多项目。零售商引入一个新产品的平均成本不超过 13.51 美元。但一项基于 21 个被中止销售的产品的调查显示，清除老产品为新产品腾出空间这件事确实给零售商带来了更多成本，包括从削价处理到快速下架的费用。中止一个产品的销售平均耗费零售商 16.11 美元，而制造商为此承担的成本相对较少，制造商在每家零售店面撤换一个产品的平均成本仅为 3.94 美元。零售业是商品流通渠道的末端，众多商品积压于此。1981 年以前，食品行业平均每年推出的新产品有 2500 种，而 1990 年就超过 12000 种。与此同时，超市的货架空间却没有增加。结果，引进新产品的成本就增加了。平均每家零售店面引进一个新产品项目的成本达到 29.62 美元。如果是拥有 100 家店面的零售商，那么它全面引入一个新产品项目的费用将达 3000 美元。即使如此，食品制造业者也认为 30000 美元的通道费还是大大高出零售商实际发生的成本（30000 美元是当时许多零售商的通道费要价，而按照这项研究的测算，拥有 1000 家店面的零售商才可能发生达 30000 美元的新产品引进费用）。制造商认为零售商夸大了实际成本，零售商的成本肯定得到了补偿并有剩余①。

综合以上报道和调查，我们认为，通道费确实在产生初期以后很快就涨得很高，明显超出新产品上架、撤换等活动发生的实际成本。人们的观察、估算和专项调查的结论都支持这一点。虽然零售商称通道费"没有超出所发生的成本"听起来像是牵强的狡辩，但如果零售商制定通道费额度时将风险补偿和货架的机会成本考虑进去的话，确实会抬高通道费的总额。

我们认为以通道费的形式向制造商收取新产品销量的风险补偿金是具

① Caroline E. Mayer, "No Room on the Shelf, Grocers and Manufacturers Debate Fees for New Products", *The Washington Post*, October 17, 1990, Wednesday, Final Edition, Section: Food, p.1.

有合理性的，因为在制造商对产品的技术属性更有决定权、控制权的情况下，让零售商独自承担产品销量风险是不合理的。通道费可以充当由制造商支付给零售商的风险补偿金，由此建立双方共担新产品销量风险的机制，有助于零供双方建立互信合作，提高经营绩效。实际上通道费中的"保底费"就明显地带有风险补偿金的性质。零售商要求销售失败的产品的制造商以高于当初进货价的价格予以回购，也属于谋求风险补偿，是以高价回购款方式所体现的保底费。值得探讨的是，如果保底费收取额度过高，又会导致产品销量的风险完全由制造商承担，而零售商完全不为产品销量承担任何风险，我们认为这就破坏了零供双方风险共担的机制，因而也是不合理的。零售商作为经营商品买卖的市场主体必然要承担自身经营活动中的风险。在通道费机制出现以前，产品只要从供应商销售给零售商，之后的一切产品风险就完全由零售商承担。为所采购的商品承担各种风险，一直是零售业的重要职能之一。20 世纪 80 年代以来，借由通道费机制，零售商得以转嫁部分商品风险，主要是由于零售商的大型化发展和新产品数量的大爆发——现代大型零售商要想像传统中小零售商那样在采购时对产品逐个精挑细选，是极为困难和低效率的。很大程度上，造成这种困难的推手恰恰是众多的生产能力膨胀的制造商。因此，本文认为通道费作为风险补偿金的表现形式具有一定的合理性。

接下来的问题是，"保底费"应"保"哪个"底"？如果保的是零售货架的机会成本，那么必然会使通道费额度超过引进、撤换新产品的会计成本，并且由于机会成本得到补偿，相当于零售商在新产品销售失败后没有承担任何风险，所有风险由制造商承担，本文认为这是不合理的。

至此，本文认为通道费额度超出引进、撤换新产品的会计成本是正常的，因为其中包含了新产品销量的风险补偿金。恰恰由于具有风险补偿的功能，通道费才能够作为买卖双方风险共担的一种机制发挥积极的作用（有利于打消零售商的顾虑，密切零供合作，加速商品流通）。但同时，本文也认为通道费不应覆盖零售商的所有机会成本而将风险全部转嫁给制造商。

2. 通道费是否会损害消费者利益

由于零售通道费直接作用于供应商而不是消费者，因此消费者除产品多样性问题①以外，通常对通道费问题缺少直接感知。在报道中有关消费

---

① 通道费是否影响产品多样性的问题我们将在下文予以讨论。

者利益是否因通道费存在而受损的观点都不是来自对消费者的调查，而是多出自供应商之口。许多供应商在抱怨通道费时提到两个问题：一是通道费会抬高零售价格；二是通道费改变了制造商的促销预算结构。他们声称这两方面都会有损于消费者的利益，但却没有足够的证据。

请看这段分析：

······*It's hard to say how much slotting fees have added to food costs; many industry officials say that when one considers the overall costs involved in getting a new product to consumers—from creation to production to distribution to advertising—the fees are minimal. What's more, they add, by bringing added revenue to the stores, the fees help a store's balance sheet, which in turn keeps the chain from raising prices.* ······

（很难说通道费的存在导致食品的生产成本增加了多少，食品行业高管认为，如果考虑到新产品从发明到生产到分销到广告的整个过程的话，通道费对成本的影响很小。并且，由于通道费增加了零售店的收入，从而有利于抑制零售店的涨价冲动。）

资料来源：Caroline E. Mayer, "Supermarket Space Race, The Controversial Costs of Putting Products on the Shelves", *The Washington Post*, April 26, 1989, Wednesday, Final Edition, Section：Food, p. 1.

相比于简单的抱怨和指责，我们认为上面这段食品行业高管对通道费与零售价格关系的分析更令人信服。由于通道费在新产品从生产到消费流通全过程总费用中所占比例很小，因而通道费不会对增加产品成本进而抬高零售价格有明显的影响；反倒是通道费实实在在增加了零售商的收入，降低了零售商的经营风险，因而有抑制零售商涨价的作用。

虽然看起来零售价格不会因通道费的收取而被抬高，但确定的是，供应商促销费用的分配结构确实因通道费的出现而彻底改变了。有如下的描述和测算。

······*The allowances are part of a shift in food marketing that has led food companies to spend a smaller share of their promotion budgets on attracting consumers and a larger share on wooing supermarkets through payments for things like shared advertising and discounts on products.* ······*said that in 1973 food manufacturers spent 75 percent of their promotion and advertising budget on consumers, and 25 percent on supermarkets; today that proportion is nearly reversed, with 70 percent going to the supermarkets and 30 percent to consumers.* ……

（通道费改变了食品促销预算的分配结构，食品制造商如今只花费促销预算的一小部分来吸引消费者，而大笔预算被用来与超市分担广告费和打折促销费，以讨好超市。……1973 年时，食品制造商的促销预算中的 75% 用于对消费者的促销，25% 用于对超市的促销，如今反过来了，仅 30% 的促销预算用于消费者，70% 的促销预算用于超市。）

……In 1986, according to Robert Schmitz, a vice president of the Summa Group, food manufacturers spent $15.3 billion on consumer promotions, excluding advertising, and $19.3 billion on promotions to supermarkets, like new product allowances, discounts and funds for store advertising. The latter amount is far larger than the supermarket industry's overall net profit of $3 billion to $4 billion last year, he said. ……

（据估算，1986 年，食品制造商在对消费者的促销中花费了 153 亿美元，不包括广告费用，而对超市的促销则花费了 193 亿美元，其中包括诸如新产品通道费、打折费和店内广告基金等名目。超市从制造商处收取的这笔费用远远超过 1987 年超市行业总的净利润——30 亿~40 亿美元。）

资料来源：Trish Hall, "For New Food Products, Entry Fee is High", *The New York Times*, January 7, 1988, Thursday, Late City Final Edition, Section A, P1, Column 2.

虽然制造商的促销预算结构确实有了很大的改变，但消费者是否因这种改变而利益受损，尚有待考证。虽然零售商收取的通道费表面上看侵占了大笔原本可以用于对消费者促销的预算，但收取的通道费中也包含了零售商对消费者促销的费用，零售商收取通道费很难直接将其变成净收入，而是要花费其中的一定比例开展各种促销活动。就是说，原本由供应商对消费者实行的促销，在通道费机制出现以后，部分地转由收取通道费的零售商来实行。没有证据表明消费者从零售商促销中获得的利益少于原先从供应商促销中获得的利益。我们认为，更大的可能是情况恰恰相反，即消费者从零售商促销中获得的利益多于原先从供应商促销中获得的利益。因为现代大型零售商往往比供应商掌握更详尽的消费者资料，对消费者的习惯、偏好等更加了解，在此基础上，零售商能够对消费者的反馈做出更加准确和快速的反应。同样数量的促销预算，零售商使用的效率很可能高于甚至大大高于供应商的使用效率。这样即使零售商没有把收取的通道费完全用于对消费者的促销（零售商很可能将没花掉的部分作为自己的净收益），但是仍然可能因为促销效率高于供应商，而向消费者提供了与供应商促销等值甚至比供应商促销超值的促销利益。至少从报道中的测算分析来看，当时的零售商并没有将大笔的通道费直接转变为利润。我们注意到这段陈述："……对超市的促销则花费了 193 亿美元……超市从制造商处收取的这笔费用远远超过 1987 年超市行业总的净利润——30 亿～40 亿美元。"这一方面说明通道费确实已经不是一笔小数目，同时，如果超市将大笔通道费都直接充作利润，那么它们的净利润不会只有 30 亿～40 亿美元。即使这 30 亿～40 亿美元的净利润完全出自巨额通道费，这也只占全部通道费的 16%～21%，这说明零售商还是在新产品引入和促销中花费掉了大部分的通道费。

3. 通道费是否排斥了竞争，缩小了消费者的商品选择范围

除了零售价格和制造商对消费者的促销预算比例，通道费还有可能影响消费者购买商品时的选择自由度，即有可能缩减货架上商品的多样性。这个问题与通道费是否排斥竞争是相联系的。供应商声称通道费机制的存在使得大型供应商更具优势，因为他们拥有负担通道费的实力。小公司则经常因为负担不起巨额通道费而失去进入零售店货架的机会。这样一来，消费者将越来越少接触到来自小公司的产品。而小公司产品往往具有很强的创新性。由此，商品的多样性被缩减，消费者的选择受到限制。

请看下面的几段陈述。

…… *"If the product is going to be a winner, then we have to take it", said Robert Wunderle, a spokesman for Supermarkets General. Its Pathmark stores take about 10 percent of the new products offered to them each year. "The various promotion allowances are only one of the factors considered in deciding whether to take a new item". he said.* ……

（超市发言人说："如果产品确实好，我们会让它进店的……是否支付各种促销费仅是我们选择新产品的诸多标准之一。"他们的超市每年在蜂拥而至的新产品中选择其中的约 10% 上架。）

……*Nevertheless, the existence of the payments deters some small compa-nies from even trying to sell through conventional supermarket channels, entre-preneurs say.*……

（小企业主反映，确实有一些小公司被通道费挡在超市门外。）

……*While there are no data on whether the slotting allowances add to what the consumer pays for food, one consequence may be diminished choices.* …… *"Some are electing to stay out," he said, "With the money it costs to get into the New York market, they can get into four or five others."* ……

（尽管没有数据表明通道费提高了消费者购买食品的价格，但消费者选择商品的范围却是被缩小了。中小型食品公司很难将自己的新产品打入纽约这样的大城市的超市中。一些小公司放弃纽约市场，打入纽约市场所需的高额通道费，可以用来打入其他四五个城市的市场。）

资料来源：Trish Hall, "For New Food Products, Entry Fee is High", *The New York Times*, January 7, 1988, Thursday, Late City Final Edition, Section A, P1, Column 2.

……*food industry officials complain that slotting allowances hurt con-sumers by keeping many new products off the shelves, particularly those made by smaller companies that cannot afford the steep entry costs.* ……

（食品行业高管抱怨通道费使许多新产品无法摆上货架，特别是那些由付不起通道费的中小制造商生产的产品，由此损害了消费者的利益。）

…… *"We request per store a certain dollar figure for slotting allowances to offset our costs for slotting the item in the warehouse because we have to take out an item to put a new one in"*, *Cockrell said, adding that the fee was cal-culated by the industrial engineering department, based on Safeway's costs. Yet, she admitted, given the number of stores in the eastern division—154—the fees do run, "in the thousands…But the manufacturer has the freedom to say no. Other considerations are more major, especially the type of promoting a company will do. How much TV, radio, couponing will a new product get? You can have outstanding product but if no one knows about it, no one will buy."* ……

（超市经理人员说，通道费是基于每家店面撤换产品而发生的成本来核算，当然，如果店面多达 154 家，收取的通道费总数会不少……但制造商可以不交，超市考虑更多的是制造商促销的类型，电视、广播、赠卷活动都开展得怎样？如果你的产品出类拔萃，超市就引进，如果你的产品默默无闻，没有超市会愿意买。)

资料来源：Caroline E. Mayer, "Supermarket Space Race, The Controversial Costs of Putting Products on the Shelves", *The Washington Post*, April 26, 1989, Wednesday, Final Edition, Section: Food, P1.

从以上报道来看，确实有一些中小制造商由于无力负担通道费而失去了进入大型零售店的机会，零售商也承认通道费的确不是一个小数目。但是零售商同时声称，是否缴纳通道费并不是他们选择进店商品的唯一或者首要的标准，零售商主要考虑的还是该商品本身是否出类拔萃以及制造商在零售店场外的促销是否有力。真正有特色的、厂商促销得力的新产品，零售商就算少收甚至不收通道费仍然可以同意将其引进店面销售。但这只是零售商的一面之词，缺乏实际的证据。

根据美国联邦贸易委员会（FTC）2003 年 11 月完成的有关通道费问题的调查报告，通道费确实缩小了超市货架商品的多样化程度，消费者的选择空间由此被缩小。因为零售商确实更加青睐大型制造商，大型制造商在推出新品时能够支付得起高昂的通道费。据调查，在一项新产品的全国推广中，单单所需支付的通道费就高达 200 万美元，小公司根本无力涉足[①]。

看来事实上的确发生了商品多样性缩减、中小供应商被排斥的现象。但本文关心的是，商品多样性的缩减是否一定归咎于通道费机制的存在？中小供应商被排斥是否就说明通道费损害了市场竞争？

通道费产生于新产品爆炸式增长的背景之下，零售商的货架远远不够容纳众多的新产品，大型零售商只能在要求进店的新品中选择其中的 10% 左右，余下的新产品只能走向失败或进入其他流通业态。也就是说，不论零售商是否采取通道费机制来筛选进店的新产品，最终都只能有近 90% 的商品无法出现在货架上。因此，本文认为商品多样性的缩减首先并不是通道费所引起的。就算不收取通道费，零售商一样会采取其他方式进行筛选，将 90% 的新产品拒之门外。如果我们再考虑到这些新产品中相当一部

---

① Margaret Webb Pressler, "Shelf Game, When Stores Force Makers to Pay Them Fees, You Lose", *The Washington Post*, January 18, 2004, Sunday, Financial, F5.

分并不真正具有创新价值而只是稍加改变就匆忙推向市场（连制造商自己也承认这一点），那么这种虚假繁荣式的"多样性"难道真的就会增加消费者的利益吗？事实上产品的多样性可能严重过剩了。一方面，在品种极大丰富的背景下，零售商即便只选择10%的新品予以上架，店内商品的多样化程度就已经足够消费者进行比较和选择了；另一方面，零售商将不够创新、哗众取宠的产品拒之门外（零售商为了自身的利益必须这样做，除非零售商不面对任何同业竞争压力），恰恰起到了为消费者甄别商品价值的作用（这是零售商最为传统的职能之一），这在节省消费者的时间、辅助消费者购买决策方面增加了消费者的利益。

关于把中小制造商挡在门外是否妨害了竞争，我们认为中小制造商在与大型制造商竞争中天然地、不可避免地处于规模和资本的劣势，通道费现象只不过把这个本来就存在的状况体现了出来。如果小制造商与大制造商生产同质化产品，由于规模的劣势，必然被大制造商所击败，因为大制造商通常有更大的产销量、更低的成本。零售商在同质化产品中选择大制造商的产品（虽然或许是因为他们能缴纳得起通道费），这并没有违反市场竞争的法则，因为消费者也会更加青睐大制造商。中小制造商更明智的选择是生产差异化的产品来与大制造商竞争。众多中小制造商向超市推荐自己的差异化新产品，超市一方面只能容纳其中的少部分，另一方面超市也要擦亮眼睛精挑细选，如果制造商的产品足够好，超市还是有可能在少收甚至不收通道费的情况下予以引入的。当然，大量的中小制造商因产品缺乏真正有价值的创新，就很容易被视为同质化的产品而被淘汰。也就是说，所谓中小制造商被排斥，首要的原因是零售商的容量有限，其次是中小制造商的产品不够真正有特色。就像零售商所说的，通道费不是第一位的，关键是产品是否足够好。本文认为这个看似冠冕堂皇的说辞符合零售商在选择商品时追求自身利益的逻辑，是可信的。那么零售商会不会被大制造商以高额通道费引诱订立排他性合约来排挤那些产品真正有特色的中小制造商呢？本文认为，只要零售商面对同业竞争压力，他们就不敢把那些真正好的产品拒之门外，因为他们担心竞争者引进这些产品后会抢走消费者。只有同质化的产品才有可能被故意排斥，但如上文所述，这种排斥并没有违背竞争法则，即便不是发生在零售店里，大制造商一样会通过降价等手段将中小制造商排挤出市场，这是同质化产品的竞争规律。这显然不是通道费造成的结果。

4. 收取通道费是否违法

我们发觉通道费现象中最扑朔迷离的一面就是供应商对通道费的态度。首先，由于供应商是缴纳费用的一方，因而存在诸多的抱怨是合情合理的。最常见的抱怨是通道费额度过高（相对于零售商在引进新产品时发生的会计成本），但究竟有多高？零售商自己当然不愿意透露，奇怪的是，供应商也很少愿意透露自己缴纳了多少通道费。

请看下面这两段报道。

……*That is particularly the case in New York, where slotting fees are said to be the highest in the country, from ＄15,000 to ＄30,000 or more per item. In the Washington area, the fees run about ＄5,000 to ＄10,000 an item, food industry officials say (Precise numbers are hard to come by, with few people willing to talk publicly about the controversy).*……

（据食品行业官员说，纽约地区的通道费最高，每个产品 15000～30000 美元或更高，华盛顿地区是 5000～10000 美元。但没有更精确的数字，因为没人愿意谈论这个争议性话题。）

资料来源：Caroline E. Mayer, "Supermarket Space Race, The Controversial Costs of Putting Products on the Shelves", *The Washington Post*, April 26, 1989, Wednesday, Final Edition, Section: Food, P1.

……*Food industry executives say there is nothing illegal about the practice, although they also note that it will probably not be tested in court because manufacturers have no desire to sue their customers, the supermarkets. Legal experts, too, say that even if the practice is questionable, it is so only in certain circumstances. "The only thing that could be wrong would be if the store had a lock on the market," said an antitrust expert.* ……*Any test of the practice would probably come under the Robinson – Patman Act, a law pertaining to supermarket pricing that has not been vigorously enforced in recent years.* ……

（尽管充满抱怨，但食品制造商们并不认为通道费收取是违法的，当然这没有得到法庭的检验，因为他们并不想起诉自己的主顾——零售商。法律专家也认为，仅在特定情况下，通道费的收取才涉嫌违法。这种情况就是零售商独占、把持整个市场。这时通道费的收取就要受到《罗宾逊——帕特曼法案》的制裁，这是一部近年来一直没有被有力执行的用于规范超市定价行为的法案。）

资料来源：Trish Hall, "For New Food Products, Entry Fee is High", *The New York Times*, January 7, 1988, Thursday, Late City Final Edition, Section A, P1, Column 2.

不难看出这样有趣的现象，即供应商一面对通道费多有抱怨，一面又表示绝不会跟自己的主顾——零售商对簿公堂。被问及通道费的缴纳额度，供应商也三缄其口，讳莫如深，就好像是他们自己做了错事。本文认为，与其说是因为供应商惧怕因揭露通道费内幕而遭到零售商的报复，不如说供应商并无起诉通道费的法律依据。美国联邦贸易委员会密切关注通道费问题已久，进行了多次调查研究，始终没有找到禁止通道费收取的依据和理由。商业立法核心关注的是通道费是否损害了公平竞争。众所周知的是，零售业一直被看作是竞争较为充分的产业，因此单个零售商不太可能将一个地区的零售市场完全置于自己的控制之下。只要零售商不具有垄断势力，看起来通道费就没有对竞争造成损害，反垄断立法就不能对通道费给予制裁。

截至目前，各国商业法律中都没有明令禁止收取通道费，只是对收取方式和范围做出一些限定。当然，反垄断、反不正当竞争立法也在不断发展之中。本文认为，通道费收取确有不尽合理的地方，有零售商滥用市场优势地位的嫌疑。如收取足以抵补零售商货架机会成本的保底费的做法就有过度转嫁经营风险、不合理侵占供应商利益的嫌疑。借由通道费条款而订立的各种排他性合约，有些也具有妨害竞争的意味，如零售商接受供应商 A 的高额通道费并因此许诺拒绝竞争供应商 B 的商品进店。因此需要对通道费的内容进一步分门别类，对部分通道费项目的收取额度和收取方式要加以适当的规制。

5. 通道费是否抑制产品创新

通道费现象与 20 世纪 80 年代的新产品大爆发密不可分，结果是 80%以上的新产品无法获得进店销售的机会。大量的新产品遭遇市场失败，必然打击制造商开发新产品的热情。本文认为不能把这种由于零售货架的有限和市场消费能力的有限给新产品造成的打击与通道费的影响混淆起来。特别是，新产品中的一大部分可能缺乏真正的创新，而只是稍加改动后就被匆忙推向市场的快速模仿产品，因此如果零售商以通道费挡住这样的产品，不能说是对产品创新的抑制。恰恰相反，零售商为了争取消费者，引进那些真正有创新价值的产品，会不惜减少通道费收入引进真正有价值的新产品。这一点正是给那些有创新能力却无力支付通道费的中小制造商创造了良好的发展契机——只要产品真正有创新价值，中小制造商可以不缴纳或少缴纳通道费而使自己的产品顺利进入零售商货架，与大制造商产品同台竞争。本文认为，在零售业竞争比较充分的前提下，零售商收取通道费的行为并不抑制真正有价值的创新产品，而是恰恰鼓励高度差异化的产品创新。与其说通道费抑制了创新，不如说通道费筛选了、精炼了市场上参差不齐的创新，好的创新被留下，缺乏真正价值的创新被淘汰。因为只有真正对市场有价值的创新产品，才会对零售商有利。

……*In* 1988，10，558 *new products were introduced for supermarket sale. While that was a record number，it represented only a 4 percent increase over* 1987，*compared to a* 26 *percent jump the previous year.* "*There is no way you can show precisely that the reduction was due to slotting allowances，but it certainly was a factor.*" ……

（1988 年超市引进的新产品有 10558 种，仅比 1987 年增加 4%，而 1987 年则比 1986 年增加 26%，尽管很难说新产品的锐减是由于通道费的存在，但至少通道费是一个原因。）

资料来源：Caroline E. Mayer，"Supermarket Space Race，The Controversial Costs of Putting Products on the Shelves"，*The Washington Post*，April 26，1989，Wednesday，Final Edition，Section：Food，P1.

……*Some retailers complain that the food companies are simply using supermarket shelves to test products in a* "*live*" *setting*……

（一些零售商抱怨食品制造商只是在零售商的货架上对自己产品进行现场测试。而测试的成本则由零售商来承担。）

……*Indeed，food industry executives say that in an effort to beat a competitor to market or simply to save money，they occasionally introduce products that are not as well conceived or targeted as they could be.* ……

（食品制造商承认，为了打击对手或者节省成本，它们经常推出并不成熟的产品。）

资料来源：Eben Shapiro，"New Products Clog Food Stores"，*The New York Times*，May 29，1990，Tuesday，Late Edition – Final，Section D，P1，Column 3.

（四）零售商的"平台化"是通道费产生和持续存在的根本原因

经过上文的回溯和分析，关于通道费是如何产生的，我们已经获得一些初步的判断。

20 世纪 80 年代的美国，多种原因导致的新产品（主要是食品行业）大爆发为通道费的出现创造了条件；面临巨大绩效压力的制造商主动缴纳通道费以使自己的产品获取进店优先权的做法使通道费就此诞生，零售商受到启发并竞相效仿，使通道费很快成为行业惯例。

与现有文献经常将新产品大爆发作为通道费产生的直接原因不同，本文仅仅将其视为通道费出现的必要条件。因为新产品爆发导致通道费出现的观点并不能很好地解释为什么供应商能够一直接受比新产品引进、撤换的实际会计成本高出很多的通道费额度。我们注意到供应商对通道费的态度极其微妙，通常是一面抱怨，一面又不断缴纳，同时也不提出法律诉讼，甚至不愿透露缴纳的金额和细节。这让我们不免产生这样的联想：供应商实际上从中获益。那么通道费机制中，缴纳了通道费的供应商能够获得什么样的好处呢？我们认为可能有这样一些好处。第一，新产品进店后获得销售成功，由产品销售量增长给供应商带来的利益远远多于缴纳给零售商的通道费。第二，即使进店的新产品试销失败，供应商可能又在零售商的要求下追加缴纳了一笔保底费，但供应商由此获得了该产品的试销经验，这为以后的产品改进积累了宝贵的历史数据，所缴纳的通道费总额未必多于供应商独自开展市场试销时所花费的成本。第三，通道费将原本由供应商支配的促销费用转由零售商支配，零售商因更为接近市场、更加了解消费者，可将这笔转移过来的促销费用使用得更有效率，即便零售商仅使用了其中的一部分，也可能获得超过供应商自行促销的效果，这相当于通道费的存在提高了供应商促销预算的使用效率。实际上我们完全有理由相信这一点，因为零售商的店内促销往往比供应商自己的促销活动更容易产生协同性和外部性效用，即在零售商支配下的对多家供应商产品的联合促销，要比供应商们分别自行促销获得更多的顾客关注。同时，由于零售店内部有产品集聚的优势，一家供应商的产品被促销，也会为其他供应商的销售做出贡献。零售商所具备的这种优势，实际上与"网络外部性"密切相关。

如果零售商为缴纳了通道费的供应商带来了远远多于通道费金额的利

益，供应商当然愿意维系通道费机制。本文认为供应商的抱怨一方面是出于通道费高于新产品进店实际发生的会计成本，但其实这是因为他们没有考虑产品销量风险和零售货架的机会成本问题；另一方面，基于零售业的传统，即在通道费出现以前，零售店同样具有引进新产品、产生店内促销的协同效用等功能，但零售商是不收费的。这就像一份一直免费发送的报纸突然有一天要收费订阅了而引起读者的不满一样，供应商肯定会对通道费机制有抱怨。但是花钱买报纸的人们很快发现，报纸上有用的内容更多了，更有趣了，而广告相对少了，精炼了，那么人们还是会继续花钱订阅的，但人们同时还会想："要是这么好的报纸继续免费就更好了。"一想到过去不用缴纳通道费就可以在零售店内销售商品的时代，供应商就抱怨通道费，但很可能在缴纳通道费以后，供应商获得了比过去（不缴纳通道费时）更好、更有价值的来自零售商的服务。

新产品的大量涌现的确是通道费产生的一个重要的历史条件，单单有这个条件，如果零售商自身的经营方式和状况没有发生巨大改变，通道费机制不会长期持续下来。本文认为通道费的出现看似来自新产品大爆发和供应商的主动"发明"，但其实背后有着深刻的零售业自身经营方式变革所造成的原因。如果不是这些原因，通道费即使在供应商的尝试下出现过，也很可能作为独立的偶然事件而昙花一现，很难得到迅速的效仿和广泛的传播，更不用说持续到今天。支持通道费作为一种机制长期存在、发展下来的，是零售业的经营环境和经营方式的改变，即现代大型零售业已经成为一种"平台型产业"（Platform Industry），现代大型零售业所面对的市场，更接近于一种双边市场（Two-sided Market）。在双边市场中，居于平台地位的企业恰恰需要通过建立一种倾斜的价格结构来实现自身利益的最大化，这与传统的仅由买卖双方构成的二元单边市场所考虑的情况具有很大的不同。本文认为，正是20世纪80年代的现代大型零售商的平台化发展，才使通道费恰好作为一种双边市场倾斜价格结构的机制而被创设并延续下来。现代大型零售商已经再也不是仅靠赚取商品的进销差价而生存的产业了，这是大型零售业态向平台产业演进、发展的一个结果。

1. 大型零售商走向平台化的原因

平台（Platform）是双边市场（Two-sided Market）中三个市场主体之一。平台以及分处于平台两端、对平台具有不同需求的两组用户——A边用户和 B 边用户，共同构成双边市场，两组用户间通过在平台上实现互动来获得收益。平台则通过向用户收取服务费用来维持自身的生存和发展。在双边市场中，A 边用户在平台上实现的收益与 B 边用户加入平台的数量紧密相关，即平台对 B 边用户的吸引力，很大程度上决定了平台对 A 边用户的吸引力。通常，每有一个 B 边用户加入平台，就给每一个 A 边用户带来了利益的增加。同样，每有一个 A 边用户加入平台，也给每一个 B 边用户带来利益的增加。这种利益的增加源于交叉网络外部性（Cross - group Network Externalities）。与非平台企业不同，平台型企业必须努力促成双边用户在平台上实现互动，才能有效获得平台收益。为实现更大的用户互动交易量，平台企业经常需要制定倾斜的价格结构，如向 A 边用户制定较低的服务价格（低于服务的边际成本，甚至完全免费或给予补贴，补贴相当于负的价格），向 B 边用户制定较高价格（高于边际成本）。倾斜的价格结构有利于平台扩大自身交易规模。究竟向哪一边用户制定低价格，取决于该边用户为对边用户带来的交叉网络外部性的大小。如果 A 边用户为 B 边用户带来的交叉网络外部性大，而 B 边用户为 A 边用户带来的交叉网络外部性相对小，则平台会向 A 边用户制定低价以吸引更多的 A 边用户，以此增加平台上外部性收益的总量。在平台向双边用户收取的总价格不变时，平台收益与特定的价格结构（倾斜的价格结构）相关。而对于单边市场上的非平台企业来说，它并不需要考虑在双边用户间制定倾斜价格的问题，无须考虑一些用户对另一些用户的影响，企业与用户之间的价格决定问题仅涉及买卖双方的二元关系。当某些市场上存在两组具有不同需求的用户，两组用户间能产生某种相互协调起来的正的网络外部性，这时再有一个充当中介的平台将用户间的交叉网络外部性加以内部化，那么一个双边市场就形成了。现实中的平台产业包括信用卡组织，广播、电视、报纸、杂志等媒体，计算机操作系统，电子游戏机，零售大卖场等。

Evans（2003）将平台企业分为三种类型：市场制造者（Market - makers），使两组完全不同的用户产生交易行为；受众制造者（Audience - makers），媒体平台通常属于受众制造者；需求协调者（Demand - coordinators），除了市场制造者、受众制造者之外的其他平台都为需求协调者。从平台型企业的特征和类型来看，现代大型零售商已经属于"市场制造者"平台。对现代大型零售商来说，一方面要吸引大量消费者进店，另一方面要保证有足够多、足够好的供应商在店内进驻其商品，并努力促成消费者在零售店内对供应商的商品产生购买行为，即努力促使两组用户间发生交易互动。因为只有这样，零售商平台才能向双边用户收取到交易服务费。现代大型零售店中每增加一个供应商的商品，对每一个进店的消费者来说，其进店的效用就被增加了；同样，每增加一个进店的消费者，每一家供应商的效用也得到了增加。

但并不是所有业态的零售商都发展为平台型企业。

首先，传统的零售业态中就不具有上述双边市场的特征。如传统百货店、杂货店所面对的都是单边市场，这些零售商的进货环节与销售环节是有明显的分隔的。即供应商只向零售商出售商品，消费者只向零售商购买商品，两者分别只在各自与零售商构成的单边市场中完成交易。供应商和消费者之间不会通过零售店发生密切的互动。在掌握条码扫描技术的现代化大型超市出现以前，零售商缺少对商品和顾客信息进行收集和整理的有效手段，有时倒是供应商对这些信息更为了解。而现代化大型连锁超市则借助条码扫描技术和数据收集、处理技术，占有了远远多于供应商的商品和消费者信息，相比之下，供应商显得对消费者一无所知。现代化大型超市可以实时地将卖场内的信息传递给供应商，供应商借此能快速而准确地对卖场内的变化和消费者的行为做出适当的反应。这就实现了供应商与消费者借由零售平台的高度互动。

其次，只有双边用户间彼此为对方带来交叉网络外部性收益时，居于这两组用户之间的企业才可能成为平台。在一些零售业态中，并不存在产生交叉网络外部性的空间。如小型便利店，其卖场空间一般较为狭小，货架空间极为有限，不可能为消费者提供非常丰富的选择，即供应商的数量极为有限。消费者在便利店中消费看重的是购买的便利性，而不是商品品种和花色的丰富，也不是宽敞明亮的购物环境，更不是各种促销和服务。对小型便利店来说，增加一个供应商，几乎没有给进店消费者带来交叉网络外部性。同时，对于供应商来说，每一位新增加的消费者也几乎不产生对所有供应商的交叉网络外部性，因为便利店的消费者的购买目的一般都很明确（与其他大型零售店相比），较少受到便利店营销的影响，极少发生随机性的购买或交叉购买（所以便利店也因不必要而极少开展促销）。在便利店销售中，通常是消费者进店后直奔所需商品，买完后迅速离店，这样就不会对所购买商品供应商以外的其他供应商产生交叉网络外部性。专卖店或品牌自营店是另一类不具有平台性的零售业态，虽然这类零售店比杂货店、便利店拥有更大、更豪华、更舒适的卖场以及更多的促销和服务。这类零售店的特点是只有一家供应商，或者干脆零售店就是品牌供应商自建的，在这种零售店中，供应商是唯一的，即不存在由多个供应商构成的供应商用户组，显然每一个进店的消费者无法为那些事实上并不存在的"其他供应商"带来网络外部性收益。

那么，哪些因素导致了零售商的平台化呢？

首先是零售业态的演变。关于零售业态为何以及如何发生变迁，理论界存在多种假说。如零售轮假说（Wheel of Retailing Hypothesis）、真空地带假说（Vacuum Hypothesis）、零售手风琴假说（Retail Accordion Hypothesis）、零售生命周期假说（Retail Life Cycle Hypothesis）等（夏春玉等，2013）。不论基于何种假说，到20世纪80年代，以连锁超市为代表的新兴大型零售业态已经发展成熟。这些连锁超市不但单个门店营业面积和商品种类大大超过传统杂货店，其多达上百家的连锁门店数也使其经营地域范围和采购规模较之传统零售业态有巨大的拓展。连锁超市成为居民购买食品、日用品的主要场所，其巨大而稳定的客流为供应商带来可观的网络外部性收益，同时超市货架上的产品种类极大丰富，众多供应商的加入也为消费者带来巨大的交叉网络外部性。

其次是消费者需求的日趋多样化、复杂化。与20世纪80年代新产品爆炸式增长所同步的，是消费者需求的日益多样化、复杂化。企业生产能力的进步、消费者收入水平的提高、个性化生活方式的兴起等因素共同导致消费者需求的日趋多样化和复杂化。某种程度上，新产品的爆炸式增长也是制造商对消费者需求变化的一种反应。将如此众多的产品和如此各异的需求匹配起来，不论是对供应商还是对消费者来说都不是轻松的事情。此时，超市的平台中介作用凸显。大型连锁超市具有强大的吸引消费者进店的能力，所销售的商品种类极其丰富，买卖双方在卖场内的大量集聚极大地方便了消费者的搜寻和购买。

最后是零售业技术密集性的提高。除了将供应商和消费者大量集聚在零售店内，大型连锁零售商还必须促使双方在店内发生高度互动，零售商才可能成为一种平台。条码编码、识别、扫描技术，大规模数据收集、处理技术，以及多功能POS系统的应用，使零售商第一次具备了能够详细记录、分析、预测商品销售情况及消费者购买行为的能力。零售商从此可以快速、精确地获得市场反馈信息，供应商则完全处于信息劣势，他们只能根据零售商提供的信息获得对市场的判断。借由 IT 技术占据信息高地的零售商通过高效地在消费者、供应商之间传递信息而真正成为一个中介平台。

2. 大型零售商的平台化是通道费产生并持续存在的根本原因

本文认为，以大型连锁超市为代表的具有平台化特征的现代大型零售业态的出现，才是零售通道费机制出现的主要原因。没有平台化的零售商，即使出现新产品涌现的热潮，通道费机制也不会长期持续存在。通道费的存在是现代大型零售业经营特点和盈利模式改变的结果。

至少有以下三个方面证据说明通道费确实与零售商的平台化紧密相关。

（1）通道费与平台化零售商在出现时间上的同步性。大型连锁零售业早在 20 世纪 30 年代就已出现，但真正借助于 IT 技术具有平台特性的大型连锁超市是在 20 世纪 80 年代初期才出现的。超市的平台化与条码（Bar Code）技术的发展紧密相关。虽然条码的发明可上溯至 20 世纪 40 年代末期，但直到 1967 年，美国辛辛那提的一家超市才首先开始使用条码扫描器。然而当时的条码码制尚不完善，仅能包含少量信息，无法容纳物品的详细信息。经过多年的发展和改进，更先进的条码被发明出来。1981 年，国际物品编码协会成立，实现了自动识别的条码译码技术。到 1982 年，手持式激光条码扫描器首次实用化（李俊宏、湛邵斌，2009）。可见，在 1982 年以前，大型连锁零售商还不掌握先进有效的条码扫描技术。再加上与条码扫描技术相匹配的稳定、多功能 POS 系统的改进和调试，本文估计具有实用价值的零售商整套信息管理系统恰恰在 1983 年前后才开始广泛投入使用。而通道费现象刚好大约产生在 1984 年。二者在时间上高度接近。

（2）通道费与平台化零售商在业态类别上的重合性。通道费作为一个长期处于争议中的话题一经出现就与销售食品、日用品的大型连锁超市联系在一起，而杂货店、便利店这样的小型零售商至今都很少出现收取通道费的行为。也就是说，最先具有平台企业特征并且平台性最为明显的零售业态才有突出的通道费问题，不具有平台性的零售业态，就没有收取通道费的现象。

（3）通道费确实可以被看作平台型零售商的新型盈利模式。与传统百货店及现代的便利店相比，大型连锁超市销售商品的毛利率更低，但其提供的各种促销和店内服务要大大高于便利店、杂货店业态。在竞争压力下，大型连锁超市无法像百货店那样通过高毛利率来补偿卖场的巨大经营成本，要维系经营，超市只能想办法向供应商收取更高的服务价格。在双边市场的分析框架下，平台企业恰恰是通过对双边用户的倾斜定价来实现自身利益最大化的，即超市制定低于边际成本的商品零售价（进销差价相当于是对消费者收取的服务价格），以此吸引更多的消费者进入超市，同时向供应商收取高于边际成本的价格（各种通道费的总和）。这种价格结构实际上有利于吸引更多的消费者进店，实现更大的店内交易规模，而这一结果又为供应商带来好处。所以，对于平台型零售商来说，传统零售商赖以生存的进销差价模式已经无法用以维系其生存和发展，而必须通过对双边用户制定倾斜的平台服务价格来获得利润。而通道费正是这个倾斜价格结构的表现形式。

基于以上三点，笔者认为 20 世纪 80 年代中期美国具有平台产业特征的现代大型连锁零售业态的出现，是导致通道费机制产生并持续至今的根本原因。通道费本身恰是平台型零售商特有的盈利模式的体现。虽然还不能简单地说这种盈利模式是完全合理的，是完全无损于市场效率和消费者福利的，但起码我们认为这让人们对通道费的认识不再局限于对效率论和市场势力论的印证。进一步地，在双边平台的视角下，如果通道费的价值来源是来自零售平台为双边用户（供应商和消费者）所额外创造的交叉网络外部性收益，那么我们对于通道费的经济性质就有了全新的解读，它就可以既不代表零售商的实际服务成本，也不意味着市场势力占优方对劣势一方的压榨，而是双边市场中各方博弈达成均衡时的平台企业定价。

参考文献

[1] 程贵孙、陈宏民、孙武军：《双边市场视角下的平台企业行为研究》，《经济理论与经济管理》2006 年第 9 期。

[2] 董春艳、张闯：《渠道权力结构与通道费的作用关系：基于中国家电渠道的案例研究》，《中国工业经济》2007 年第 10 期。

[3] 董烨然：《通道费：大型零售商挖掘市场效率的一种机制设计》，《财贸经济》2012 年第 3 期。

[4] 胥莉、陈宏民、潘小军：《消费者多方持有行为与厂商的兼容性选择——基于双边市场理论的探讨》，《世界经济》2006 年第 12 期。

［5］ 孔群喜、石奇：《通道费的市场规则：基于弱自然垄断行业特征的解释》，《商业经济与管理》2010年第6期。

［6］ 李飞：《中国百货店：联营，还是自营》，《中国零售研究》2010年第1期。

［7］ 李飞、胡赛全、詹正茂：《零售通道费形成机理——基于中国市场情境的多业态、多案例研究》，《中国工业经济》2013年第3期。

［8］ 李俊宏、湛邵斌：《条码技术的发展及应用》，《计算机与数字工程》2009年第12期。

［9］ 李骏阳：《对收取通道费原因的分析——基于我国零售企业的盈利模式研究》，《管理学报》2009年第12期。

［10］ 石奇、孔群喜：《接入定价、渠道竞争与规制失败》，《经济研究》2009年第9期。

［11］ 吴小丁：《大型零售店"通道费"与"优势地位滥用"规制》，《吉林大学社会科学学报》2004年第9期。

［12］ 夏春玉等：《流通概论》，东北财经大学出版社，2013。

［13］ 岳中刚、赵玻：《通道费与大型零售商盈利模式研究：基于双边市场的视角》，《商业经济与管理》2008年第8期。

［14］ 张闯、董春艳：《渠道权力转移了吗——SCP范式下中国消费品渠道的实证研究》，《中国零售研究》2009年第2期。

［15］ 张赞、王小芳：《超市通道费：理论回顾与研究展望》，《当代经济管理》2010年第1期。

［16］ 庄贵军、周筱莲：《权力、冲突与合作：中国工商企业之间渠道行为的实证研究》，《管理世界》2002年第3期。

［17］ 庄尚文、赵亚平：《跨国零售买方势力的福利影响与规制思路——以通道费为例的模型分析》，《财贸经济》2009年第3期。

［18］ Aalberts, Robert J. and Jennings, Marianne M., 1999, "The Ethics of Slotting: Is This Bribery, Facilitation Marketing or Just Plain Competition?", *Journal of Business Ethics*, Vol. 20, No. 3, pp. 207 - 215.

［19］ Achrol, Ravi S., 2011, "Slotting Allowances: A Time Series Analysis of Aggregate Effects over Three Decades", *Journal of the Academy of Marketing Science*, Pubished online, June 14, 2011.

［20］ Andrea Stone, Innovation Loses Ground in 88 Market, *USA TODAY*, February 2, 1989, Thursday, Final Edition, Section: Money; Pg. 7b.

［21］ Armstrong, Mark, 2006, "Competition in Two - Sided Markets", The RAND *Journal of Economics*, Vol. 37, No. 3, pp. 668 - 691.

［22］ Balto, David, 2002, "Recent Legal and Regulatory Developments in Slotting Allowances and Category Management", *Journal of Public Policy & Marketing*, Vol. 21, No. 2, pp. 289 - 294.

[23] Bloom, Gundlach & Cannon, 2000, "Slotting Allowances and Fees: Schools of Thought and the Views of Practicing Managers", *The Journal of Marketing*, Vol. 64, No. 2, pp. 92 - 108.

[24] Bloom, Paul N. and Perry, Vanessa G. , 2001, "Retailer Power and Supplier Welfare: The Case of Wal - Mart", *Journal of Retailing*, 77 (2001), pp. 379 - 396.

[25] Bone, Paula Fitzgerald, France, Karen Russo and Riley, Richard, 2006, "A Multifirm Analysis of Slotting Fees", *Journal of Public Policy & Marketing*, Vol. 25, No. 2, Fall 2006, pp. 224 - 237.

[26] Cannon, J. P. , and Bloom, P. N. , 1991, "Are Slotting Allowances Legal under the Antitrust Laws?", *Journal of Public Policy & Marketing*, Vol. 10, No. 1, pp. 167 - 186.

[27] Caroline E. Mayer, No Room on the Shelf; Grocers and Manufacturers Debate Fees for New Products, *The Washington Post*, October 17, 1990, Wednesday, Final Edition, Section: Food, P1.

[28] Caroline E. Mayer, Supermarket Space Race; The Controversial Costs of Putting Products on the Shelves. *The Washington Post*, April 26, 1989, Wednesday, Final Edition, Section: Food, P1.

[29] Chu, Wujin, 1992, "Demand Signalling and Screening in Channels of Distribution", *Marketing Science*, Vol. 11, No. 4, pp. 327 - 347.

[30] Desai, Preyas S. , 2000, "Multiple Messages to Retain Retailers: Signaling New Product Demand", *Marketing Science*, Vol. 19, No. 4, pp. 381 - 389.

[31] Dobson, P. , Waterson, M. , Konrad, K. and Matutes C. , 1999, "Retailer Power: Recent Developments and Policy Implications", *Economic Policy*, Vol. 14, No. 28, pp. 135 - 164.

[32] Eben Shapiro, Company News; Kraft Plans To Cut Prices To Grocers, *The New York Times*, February 21, 1992, Friday, Section D, P1, Column 6.

[33] Eben Shapiro, "New Products Clog Food Stores", *The New York Times*, May 29, 1990, Tuesday, Late Edition - Final, Section D; Page 1, Column 3.

[34] Ekelund, Robert B. , Ford, George S. and Koutsky, Thomas, 2000, "Market Power in Radio Markets: An Empirical Analysis of Local and National Concentration", *Journal of Law and Economics*, Vol. 43, No. 1, pp. 157 - 184.

[35] Evans, D. S. , 2003, "The Antitrust Economics of Multi - sided Platform Markets", *Yale Journal on Regulation*, 20 (2).

[36] Felicity Lawrence, Comment & Analysis: Third Way to Poison a Food Chain: Farmers and Consumers are Both Being Fleeced by Supermarkets, *The Guardian (London)*, Guardian Leader Pages, Pg. 18.

[37] Greg Winter, Audit Shift Set on Fees to Put Goods in Stores, *The New York Times*, May 15, 2001 Tuesday, Section C, Column 3, Business/Financial Desk; P4.

[38] Hamilton, Stephen F. , 2003, "Slotting Allowances as a Facilitating Practice by Food Processors in Wholesale GroceryMarkets: Profitability and Welfare Effects", *American Journal of Agricultural Economics*, Vol. 85, No. 4, pp. 797 - 813.

[39] Jack Hitt, "The Theory Of Supermarkets", *The New York Times*, March 10, 1996, Sunday, Section 6, P56, Column 1.

[40] Jack Steinberg, What's New In The Natural Foods Business: Onto Supermarket Shelves Without Paying A Slotting Fee, *The New York Times*, July 16, 1989, Sunday, Section 3, P13, Column 3.

[41] John Lorinc, Shelf Assured; So You Think You've Cooked up a Great New Potato Chip that Customers Will Love. Now What? Here's How to Get Your Product into a Big - name Chain, from the Pitch to Packaging to Production. *The Globe and Mail (Canada)*, September 26, 2007 Wednesday, Section: Report On Small Business Magazine, P26.

[42] Julia Finch, Financial: Retail: How Suppliers Get the Sharp End of Supermarkets' Hard Sell: Watchdog may be on Trail of Bullyboys Whose Threats Drive down Prices. *The Guardian (London)*, August 25, 2007 Saturday, Section: Guardian Financial Pages, P37.

[43] Kelly, K. , 1991, "The Antitrust Analysis of Grocery Slotting Allowances: The Procompetitive Case", *Journal of Public Policy & Marketing*, Vol. 10, No. 1, pp. 187 - 198.

[44] Klein, Benjamin and Wright, Joshua D. , 2007, "The Economics of Slotting Contracts", *Journal of Law and Economics*, Vol. 50, No. 3, pp. 421 - 454.

[45] Lariviere, Martin A. and Padmanabhan, V. , 1997, "Slotting Allowances and New Product Introductions", *Marketing Science*, Vol. 16, No. 2, pp. 112 - 128.

[46] Margaret Webb Pressler, Shelf Game; When Stores Force Makers to Pay Them Fees, You Lose, *The Washington Post*, January 18, 2004 Sunday, Financial, F5.

[47] Marx, Leslie M. and Shaffer, Greg, 2010, "Slotting Allowances And Scarce Shelf Space", *Journal of Economics & Management Strategy*, Vol. 19, No. 3, pp. 575 - 603.

[48] Messinger, Paul R. and Narasimhan, Chakravarthi, 1995, "Has Power Shifted in the Grocery Channel?", *Marketing Science*, Vol. 14, No. 2, pp. 189 - 223.

[49] Murry, John P. and Heide, Jan B., 1998, "Managing Promotion Program Participation within Manufacturer - Retailer Relationships", *The Journal of Marketing*, Vol. 62, No. 1, pp. 58 - 68.

[50] Nicholas Bannister and Julia Finch, Superstores Sap High Street; Town Centre Shops Being Squeezed Out, Government Research Shows, *The Guardian* (*London*), September 26, 1998, The Guardian City Page, P26.

[51] O'Brien, Daniel P. and Shaffer Greg, 1994, "The Welfare Effects of Forbidding Discriminatory Discounts: A Secondary Line Analysis of Robinson - Patman", *Journal of Law*, *Economics* & Organization, Vol. 10, No. 2, pp. 296 - 318.

[52] Pauwels, Koen and Srinivasan, Shuba, 2004, "Who Benefits from Store Brand Entry?", *Marketing Science*, Vol. 23, No. 3, pp. 364 - 390.

[53] Porter, Michael E., 1974, "Consumer Behavior, Retailer Power and Market Performance in Consumer Goods Industries", *The Review of Economics and Statistics*, Vol. 56, No. 4., pp. 419 - 436.

[54] Rao, Akshay R. and Mahi, Humaira, 2003, "The Price of Launching a New Product: Empirical Evidence on Factors Affecting the Relative Magnitude of Slotting Allowances", *Marketing Science*, Vol. 22, No. 2, pp. 246 - 268.

[55] Richards, Timothy J. and Patterson, Paul M., 2004, "Slotting Allowances as Real Options: An Alternative Explanation", *The Journal of Business*, Vol. 77, No. 4, pp. 675 - 696.

[56] Shaffer, G., 1991, "Slotting Allowances and Resale Price Maintenance: A Comparison of Facilitating Practices", *The RAND Journal of Economics*, Vol. 22, No. 1, pp. 120 - 135.

[57] Sullivan, Mary W., 1997, "Slotting Allowances and the Market for New Products", *Journal of Law and Economics*, Vol. 40, No. 2, pp. 461 - 494.

[58] Trish Hall, For New Food Products, Entry Fee is High, *The New York Times*, January 7, 1988, Thursday, Late City Final Edition, Section A, P1, Column 2.

流通产业增长中的批发依赖性研究[*]

——基于工业品分类样本的实证检验

王晓东[**]

提　要　改革开放以来，我国流通产业取得长足发展，现代流通方式加快发展，流通产业已是国民经济的基础性和先导性产业。理论上，批发流通在现代流通产业发展中占据重要地位，对促进流通产业良性增长起到重要作用。本文基于工业品分类样本对批发业在流通总体增长以及零售增长中的双重贡献进行实证测度，整体上验证了流通增长过程中的批发依赖性，并在分类检验中验证了生产资料工业品、快速消费品以及耐用消费品行业对批发增长的较高依赖性。在新时期的流通增长中，应重视在批发依赖性较为明显的行业中集中实现批发的聚集优势。

关键词　流通增长　批发依赖　实证检验

一　引言

近年来，我国流通产业呈现迅速发展态势，流通规模稳步增长，基础设施持续改善，业态体系不断完善，流通产业已经成为保障生产与扩大消费的重要载体，也是促进经济平稳较快发展的支柱产业。2012 年，《关于

---

* 本文是国家社会科学基金项目"新时期工业品流通体系研究"（10BJY085）和中国人民大学研究品牌计划基础研究项目"国内贸易活动的基础理论综合与研究方法创新"（13XNI009）的成果。
** 王晓东，男，黑龙江齐齐哈尔人，中国人民大学商学院教授、博士生导师，经济学博士。

深化流通体制改革加快流通产业发展的意见》（国发〔2012〕39号）、《深化流通体制改革加快流通产业发展重点工作部门分工方案》（国发〔2013〕69号）首次在国务院文件中确立了流通业作为"国民经济的基础性和先导性行业"的提法和地位；2013年11月，《中共中央关于全面深化改革若干重大问题的决定》又明确指出"推进国内贸易流通体制改革、建设法治化营商环境"，这些对新时期的流通理论创新和流通产业发展都具有重要意义。

比较来看，现有专门探讨批发流通的研究文献相对有限，这与西方主流经济学对流通问题的长期"转移淡化"及其与流通理论在"方法论上的对立"有很大关系。截至目前，富于启示性的研究主要围绕批发环节的地位与作用、独立批发组织的生存机理及运行效率、现代批发业创新发展等角度展开分析论证。总体而言，现有研究肯定了批发在商品流通过程中的重要地位及其对于促进流通产业良性增长的特殊意义，提出"批发环节不会在流通市场化过程中消亡，而是呈现出淘汰、整合、创新与发展的趋势"，"批发组织凭借专业化优势而实现更高流通效率"的传统范式依然有效，在战略发展中"批发产业与生产环节、零售环节之间将形成以效率为目标的协同机制"等观点和结论。从中国批发业的发展前景来看，创新批发体制属于中国流通改革中一个悬而未决的问题，在新的市场形势下，重新塑造大型批发组织的聚集能力和整合效应以及传统批发渠道向供应链整合方向的转化是必然趋势。

整体而言，已有文献肯定了批发在流通发展中的重要地位及在未来创新发展的必然趋势，但对于流通产业增长中的批发依赖性则缺乏系统的定量验证，尤其是对零售增长与批发规模之间的依赖关系缺乏理论关注，从而使实践中的批发产业发展未能摆脱政策困惑。与此同时，现有定量研究大多关注农产品批发问题，对工业品流通中的批发问题则缺乏系统检验。有鉴于此，本文尝试运用我国各省市统计数据和经济普查数据，进行大样本总体与分类别的实证分析，研究批发增长在流通总体增长以及零售增长中的贡献程度：在讨论批发对工业品流通总体增长的贡献时，说明生产资料及消费品两大类的不同表现；在分析批发对零售业增长的作用时，也区分讨论不同行业的情况，在依赖度衡量方面采用批零结构和生产地区集中度等多个指标来进行实证分析，弥补批零结构度量的单一性。

二　流通业总体增长中的批发依赖性分析

本文首先关注批发在流通产业总体增长中所发挥的直接作用，通过工业消费品和生产资料工业品的分类样本数据及地区流通增长差异分析，重点说明批发流通形式在目前流通业总体增长中的角色。

（一）分析方法及数据来源

认清流通产业增长及其批发依赖，需要对流通增长的具体过程进行分解，由此需要确定分解对象和分解方法。但鉴于中国地域面积广阔，仅仅分析总体增长率显然不足以揭示流通增长过程，而通过地区间的比较和增长差异来源分析，则能够更好地了解增长过程中的机制。本文在设计分解方法时采用卡琳等人（Carlin 等）的增长分析思路，将全国各省市的增长偏差分解为结构效应、增长效应和交互效应，再通过对批发与零售两大流通形式的细分，比较两者在流通产业总体增长中的贡献。偏离份额模型（Shift – Share Model，SSM）是一种针对高低两级（如全国与省区）间增长差异的分解方法，分析作为个体的一个地区（如一个省）为何增长率会高于或低于总体（如全国）。这是一种在区域经济和产业结构研究中经常采用的办法，最初被用于分析劳动力转移在生产力发展中的效用，并在 20 世纪 60 年代得到不断完善，在 20 世纪 80 年代得到普遍使用。与其他的分解法相比，SSM 能对区域内各部门或产业的发展状况进行较为准确的把握，同时具有较强的综合性和动态性。

依据上述分解思路，本文的分解公式为：

$$\Delta G = \sum (S_{ki} \times G_{ki} - S_{k-} \times G_{k-}) = \sum (S_{ki} - S_{k-}) \times G_{k-} +$$
$$\sum (G_{ki} - G_{k-}) \times S_{k-} + \sum (G_{ki} - G_{k-}) \times (S_{ki} - S_{k-}) \tag{1}$$

其中，k 取两种情形，分别表示批发（w）、零售（r）两类形式；ΔG 代表一个地区总体或特定商品流通增长率与全国水平之间的差别；S_{k-} 代表全国范围内不同形式的工业品流通额占商品流通总额的比重；S_{ki} 代表 i 地区批发或零售形式的工业品流通额占商品流通总额的比重；G_{k-} 代表国家层面，批发或零售形式工业品流通额增长率；G_{ki} 代表地区层面，i 地区批发或零售形式工业品流通额增长率。

61

依据上述分解公式，某地区的增长率偏差 ΔG 被分解为 $\sum(S_{ki} - S_k) \times G_k$、$\sum(G_{ki} - G_k) \times S_k$、$\sum(G_{ki} - G_k) \times (S_{ki} - S_k)$ 三个部分。其中，$\sum(S_{ki} - S_k) \times G_k$ 为结构效应，表示某地区工业品销售的批零结构与平均结构的差别在该地区流通增长中的贡献（假定各类工业品销售额以全国平均的速度 G_k 增长）；$\sum(G_{ki} - G_k) \times S_k$ 为增长效应，表示某地区各类工业品销售额增长率与平均增长率之差的贡献（假定工业品的批零结构与全国平均相同）；$\sum(G_{ki} - G_k) \times (S_{ki} - S_k)$ 为交互效应，表示结构特征与增长速度共同作用给流通额增长带来的贡献。

在具体测度过程中，如果结构效应相对较大，说明被测度地区主要因为商品销售的批零结构带动流通产业整体增长；如果增长效应数值相对较大，说明该地区的增长主要依赖于各类商品的销售增长而非某些特定类别的商品；如果交互效应为正值，则说明该地区某些商品类别的销售增长较快（慢），而这些商品的销售额本身在总体中占比较大（小），反之，若交互效应为负数，则说明销售增速和占比并不匹配，阻碍了整体的流通增长。

本文将以各地区工业品流通增长数据为研究样本，将工业品区分为生产资料工业品和工业消费品①，对于不同类别商品的地区增长差异进行分析，并对批发与零售在流通增长中的贡献情况进行比较分析，以此说明流通增长中的批发依赖性。如果 ΔG 与其他变量都取各类工业品总和，得到的就是总体分解结果；如果都按照某一工业品类别（大类或小类）计算，则分解结果对应于相应的细分类别。就批发与零售之间的分解而言，如果观察到增长效应 $\sum(G_{ki} - G_{k-}) \times S_{k-}$ 的贡献较为显著，则可以将其拆分为批、零两项，即 $(G_{wi} - G_{k-}) \times S_{k-}$ 与 $(G_{ri} - G_{k-}) \times S_{k-}$，并对二者加以比较分析。

关于数据来源：S_{k-} 和 S_{ki} 采用 2004 年全国及各省主要工业消费品和生产资料工业品销售额加以计算；G_{k-} 和 G_{ki} 用 2004～2010 年全国及各地区主要工业品销售额计算。所有"销售额"数据均取自相应年份的《中国贸易

---

① 在数据可得的情况下，采用全国 31 个省份，食品饮料烟酒类、服装类、鞋帽类、针纺织品类、化妆品类、金银珠宝类、日用品类、体育娱乐用品类、书报杂志类、电子出版物及音像制品类、家用电器和音像器材类、中西药品类、文化办公用品类、家具类、建筑及装潢材料类、汽车类、通信器材类 17 种工业消费品，以及五金电料类、煤炭及制品类、石油及制品类、机电产品及设备类 4 种生产资料工业品。

外经统计年鉴》，在"销售类值"统计中得到。

（二）分类商品的地区流通增长差异及批发依赖分析

依据如上分析框架和分解方法，以下将在生产资料工业品与工业消费品的分类样本中，对地区流通增长差异及批发依赖性进行比较测度。

1. 生产资料工业品流通增长及批发依赖分析

在涵盖前述4种生产资料工业品的分析样本中，对地区间流通增长差异进行分解可以发现，有17个省区市的增长偏差为正，并且主要由增长效应导致；有19个省区市增长效应的分解值为三大效应中最高。从而，对生产资料工业品而言，增长效应仍然是主导性的效应，故进一步对增长效应中批发与零售两种流通形式进行分解，可以看到增速差异为正的17个省区市正好也是批发增长效应为正的17个省区市，并且其中有15个省区市的批发增长效应大于零售增长效应，从而说明批发形式也是生产资料工业品流通增长效应的主导。同时，对于增长偏差为负，即增长较慢的省市而言，批发增长效应都小于零售增长效应，从侧面说明了批发对于增长效应和整体增长表现的影响。结构效应和交互效应方面，均有22个省区市的批发形式分解值为负数，表明在生产资料工业品中，多数省份的批零结构均为零售占比相对较高，批发占比与销售增速的协调性普遍劣于零售形式（见表1）。

表1　各省区市生产资料工业品流通增长偏差及批零分解

省份	偏差	排名	增长效应			结构效应			交互效应		
			整体	批发	零售	整体	批发	零售	整体	批发	零售
北京	0.306	14	0.255	0.487	-0.232	-0.044	0.091	-0.135	0.095	0.021	0.074
天津	1.466	9	1.608	1.325	0.283	-0.080	0.165	-0.245	-0.062	0.102	-0.164
河北	1.700	7	2.201	2.422	-0.221	0.171	-0.351	0.522	-0.672	-0.399	-0.274
山西	1.782	6	1.831	1.888	-0.057	0.039	-0.080	0.119	-0.087	-0.071	-0.016
内蒙古	2.227	5	2.230	2.092	0.138	0.171	-0.350	0.521	-0.173	-0.344	0.170
辽宁	-0.583	23	-0.449	-0.479	0.030	-0.080	0.165	-0.245	-0.054	-0.037	-0.017
吉林	-0.488	22	-0.478	-0.297	-0.181	0.395	-0.811	1.206	-0.406	0.113	-0.519
黑龙江	-0.436	20	-0.516	-0.636	0.120	0.032	-0.067	0.099	0.048	0.020	0.028
上海	-0.405	19	0.605	-0.338	0.943	-0.124	0.254	-0.378	-0.887	-0.040	-0.846

省 份	偏差	排名	增长效应			结构效应			交互效应		
			整体	批发	零售	整体	批发	零售	整体	批发	零售
江 苏	-0.824	24	-0.793	-0.894	0.101	-0.012	0.024	-0.036	-0.019	-0.010	-0.009
浙 江	-1.184	28	-1.031	-1.108	0.077	-0.058	0.119	-0.178	-0.094	-0.062	-0.032
安 徽	-0.870	25	-0.837	-1.016	0.179	-0.010	0.020	-0.030	-0.023	-0.010	-0.013
福 建	-0.468	21	-0.611	-0.533	-0.078	0.150	-0.309	0.459	-0.007	0.077	-0.085
江 西	-1.406	30	-1.750	-1.790	0.040	0.114	-0.235	0.350	0.230	0.197	0.033
山 东	0.592	13	0.364	0.143	0.221	0.092	-0.190	0.282	0.136	-0.013	0.148
河 南	-1.279	29	-1.375	-1.276	-0.098	0.063	-0.129	0.192	0.033	0.077	-0.045
湖 北	-0.047	18	0.072	-0.139	0.211	-0.045	0.092	-0.137	-0.074	-0.006	-0.068
湖 南	-1.182	27	-1.685	-1.810	0.125	0.138	-0.283	0.421	0.365	0.240	0.125
广 东	0.086	16	0.108	0.283	-0.175	0.042	-0.086	0.127	-0.064	-0.011	-0.053
广 西	-1.660	31	-1.757	-1.620	-0.137	0.062	-0.127	0.189	0.035	0.096	-0.062
海 南	0.645	12	0.243	0.099	0.144	0.206	-0.423	0.629	0.196	-0.020	0.215
重 庆	2.957	4	2.921	2.483	0.438	0.021	-0.042	0.063	0.016	-0.049	0.065
四 川	-1.148	26	-1.136	-1.598	0.462	-0.002	0.004	-0.006	-0.010	-0.003	-0.007
贵 州	1.374	10	0.962	0.821	0.141	0.334	-0.687	1.021	0.077	-0.265	0.342
云 南	1.123	11	0.953	0.845	0.108	0.175	-0.359	0.534	-0.005	-0.142	0.137
西 藏	0.094	15	-0.093	0.013	-0.105	0.833	-1.711	2.544	-0.647	-0.010	-0.636
陕 西	8.791	2	9.975	9.750	0.225	0.175	-0.360	0.535	-1.359	-1.645	0.286
甘 肃	0.026	17	0.047	0.218	-0.171	0.047	-0.096	0.143	-0.068	-0.010	-0.058
青 海	1.602	8	3.464	3.658	-0.194	0.474	-0.975	1.449	-2.337	-1.672	-0.665
宁 夏	5.495	3	6.817	6.860	-0.042	0.224	-0.459	0.683	-1.546	-1.477	-0.069
新 疆	10.863	1	15.435	15.716	-0.281	0.283	-0.581	0.863	-4.854	-4.280	-0.575

　　进一步从生产资料的细分样本来看，大约半数省份的增长效应在差异分解中占有绝对主导地位，而这些省份的流通增长速度都较快，且其中批发增长效应均大于零售增长效应，体现出批发形式增长在相应商品销售增长中的重要角色。结构效应是构成流通增长差异的第二因素，但主要体现在增长速度较慢的省区市；同时，批发结构效应为负值的省区市比例也在2/3左右，其中又有一半以上集中在增长较快的省区市，表明批发占比低

于全国平均水平的省区市生产资料流通量增长较快。交互效应在增长分解中的作用总体上弱于增长效应和结构效应，其批零分解的表现则与结构效应相似。综上可知，在生产资料流通中，批发增长的贡献较为突出，而批发产业占比结构不合理则是影响地区流通增长的主要因素。表2是细分的生产资料工业品流通增长偏差分解。

表2 细分的生产资料工业品流通增长偏差分解

单位：%

	样本有效省区市数	分解值为各效应最高的省区市			增长效应批发>零售	结构效应批发<0	交互效应批发<0
		结构效应	增长效应	交互效应			
五金、电料类	30	30.0	53.3	16.7	50.0	60.0	70.0
煤炭及制品类	26	34.6	50.0	15.4	53.8	57.7	65.4
石油及制品类	30	43.3	43.3	13.3	50.0	73.3	63.3
机电产品及设备类	30	13.3	50.0	36.7	46.7	66.7	43.3
五金、电料类	增速前15	0.0	86.7	13.3	80.0	80.0	66.7
煤炭及制品类		13.3	86.7	0.0	86.7	60.0	73.3
石油及制品类		20.0	80.0	0.0	86.7	93.3	80.0
机电产品及设备类		0.0	93.3	6.7	86.7	60.0	53.3

2. 工业消费品流通增长及批发依赖分析

依据前述方法对工业消费品样本进行增长分解，可以发现增长效应依然是形成地区间增长差异的主要因素，共有17个省区市的增长效应分解值在三大效应中居于最高。进一步地，将增长效应进行批发、零售两种形式间的比较，可以发现有10个省区市的批发增长效应大于零售增长效应，这一结果要明显低于前述生产资料工业品的情形。同时，在排名靠前的省区市中，批发增长效应大于零售增长效应的省区市也较少，增速前15名中有7个，明显少于生产资料工业品中的13个；但在这排名前15的省区市中，仍有12个的批发增长分解值为正数。可见，在工业消费品当中，批发的增长效应仍发挥了一定的作用，但与生产资料工业品相比并不突出。但就结构效应和交互效应而言，分别有19个和16个省区市的批发形式分解值为负数，这一结果与生产资料工业品的分解情况基本相同，表明工业消费品当中批零结构问题以及批发销售占比与增速不协调的问题同样存在（见表3）。

表3　各省区市工业消费品流通增长偏差及批零分解

省　份	偏差	排名	增长效应			结构效应			交互效应		
			整体	批发	零售	整体	批发	零售	整体	批发	零售
北　京	0.619	7	0.613	0.870	− 0.257	− 0.006	0.010	− 0.016	0.012	0.007	0.004
天　津	0.338	10	0.337	0.359	− 0.022	0.003	− 0.004	0.007	− 0.002	− 0.001	0.000
河　北	0.411	9	0.348	0.326	0.022	0.107	− 0.179	0.286	− 0.044	− 0.051	0.007
山　西	− 1.408	31	− 1.312	− 1.138	− 0.174	− 0.045	0.076	− 0.121	− 0.051	− 0.074	0.023
内蒙古	1.236	3	1.175	0.266	0.909	0.019	− 0.031	0.050	0.042	− 0.007	0.050
辽　宁	− 0.078	20	− 0.270	− 0.292	0.023	0.129	− 0.216	0.345	0.063	0.055	0.009
吉　林	− 0.381	22	− 0.593	− 0.425	− 0.168	0.188	− 0.314	0.502	0.024	0.115	− 0.092
黑龙江	0.267	12	0.134	0.009	0.125	0.098	− 0.165	0.263	0.034	− 0.001	0.036
上　海	− 0.778	28	− 0.781	− 0.252	− 0.529	− 0.016	0.027	− 0.044	0.019	− 0.006	0.025
江　苏	− 0.110	21	− 0.114	− 0.251	0.137	0.002	− 0.004	0.006	0.002	0.001	0.001
浙　江	− 0.491	24	− 0.351	− 0.385	0.034	− 0.085	0.142	− 0.226	− 0.055	− 0.047	− 0.008
安　徽	0.178	15	0.294	− 0.021	0.315	− 0.059	0.099	− 0.159	− 0.056	− 0.002	− 0.055
福　建	0.080	18	0.260	− 0.011	0.271	− 0.100	0.167	− 0.266	− 0.080	− 0.002	− 0.079
江　西	− 0.678	26	− 0.603	− 0.566	− 0.037	− 0.044	0.073	− 0.117	− 0.031	− 0.036	0.005
山　东	0.926	5	0.711	0.222	0.489	0.102	− 0.171	0.273	0.113	− 0.033	0.146
河　南	− 0.485	23	− 0.496	− 0.586	0.090	0.005	− 0.008	0.013	0.005	0.004	0.001
湖　北	0.641	6	0.410	0.039	0.371	0.114	− 0.191	0.305	0.117	− 0.006	0.123
湖　南	0.230	14	0.356	− 0.016	0.372	− 0.132	− 0.142	0.010	0.006	0.002	0.004
广　东	0.140	16	0.141	0.305	− 0.163	− 0.014	0.024	− 0.039	0.013	0.006	0.007
广　西	− 0.893	29	− 0.928	− 0.632	− 0.297	0.034	− 0.057	0.091	0.002	0.031	− 0.029
海　南	2.832	1	2.828	2.148	0.680	− 0.034	0.058	− 0.092	0.039	0.107	− 0.068
重　庆	2.774	2	2.869	2.395	0.474	0.087	− 0.146	0.234	− 0.182	− 0.303	0.121
四　川	− 0.038	19	− 0.112	− 0.172	0.060	0.052	− 0.088	0.140	0.022	0.013	0.009
贵　州	0.473	8	0.543	0.301	0.242	− 0.055	0.092	− 0.147	− 0.015	0.024	− 0.039
云　南	− 0.691	27	− 0.250	− 0.618	0.368	− 0.149	0.249	− 0.398	− 0.292	− 0.133	− 0.159
西　藏	0.301	11	0.357	0.589	− 0.233	0.105	− 0.176	0.281	− 0.161	− 0.090	− 0.071
陕　西	1.048	4	0.612	− 0.173	0.784	0.124	− 0.207	0.331	0.313	0.031	0.282
甘　肃	− 1.154	30	− 0.946	− 0.837	− 0.109	− 0.110	0.184	− 0.293	− 0.098	− 0.133	0.035
青　海	0.251	13	0.220	0.000	0.220	0.019	− 0.032	0.051	0.012	0.000	0.012
宁　夏	− 0.501	25	− 0.586	− 0.749	0.163	0.033	− 0.056	0.089	0.052	0.036	0.016
新　疆	0.095	17	0.025	− 0.048	0.073	0.055	− 0.091	0.146	0.016	0.004	0.012

从工业消费品的细分样本来看，共有 12 类消费品的增长差异主要由增长效应导致，而针纺织品类、化妆品类、体育娱乐用品类、电子出版物及音像制品类以及通信器材类主要由交互效应主导。就批发与零售两种形式而言，批发增长效应大于零售增长效应的省区市占比要明显小于前述生产资料工业品的情况，增速前 15 的省市相对有所提高，但总体也小于生产资料工业品的情况。这一结果说明，批发在工业消费品类销售增长效应中的表现相对生产资料工业品而言有所弱化，但就这一比例在增长较快的省区市较高这一点而言，仍然说明了批发增长效应的重要性。在结构效应方面，批发分解值为负的省区市占比相对于生产资料工业品而言略低，但总体仍比较高，在销售额增长较快的省份中尤其突出。在交互效应方面，各类商品批发交互效应为负的省区市占比平均为 50.8%，低于生产资料工业品的 60.5%。这一结果说明，近年来工业消费品流通的发展过程中批发结构与增速不协调的问题同样存在。表 4 是细分的工业消费品流通增长偏差分解。

表 4 细分的工业消费品流通增长偏差分解

单位：%

项 目	有效省区市数	三大效应分解值最高的省区市			增长效应	结构效应	交互效应
		结构效应	增长效应	交互效应	批发＞零售	批发＜0	批发＜0
食品饮料烟酒类	31	19.4	54.8	25.8	45.2	29.00	51.60
服装类	30	36.7	43.3	20.0	43.3	80.00	53.30
鞋帽类	29	10.3	51.7	37.9	51.7	86.20	62.10
针纺织品类	30	20.0	33.3	46.7	33.3	80.00	36.70
化妆品类	29	20.7	34.5	48.3	34.5	82.80	48.30
金银珠宝类	22	27.3	40.9	31.8	36.4	63.60	54.50
日用品类	31	9.7	45.2	41.9	35.5	80.60	35.50
体育娱乐用品类	26	23.1	19.2	57.7	23.1	73.10	34.60
书报杂志类	30	26.7	63.3	10.0	56.7	56.70	63.30
电子出版物及音像制品类	26	23.1	34.6	42.3	23.1	69.20	42.30
家用电器和音像器材类	30	26.7	43.3	30.0	46.7	63.30	70.00
中西药品类	30	20.0	53.3	26.7	46.7	43.30	36.70
文化办公用品类	30	13.3	46.7	40.0	43.3	80.00	50.00
家具类	24	29.2	54.2	16.7	41.7	70.80	70.80
建筑及装潢材料类	27	11.1	66.7	22.2	51.9	48.10	63.30
汽车类	31	25.8	48.4	22.6	25.8	67.70	54.80
通信器材类	28	10.7	35.7	53.6	35.7	82.10	35.70

续表

| 项　目 | 有效省区市数 | 三大效应分解值最高的省区市 | | | 增长效应 | 结构效应 | 交互效应 |
		结构效应	增长效应	交互效应	批发>零售	批发<0	批发<0
食品饮料烟酒类		0.0	100.0	0.0	80.0	33.30	33.30
服装类		13.3	80.0	6.7	66.7	86.70	66.70
鞋帽类		0.0	80.0	20.0	66.7	93.30	73.30
针纺织品类		0.0	66.7	33.3	60.0	80.00	53.30
化妆品类		0.0	66.7	33.3	40.0	86.70	53.30
金银珠宝类		13.3	53.3	33.3	40.0	73.30	46.70
日用品类		0.0	80.0	20.0	40.0	80.00	60.0
体育娱乐用品类	增速前15	6.7	33.3	60.0	40.0	86.70	26.70
书报杂志类		0.0	100.0	0.0	60.0	66.70	60.0
电子出版物及音像制品类		0.0	60.0	40.0	33.3	80.00	40.0
家用电器和音像器材类		6.7	86.7	6.7	86.7	80.00	86.70
中西药品类		0.0	93.3	6.7	80.0	33.30	40.0
文化办公用品类		0.0	80.0	20.0	73.3	86.70	60.0
家具类		13.3	73.3	13.3	33.3	80.00	80.0
建筑及装潢材料类		0.0	93.3	6.7	60.0	66.70	66.70
汽车类		0.0	80.0	20.0	40.0	80.00	60.0
通信器材类		6.7	53.3	40.0	53.3	80.00	40.00

三　零售业增长过程中的批发依赖性检验

由以上分析可知，在生产资料与消费品的分类样本中，均验证了流通业总体增长过程对批发增长的依赖性，但比较而言，消费品样本中的批发增长效应与生产资料样本相比并不十分突出。因此，以下将进一步锁定工业消费品为研究样本，运用计量分析方法，讨论零售业增长对批发增长的依赖性，从而体现批发在工业品流通增长过程中的间接作用。

（一）分析模型及变量设定

本部分计量分析采用瑞詹等人（Rajanet 等）的数据分析框架，该框架发展了地区（国家）特征与产业特征相互作用的计量模型结构，其核心解释变量是产业特征和国家特征的交互项（即乘积项），如果模型揭示的途径起作用，交互项的系数为正。依据该框架，对估计模型做如下设定：

$$Growth_{ki} = \beta_1 \ln(base_{ki}) + \beta_2 \ln(wholesale_{ki}) \times (rely_{ki}) + C + \varepsilon_{k,i}$$

相关的变量解释依次为：$Growth_{ki}$ 表示 k 类产品 i 地区的零售业增长速度，用一段时间内相关产品的零售额增长率来表示，具体计算方式为 $\ln(Y_{ki,t}/Y_{ki,t+r})$，$Y_{ki,t}$ 表示 t 年 i 地区 k 类产品零售额；$\ln(base_{ki})$ 表示期初 i 地区 k 类产品的零售业规模；$\ln(wholesale_{ki})$ 表示 i 地区 k 类产品的批发业规模；$rely_{ki}$ 表示 i 地区 k 类产品零售业对其批发业或批发职能的依赖度；$\varepsilon_{k,i}$ 表示残差。其中，$\beta_2 \ln(wholesale_{ki}) \times (rely_{ki})$ 为实证分析的交互项，如果 β_2 为正数，则表明某类商品的零售增长对批发业规模存在依赖性，批发业扩张对零售业的发展具有促进作用，反之则表明零售业的增长对批发业不存在明显的依赖关系。

具体地，本文用 2004～2010 年 7 年间某类商品零售额的增长率来表示该类商品零售业的增长速度，用 2004 年某类商品零售额来表示该类商品基年零售业的状况，用 2007 年，即中间年份某类商品批发额来表示这一期间该类商品批发业的状况。针对零售业对批发业的依赖程度，选择了三个指标，以避免单一指标的误差。

第一，选用批零比率。鉴于批零比率反映行业特性，故放弃地区批零比率而选用 2007 年某类产品国家层面的批零比率，以避免地区间差异所造成的误差。批零比率越高，说明发生同样的零售额所需的批发额越大或批发环节越多，说明该产品零售业对批发业依赖性越大。

第二，选用厂商的地区集中度 CR4。理论上，为了更好地实现规模经济，生产商会以产业聚集形成产业链资源共享，而各地零售商为了实现多样商品的集中销售，需要依赖渠道中间力量进行商品的分散，生产商地区集中度越高，则零售商对批发商的依赖性会越大。

第三，选用厂商的地区集中度赫芬达尔指数（Herfindahl - Hirschman Index，HHI）。采用一个行业中各市场竞争主体所占行业总额百分比的平方和，来计量市场中厂商规模的离散度。以 HHI 替换 CR4，再次进行实证检验，可以弥补 CR4 选择的误差。

（二）数据来源与分析过程

本文搜集了 2004～2010 年全国各个省市和国家的相关统计数据，批发与零售业的数据来自两方面。①各省市统计年鉴的工业消费品销售类值，从我国一级行政单位统计年鉴中摘取相关数据，主要统计分类名称为2004～2010年"限额以上批发零售贸易业商品分类销售额"。②第一次国家经济普查数据，针对各大类消费品，寻找全国各个省份经济普查数据中相关的细分行业数据，按照行业统计口径做相对应的汇总，汇总为统计年鉴的统计口径。运用经济普查数据来计算这些产品的地区生产商集中度，通过地区生产集中度的计算间接反映零售对批发的依赖程度。

通过数据初步筛选与比较发现，经济发达地区与经济欠发达地区的批发额和零售额存在较大差距，最高可达到10倍左右。为减少异方差，我们进行了取对数的预处理。此外，针对部分省区市批发零售额以亿元为单位情况下，数值接近于零，在求增长率时会出现数据错误，笔者对全部样本数据进行了筛选，剔除部分无效数据，得到有效样本共计381个。

本部分的计量检验分两个环节进行，第一环节对全国范围内的14类工业消费品进行实证检验；第二环节按照所有产品实证检验结果，按大类产品进行实证检验，并针对可能存在的异方差问题，进行White异方差检验和修正。

（三）分析结果与解释

首先在全部消费品范围中，对381个样本进行最小二乘法检验，以验证零售业增长与批发业之间的关系。检验结果表明（见表5），以批零结构作为依赖性测度，检验（1）得到的交互项系数为0.0018 > 0。由于White检验结果存在异方差，进行修正以后，能够在5%的显著性水平上拒绝原假设。以CR4的地区生产集中度作为依赖性测度指标，检验（2）得到的交互项系数为0.0888 > 0，且在10%水平上显著，但模型整体并不显著。以HHI计算的地区生产集中度作为依赖性测度指标，检验（3）所得到的交互项系数为0.1770 > 0；由于发现了异方差，进行修正后观察显著性水平，结果在1%范围内可以拒绝原假设。以上三个检验，检验（1）和检验（3）的交互项系数显著为正，表明零售业对批发业存在一定的依赖性。

然而在以上整体检验中，异方差修正作为一种技术修正办法无法完整揭示数据背后的经济意义，并且实证检验（2）并不能拒绝原假设，均表明总体样本有深入分析的必要。据此，本文进一步探讨在不同的行业类别中批发业对零售业增长的促进作用。

表5　对全部工业消费品的计量分析结果

因变量：零售增长率	（1）	（2）	（3）
依赖性测度指标	批零结构 WRR	生产地区集中度 CR4	生产地区集中度 HHI
基期零售状况	− 0.0841 *** （0.0298）	− 0.1703 * （0.0878）	− 0.1530 ** （0.0704）
批发规模 × 依赖性测度	0.0018 ** （0.0008）	0.0888 * （0.0491）	0.1770 *** （0.0675）
常数项	2.2106 *** （0.3580）	2.3245 *** （0.5975）	2.4308 *** （0.6428）
模型整体显著性（F）	6.7568 ***	1.8808	3.4404 **
异方差	有	有	有

注：***、**、*分别表示在0.1、0.05和0.01的显著性水平上显著拒绝原假设。括号内的数字为标准差，由于存在异方差，故为 White 修正后的结果。

考虑到消费品行业的重要差异在于商品耐用性，即消费者使用该商品的快慢程度或商品的使用周期。因为不同的耐用性直接影响消费者的购买行为，进而商品流通渠道模式也会有所差别，表现为零售业增长对批发业的依赖程度有所不同。为了验证这一点，本文将14类消费品分为三大类：①快速消费品，包括食品饮料烟酒类、化妆品类、文化办公用品类、中西药品类；②较耐用消费品，包括服装鞋帽、针纺织品类、日用品类、体育娱乐用品类、书报杂志类；③耐用消费品，包括金银珠宝类、家用电器及音像器材类、电子出版物及音像制品类、家具类、建筑及装潢材料类、汽车类。对于上述每一类消费品再进行相应的实证检验，考察其零售增长对批发规模的依赖性。其中，快速消费品的样本量共122个，较耐用消费品样本量共178个，耐用消费品行业样本量共109个，但是针对生产集中度做统计检验时，由于不具备家具类消费品生产的行业数据，样本量缩小为81个。

分析结果表明：第一，在快速消费品样本中，以地区生产集中度为依赖衡量指标的回归表明存在依赖，而以批零结构为指标的回归则并不显著。由此可以推断，在快速消费品行业，生产越是集中消费越具多频次、分散性特征，则批发业在衔接产销、集转分销过程中的职能优势便越为突出，零售增长对批发职能的依赖性越强。第二，在较耐用消费品样本中，通过改变批发依赖的变量，三个实证检验均未得到正的交叉依赖项，以 HHI 作为生产地区集中度的回归中甚至出现了负值，从而无法证明零售增长对批发的依赖性。第三，在耐用消费品样本中，所有检验的结果都表明零售增长对批发规模存在依赖性，批发商在耐用消费品行业中分担经营风险的职能得到验证。

整体而言，在消费品行业中，零售增长的批发依赖性得到验证，即批发业对零售增长具有一定的促进作用。而就消费品内部而言，快速消费品、耐用消费品相对于较耐用消费品，其批发业对零售业的促进作用更为显著。随着批发规模的扩大，零售增长速度也呈正向上升态势。表6是对分类工业消费品的计量分析结果。

表6　对分类工业消费品的计量分析结果

快速消费类工业品的计量分析结果			
因变量：零售增长率	（1）	（2）	（3）
依赖性测度指标	批零结构 WRR	生产地区集中度 CR4	生产地区集中度 HHI
基期零售状况	(0.0027)	(0.0914)	(0.0532)
	(0.0868)	(0.0864)	(0.0751)
批发规模×依赖性测度	0.0003	0.1016**	0.2286*
	(0.0003)	(0.0412)	(0.1217)
常数项	1.1587	1.1776	1.0010
	(1.0542)	(1.0567)	(1.1154)
模型整体显著性（F）	0.7255	3.2127**	2.6708*
异方差	有	有	有
较耐用消费类工业品的计量分析结果			
因变量：零售增长率	（1）	（2）	（3）
依赖性测度指标	批零结构 WRR	生产地区集中度 CR4	生产地区集中度 HHI
基期零售状况	0.0108	0.0582	0.0675**
	(0.0254)	(0.0371)	(0.0260)
批发规模×依赖性测度	(0.0002)	(0.0407)	− 0.1837***
	(0.0020)	(0.0284)	(0.0456)
常数项	0.9015***	0.7699***	0.8299***
	(0.2991)	(0.2909)	(0.2906)
模型整体显著性（F）	0.0908	1.2926	8.7526***
异方差	有	有	有

耐用消费类工业品的计量分析结果			
因变量：零售增长率	（1）	（2）	（3）
依赖性测度指标	批零结构 WRR	生产地区集中度 CR4	生产地区集中度 HHI
基期零售状况	- 0. 1447 *** （0. 0529）	- 0. 3376 *** （0. 0992）	- 0. 4917 *** （0. 0774）
批发规模×依赖性测度	0. 0019 *** （0. 0004）	0. 1131 * （0. 0569）	0. 4232 *** （0. 0736）
常数项	3. 5053 *** （0. 6166）	4. 7190 *** （0. 7484）	6. 0163 *** （0. 6922）
模型整体显著性 （F）	57. 3688 ***	7. 0920 ***	20. 3342 ***

四 结论

本文从工业品总体流通增长以及消费品零售增长两个方面入手，说明流通产业增长过程中的批发依赖性。从全国各省区市流通增长差异入手分析批发的直接作用，可以发现工业品流通增长差异主要来自增长效应，而批发环节又是其中的主要方面。同时，结构效应和交互效应的结果反映出批发环节在目前流通中的占比较低，且结构与增长不相协调。从分类工业品之间的比较来看，生产资料工业品的增长效应情况与总体工业品基本相似，而批发增长在工业消费品中的作用较之生产资料工业品略显弱化，主要体现在增长较快的省区市中。就结构效应与交互效应而言，批发环节在生产资料工业品与工业消费品中呈现的批零结构失衡、批发增长不协调的问题是类似的，但生产资料工业品更为突出。从零售增长的批发依赖角度来分析批发对流通总体增长的间接作用，结果则表明在快速消费品、耐用消费品类别中，零售增长对批发的依赖性较高，批发规模的扩大能够促进零售业的快速增长，主要原因在于批发环节在衔接供求、集采分销以及作为渠道"缓冲器"为零售商承担库存风险等方面的优势职能。

本文的分析结果也验证了流通增长的内在要求和发展规律，揭示出批发在流通产业部分细分行业中不可或缺的重要地位。生产资料工业品由于具有大宗性、集中交易性等特点，批发环节对其流通过程的顺利实现具有重要作用，因而流通增长对批发职能的依赖作用十分突出。在工业消费品行业，零售环节更加贴近最终消费需求，从而在流通整体增长中批发和零售两个环节都表现出重要作用。通过进一步细分工业消费品样本，零售增长对批发规模的依赖关系均得到进一步验证。在快速消费品行业，具备消费者购买频次高、产品周转周期短、市场通路短而宽等特点，对规模交易有更高需求，批发的存在对于规模化的市场交易有重要意义。同时，由于主要通过分散的卖场、超市、便利店及连锁机构销售多品类的商品，零售商难以独自实现分散采购和集中销售，需要依托批发商和批发部门来实现，这些特性都决定了零售商对批发商的依赖性，批发商介入流通过程有助于实现采购与分销段落的聚集优势，因而流通增长对批发的依赖性较为明显。在耐用消费品行业，生产商出于规模经济的需要专注于大规模集中生产，毕竟耐用消费品所分摊的固定成本远高于快速消费品，运输成本、物流成本的下降也为大规模生产提供了理由。耐用消费品的资金占用周期长、终端建设成本高，耐用消费品领域的流通布局和物流规划的规模经济性同样重要，这些决定着大型批发商在集中库存、分销转运等方面可以有所作为，批发依赖性同样需要予以重视。

需要说明的是，本文对较耐用消费品的实证检验结果并不理想，零售增长对批发规模的依赖性在该行业并不明显，笔者推测主要与数据统计因素有关。本文界定的较耐用消费品处于快速消费品和耐用消费品之间，但使用周期和购买频次更接近快速消费品。较耐用消费品多以小型购买点为主，缺少大型专营终端商导致其相关数据统计不全，专营此类消费品的批发商往往就是快速消费品的批发商，统计数据不准确可能导致经验分析结果的偏差。

根据上述检验结论，在新时期的流通产业增长及其结构优化过程中，需要对传统批发产业战略转型问题予以充分重视，不仅要关注批发流通的规模增长与批零协调，还应重视新型中间商在整合渠道资源以及提高流通效率中的特殊优势，尤其是在批发依赖性较为明显的行业中集中实现批发的聚集优势。

参考文献

［1］徐从才：《流通理论研究的比较综合与创新》，《财贸经济》2006 年第 4 期。

［2］夏春玉、丁涛：《非主流经济学的兴起与流通经济学的复兴》，《北京工商大学学报》（社会科学版）2003 年第 1 期。

［3］刘星原：《我国批发与零售环节的地位、作用与演变趋势》，《财贸经济》2004 年第 10 期。

［4］B. Rosenbloom, The Wholesaler's Role in the Marketing Channel: Disintermediation vs. Reintermediation, *International Review of Retail, Distribution and Consumer Research*, 2007, 17 (4).

［5］马龙龙：《论我国批发产业的振兴战略》，《财贸经济》2011 年第 4 期。

［6］王晓东：《论我国工业品批发体系重构与完善》，《经济理论与经济管理》2011 年第 7 期。

［7］谢莉娟：《流通商主导供应链模式及其实现》，《经济理论与经济管理》2013 年第 7 期。

［8］W. Carlin, C. Mayer, Finance, Investment, and Growth, *Journal of Financial Economics*, 2003, 69 (1).

［9］R. Rajan, L. Zingales, Financial Dependence and Growth, *American Economic Review*, 1998, 88 (3).

商业企业聚集、城市商圈演化、商圈体系分布

——一个基础框架[*]

唐红涛　柳思维　朱艳春[**]

摘　要　本文建立了一个城市商圈的基础框架，系统阐述了从城市商业企业到城市商圈再到城市商圈体系的演进过程。本文还讨论了城市商圈聚集度、城市商圈发展下限、城市商圈临界点、新老城市商圈间扩散效应及城市商圈与商圈体系演进的分析工具等重要的学术问题。

关键词　城市商圈　商圈体系　下限阈值　临界点

城市商圈作为商业经济学中最重要的研究内容，属于交叉研究范畴，长久以来随着各个相关学科的发展不断变化，经济学、地理学、计算机等学科前沿的发展都给城市商圈研究带来了生命力，许多学者都对城市商圈的演化提出了深刻的见解。Wilson（1981）、Fotheringham 和 Knudsen（1986）运用突变理论解释零售商业体系的变化，前者研究了零售商业如何从街角商铺向大型超级市场演变，后者研究了零售商业体系从空间离散

---

*　基金项目：国家社科基金重点项目：我国城市流通产业空间结构优化研究（项目编号：13AJY015），湖南省社科基金项目：中国城市商圈空间演化研究（项目编号：13JD29），湖南省教育厅委托项目：城市商圈空间集聚及演化研究（项目编号：12W018）。

**　唐红涛，男，湖南衡阳人，湖南商学院经贸发展研究院副教授，博士，主要研究方向为商贸流通。柳思维，男，湖南岳阳人，湖南商学院经贸发展研究院院长，教授，中南大学博士生导师，主要研究方向为商贸流通。朱艳春，女，湖南永州人，中南大学商学院博士研究生，主要研究方向为商贸流通。

向空间集聚转变的过程。White（1990）运用"混沌"理论将中心地理论动态化。而随着城市的发展，零售商业在市区的空间竞争白热化，越来越多的零售商业从 CBD 区域撤离至近郊，愈加便捷的交通方式和近郊居住模式也让消费者们趋向于近郊商圈购物，城市零售商圈网络空间呈现出离心化趋势（Rubenstein，2002）。Ozuduru 和 Varol（2011）运用空间自回归模型（SAR）和地理加权回归模型（GWR）分析得出，商圈的数量与中年人数呈正相关，与家庭规模呈负相关，与私有房产主人数呈负相关。并且，与拥有多渠道交通的城市内部相比，上述商圈选址所应考虑的相关关系更显著地存在于依赖于私家车的郊区。

但值得注意的是，许多学者对城市商圈的研究倾向于两个方向，一派偏向于为实际商业管理提供政策支持，主要是解释现有商圈发展现象以及预测未来发展趋势；而另一派则比较实际，通过实际商业数据，特别是空间商业地理数据，利用 GIS、Mapinfo 等工具分析并绘制出实际的城市商圈形状。但我们觉得，对于城市商圈理论特别是从动态角度深入城市商圈聚集以及临界点等问题仍缺乏坚实的理论支持。我们准备初步构建城市商圈、城市商圈体系演进的理论框架，为进一步展开研究提供支持。对于城市商圈演进有几个基本概念需要厘清，首先就是城市商圈的定义。我们认为城市商圈应该从中观层面进行分析，指的是多种业态、各种规模商业企业在特定空间范围的聚集体（柳思维等，2007），一个城市当中有许多大小不一的商圈，我们定义为商圈体系。本文为研究城市商圈形成、演进和商圈体系分布建立了一个基础框架，基本演进逻辑为：新的城市区域出现—商业企业聚集—城市商圈—城市商圈体系[①]。容易看出，城市商圈总是先从单个商业企业发展起来，达到一定的规模后再形成城市商圈，再发展到一定程度后，形成城市商圈体系，因此可以将城市商圈的演进分为三个阶段：初级阶段、中级阶段和高级阶段。第一阶段主要是分析商业企业如何发展直到突破商圈下限阈值开始形成商圈；第二阶段主要分析城市商圈如何内生自主演化直到达到商圈临界点，形成商圈体系；最后一个阶段则是分析城市商圈体系自身的演进。

---

① 这一名词是借鉴了天文物理学中星系的概念，在此之前似乎没有人提及，我们觉得一个城市中大大小小分布在城市各处的城市商圈共同形成的体系是一个值得研究的现象，并且这些商圈和商圈之间的演化规律与单个商圈有显著不同，因此应该特别研究，故将其命名为城市商圈体系。

一 初级阶段：商业企业空间聚集

事实上，许多早期的商业经济学者心目中的商圈研究就等同于单个商业企业的研究，无论是商业企业辐射力的研究，还是探讨城市区域内某个商店或购物中心的辐射范围及主力商店对其他商店产生的外部经济。事实上，城市区域内商业企业的形成和发展恰似天体物理中星球的形成，在大气中各种不同的物质随着运动不断组合在一起，形成了恒星、行星以及卫星等不同星体，而许多商业企业也在特定空间内不断聚集演化直至最终形成商圈。

（一）商业企业空间聚集

城市商业企业在诞生的初期，伴随着城市的发展以及经济社会建设的需要不断形成不同种类的商业企业。对于商圈微观层面的研究就来自被测度商店的购买辐射范围。最为经典的就是雷利模型，仿照经典的牛顿力学模型，利用城市人口以及城市间距离测量城市的辐射力。后来的学者则开始将城市人口用具体商业参数替代，以测算商业企业的影响力。将这种测算推向顶峰的是哈夫模型，他从消费者的角度建立了概率计算模型，指出某个商场吸引消费者的概率与一系列的正向指标（例如该商场的营业面积、经营种类等）以及一系列的负向指标（例如到达商场耗费的时间和精力等）相关，并且这种相关是一种经验性的指数分布（表现为各个指标的指数项都必须通过经验数据回归获得，因此不同区域、不同时间的指数选择有很大差异，这也在很大程度上影响了模型的拓展）。后来的学者多是从具体正向、负向指标的选择取舍，以及指数的确定对哈夫模型进行了不断修正，使得模型适应各种类型商场的辐射力计算。

在没有形成城市商圈①前，城市商业企业的演进主要从两个方面展开。一方面是商业企业的规模不断扩大，既包括单个商业企业的规模扩大，也包括通过加盟、连锁等方式使企业规模扩大，从而形成商业企业内部的规

---

① 事实上，当我们提及某个城市区域内商业企业数目少于一定数量时，都可以将其称之为单个商业企业，而当它达到形成城市商圈的临界点规模时，我们可以定义为城市商圈的最小规模或下限阈值。

模经济效应,这种正向的规模经济效应极大地提升了商业企业聚集的动力。另一方面则是商业企业的业态不断改变升级,商业企业业态的不断改变则适应和满足了消费者不断增长的需要,因此也能成为商业企业聚集的内生动力。特别重要的是,在特定城市区域内商业企业的演进聚集与消费者购买力或者消费者偏好之间相互影响。一方面,消费者购买力总量极大地约束了商业企业演进的上限,消费者偏好则约束了商业企业的业态发展;另一方面,商业企业的规模扩大和业态升级也会改变消费者偏好,在某种程度上提升消费者购买力①。正是在这些复杂的互动关系推动下,商业企业不断聚集演化直至形成城市商圈。

(二) 城市商圈下限阈值

一般情况下,我们总是认为城市区域不断扩大,城市居住人群不断增加,也就意味着城市区域的消费购买力不断增长,这必然刺激商业企业不断发展壮大。当达到某种临界点(城市商圈下限)时,商业企业数目不断增加、商业业态种类丰富,城市商圈就出现了。

在商业企业演进的过程中,非常重要的两个学术问题是城市商圈的下限阈值如何分析以及在消费者购买力不断增加的约束下,商业企业的演化轨迹如何。城市商圈的下限阈值确定问题体现了城市商圈研究中一个至今仍很模糊的领域,即到底多少家商业企业,多大的商业面积可以称为商圈。从动态经济学的理论角度看,构成阈值的重要特征是在阈值左右事物发展具有巨大的差异,如果我们能够绘制出图形会发现曲线在阈值出现了明显的断裂和离散现象。只要拥有商业企业销售额或利润的足够长的时间序列数据,就能够绘制出商业企业的演化轨迹并分析出其规模的临界点以及其他重要的参数。事实上,Logistic 曲线或其他非线性曲线都比较适合拟合商业企业发展的轨迹。当然,在缺乏现实数据时,我们仍然可以进行定性的、理论上的初步尝试。构成城市商圈下限阈值有三个非常显著和重要的指标。第一个重要的指标是商业密度②,商业密度大于某个限度才能称为商圈,否则我们只能称之为商业企业或者商业企业组合。第二个则是商业企业的数量或消费者的人流量必须达到某个程度,这是为了保证能够实

---

① 例如,新的商业业态的出现会刺激消费者购买欲望,提高消费者购买力。
② 商业密度可以定义为单位空间的商业销售额或者商业经营面积。

现后面商圈分析中提及的商业企业之间以及商业企业与消费者之间的交互作用具有发生的外在保证。第三个是商业企业的业态种类，也是商圈形成的重要标志，如同生物多样性对自然环境的重要性一样，城市商业企业业态的丰富程度对于保证城市商圈内在聚集演化具有重要的作用，只有当业态种类达到一定数目时才能触发引起业态间的聚集经济效应。城市商圈下限阈值的大小还会受到许多内在及外部环境因素的影响，例如所在城市区域消费购买力大小、城市基础设施的发达程度、城市政府商业管理水平等都会在很大程度上改变城市商圈下限阈值。

二　中级阶段：城市商圈演进

当城市经济不断发展，城市商圈在突破下限阈值后就出现了，城市商圈的演进与商业企业的演进有本质的差别。城市商圈的演进本质上就是城市商圈不断聚集的过程，而这一过程涉及城市商圈内各商业企业之间、商业企业与消费者之间的互动作用，甚至在某种程度上消费者之间的互动也会影响城市商圈。

（一）城市商圈聚集与测度

城市商圈聚集研究为许多学者热衷，他们从空间经济、外部经济、规模经济、范围经济、制度经济的角度深入讨论了城市商圈作为一个复杂的经济对象如何形成、聚集。但从本质原因分析，城市商圈聚集演化的根本动力来自外部经济。可以基本断定，城市商圈初始的形成有非常大的偶然性，与城市外部环境密切相关[①]，但是当城市商圈形成后，其演化就受到了外部经济的影响，导致越来越多的商业企业自发融合在一起，学者们关注到了这一点，开始研究在商圈或购物中心中出现的主力商店与其他商店间的外部性。对于这种情况，我们可以建立如下的概念模型予以分析。

$$
\begin{cases}
P_i = f(\alpha_1 P_{i-}, \beta_1 P_j, \omega) \\
P_j = f(\beta_2 P_i, \alpha_2 P_{j-}, \xi)
\end{cases}
\tag{1}
$$

---

① 例如，早期城市都是修建在河边，因此早期商圈都是建立在河边，这甚至影响到了今天，几乎所有城市的 CBD 都是在临近河流的街道。

其中，P_i、P_j 分别代表主力店和其他商店带来的人流量[①]；P_{i-}、P_{j-} 分别代表同种类型的其他商店带来的人流量；α 表示主力商店和其他商店间的外部性；β 表示同种类型商店间的外部性，下标表示相互影响程度不一样；ω、ξ 代表了影响商店人流量的其他因素。这个基础模型很好地反映了城市商圈集聚的内在机理。主力商店的外在辐射力大，能吸引到更多的消费者，这种消费人群由于主力店和其他商店间的空间距离临近可以充分共享，构成了集聚的内在动因。由于人流量指标不太好计量，因此许多学者利用商店的租金差异反映主力店和其他商店间的外部性，这种方法的核心思想在于主力店吸引到了非常多的消费者，而消费者又被其他商店充分共享，因此商圈规划者或者商店所有者应该给予主力店更为便宜的店铺租金以弥补这种外部性[②]。但是这种分析方法也有非常大的局限性，首先，这种租金差异计算方法无法测度同种类型商店（即主力店和主力店之间、其他商店和其他商店之间）的外部性，因为同种类型商店的租金几乎相同，但事实上同种类型商店之间也存在着人流量及其他重要因素的共享，外部性非常明显，也是影响城市商圈演进的重要因素。其次，租金差异计算不能完全反映主力店对其他商店的外部性[③]，但是其他商店对于主力店也有影响，租金计算方法只能测算出单向外部性，无法计算出双向外部性。最后，租金差异计算无法衡量出城市商圈与商圈间的外部性，只能计算出城市商圈内部的外部性。

尽管关于城市商圈的演化研究已经相对成熟，但是仍有一些学术问题被有意或无意地忽视，主要体现在城市商圈聚集度、城市商圈临界点[④]两个方面。

城市商圈聚集作为一种不断发生的动态现象，应该有个衡量标准，即到底什么指标或指标体系能够反映出城市商圈的聚集程度，也就是城市商

[①] 也可以用销售额或者其他数据替代，并且人流量只是对商圈外部经济的简单度量，真实商圈中各商业企业的外部经济远远不止人流量共享，还包括基础设施共享、营销活动共享、劳动力市场共享等。

[②] 事实上，这种在现实商圈中非常常见，许多大型商店按平均面积计算的月租金均小于周边小型精品店。

[③] 一般而言，租金差异不能完全消除外部性，否则无法解释城市商圈规模不断扩大、业态不断升级的现象。

[④] 如果与前文相对应，此处应该用城市商圈上限阈值，但是考虑到与经济学中企业和产业临界点的名词相对应，我们还是采用城市商圈临界点表示城市商圈发展到上限的极限状态。

圈聚集度。传统关于产业集群的聚集度研究非常成熟，有些学者也利用类似的方法计算城市商圈聚集，但是城市商圈聚集相对于传统的工业集群而言有着非常明显的不同，主要表现为城市商圈的自组织性、动态演化性以及复杂交互性。因此，在构建聚集度指标体系时必须深入考虑这些特质，简单地移植产业集群聚集度指标体系会出现许多偏差，无法深入描述城市商圈聚集的本质。从总体上看，城市商圈聚集度指标体系应该包括规模指标、结构指标和交互指标等几大类指标，具体的指标应该包括在这三大类中。

在指标体系的构建中，规模指标从理论上看是最为清晰、容易度量的，可以用整个商圈的商业总面积、总销售额、商店总数量等表征，甚至也可以用整个商圈的日均或月均客流量表征。只需处理好指标间存在的权重问题就可以。结构指标相对而言就比较难于构建，具体哪种城市商圈结构更能够代表聚集状态。例如，有些商圈是以一家或几家大型商业综合体为主体，辅以大量小的便利店及快捷的商业设施，而有些商圈则是由数量庞大、规模适中的商业专卖店和专业店构成，这两种商圈结构从规模总量上看也许相当，但结构完全不同，此时采用传统产业经济学在研究产业集聚中常用的 CR4 或赫芬达尔指数就很不适合，因为如果按照 CR4 计算，前一种商圈的聚集程度将大大超过后一种商圈，但是两种商圈的聚集程度不论是从消费者感觉还是从实际销售额上都几乎一样。因此，结构指标可以采用商圈密度、各种零售业态所占权重来计算。商圈密度可以引入空间因素，用单位土地商业销售额或者单位商业面积销售额来替代。而分析各种零售业态所占权重实际上隐含着一个重要假设：各种零售业态的聚集程度不一样。例如，商业综合体的聚集程度大于普通百货，超市聚集程度大于便利店。因此，将商圈内部各种业态按照数量或者营业面积计算各自所占权重能够较好地衡量商圈的内部结构。

上述两类指标还能够比较清晰地量化和计算，但在理论上最为重要的聚集要素外部经济及范围经济则无法简单处理。这类指标可以定义为交互指标，主要反映了城市商圈内同种业态商业企业的外部经济以及不同业态商业企业的外部经济，甚至商业企业与消费者间复杂的交互作用。这些均没有直接度量的指标，却体现了城市商圈聚集的本质要素，只能通过各种间接的方式获取。其中，消费者和商业企业间复杂的交互关系可以利用问卷调查或者消费者询问等方式获取①，至于商业企业间的相互作用，则可以考虑利用各商业企业的历史客流量以及销售额指标，通过经验公式回归出作用系数②。

很显然地，城市商圈聚集度是一个复合指标体系，它的计算涉及几个重要的方面。一是各种一级指标以及相关的二级指标之间权重如何确立？一般可以利用主观权重法或客观权重法进行计算。但无论用哪种方法计算都要注意保持权重的相对性，即能够推广到各种不同类型的商圈。二是从时间演化角度看，城市商圈聚集度必须能保证从时间层面考察，即能够探究随着时间变化，聚集程度会发生怎样的变化，增长的趋势是逐渐增长的平滑曲线还是发生突变的离散图形。这就要求城市商圈集聚度指标体系的设计具有较强的适应性，能够适应随时间变化而不断出现的商圈新业态等③。这样只要具备足够多的样本数据，就可以分析出城市商圈聚集的时间轨迹。三是下文即将讨论的命题，城市商圈是否能够无限制地成长下去，因此在城市商圈聚集度指标设计中必须要有讨论商圈临界点的部分。

（二）城市商圈演化临界点

在讨论完城市商圈聚集度指标体系的构建问题后，下一个值得深入讨论的命题就是城市商圈的临界点④。从经济学角度看，城市商圈临界点的问题有点类似于企业的临界点或最优规模问题。在传统经济学中，企业的最优规模是由两种经济效应的相互作用共同决定的，规模经济效应体现了当企业规模不断扩大时产生的积极效应⑤，而管理成本效应体现了企业规模不断扩大时产生的消极效应⑥。现实生活中的企业在这两种作用相反的

① 虽然这种测量会有各种主观因素作用，同时样本选择的误差以及结论的通用性也会受到质疑，但是这也是一种一般化的替代指标。

② 这种作用一般而言是复杂的非线性关系，因此这种相互作用可以用指数模型替代，测量的系数主要可以用指数系数来表示，取值范围在 0~1 之间，数值越大代表相互作用越强。

③ 例如，当城市商圈出现了新的城市综合商业体后，现有指标体系能够较好地适应这一情况，并能与之前的数据进行对比分析。

④ 也可借鉴经济学中经典的名词，称之为城市商圈最优规模，城市商圈在哪种规模下能够实现最优的社会结果。

⑤ 一般来说，企业规模不断扩大，能够引起生产成本的不断下降，甚至规模增大后能节省交易成本，这些共同成为企业扩大规模的内生动力。

⑥ 企业规模扩大也会带来所谓的"大企业病"，导致企业管理层次增多，内部管理成本急剧上升，这是企业规模扩大的内生阻力。

效应影响下实现了规模的均衡。用同样类似的方法，我们可以分析城市商圈的最优规模，即分析城市商圈不断扩大后产生的积极效应和消极效应，但是与企业相比城市商圈的临界点会受到一个重要的约束条件，即消费购买力总量约束①。

1. 城市商圈扩大的积极效应

首先，当城市商圈扩大时，由于商圈内部强烈的外部经济效应，城市商圈内各商业企业都能享受到外部经济②带来的收益，尽管这种收益部分随着店铺租金差异③而内生化，但这种收益还是客观存在并且随着城市商圈规模的不断扩大也呈现出不断增加的态势。其次，当城市商圈不断扩大时，由于城市商圈内部有大量不同规模、不同业态的商业企业，与传统企业单纯的规模经济不同，这时城市商圈能够实现前所未有的规模经济，许多或大或小的商业企业通过城市商圈实现了单个企业无法实现的规模经济程度，同时与单个企业的规模经济相比，这种规模经济还不会带来管理成本的急剧上升。因此，这种积极效应也会随着城市商圈的扩大而增加。再次，城市商圈扩大能够提升由消费购买力总量约束所决定的城市商圈临界容量。因为当城市商圈规模不断扩大时，由于商业企业和消费者间的复杂作用，许多原本不属于城市商圈辐射范围的消费者也不断被吸引，消费购买力总量也不断增加，因此城市商圈规模的约束也不断降低。最后，城市商圈的规模不断扩大有利于商圈实现多样性，这种多样性体现在商圈各种业态的多样性、各种规模的多样性、各种销售产品的多样性，这种多样性实现了城市商圈的范围经济，并且这种范围经济的效应也远远超过单个企业所能实现的广度和深度。

2. 城市商圈扩大的消极效应

首先，城市商圈的不断扩大会带来所在区域商业店铺租金的上升，正如前面分析的一样，这种租金的增加会内化商圈的外部经济收益，而且更为重要的是租金的增加将会导致许多中小商业企业无力承担，会大大减少

---

① 这其实很容易理解，城市商圈与企业不一样，企业可以在原地实现规模提升，同时不用担心购买力约束，而城市商圈不能无限制扩张的一个很重要的原因就是本地购买力以及外来购买力总是有一个上限的。

② 这种外部经济可以是人流量的共享、基础设施的共享、营销的共享、信息的共享甚至是劳动力市场的共享等。

③ 很容易发现繁华的城市商圈平均店铺租金要高于一般的城市商圈，这隐含了一个假设，即繁华的城市商圈能吸引更多的人流量等，这种差异部分就表现为租金差异。

城市商圈的多样性，降低城市商圈的范围经济效应。其次，城市商圈规模的扩大将会导致商圈所在区域的交通拥堵，商业建筑过于密集和消费者数量过于庞大都会降低城市商圈的吸引力，尤其特定商业业态①下降的程度更加厉害。最后，城市商圈规模扩大会受到自然地理环境、消费者购买力以及政府规划等共同的限制，如果盲目扩大城市商圈很有可能引起整体吸引力的下降。

城市商圈演化临界点是一个复杂的系统问题，不同类型商圈②的临界点会有显著的差异，同时城市商圈自身的发展也会不断影响临界点的大小。可以用下面的公式对城市商圈临界点进行描述：

$$F_t = f(V_t, T_t, F_{t-1}, \zeta_t) \tag{2}$$

其中，F_t、F_{t-1}分别代表城市商圈在时间t和$t-1$的规模。由于城市商圈发展具有非常强的自组织性，因此城市商圈规模的扩大会受到自身的影响。值得注意的是，如果我们假设城市商圈发展具有上限约束，那么可以认为城市商圈规模发展是拟凸性曲线，必然具有数学意义上的拐点和经济学意义上的临界点（最优规模）。在达到临界点之前，城市商圈规模具有正向的自组织性，随着规模的进一步扩大，越过临界点后则呈现反向影响。V_t和T_t分别代表在t时刻城市商圈规模所带来的积极效应和消极效应，ζ_t则代表影响城市商圈规模的其他因素。公式（2）只是给出了城市商圈演化的基本方程，事实上，真实的城市商圈规模动态扩大非常复杂。一是上述简化的方程只是简单认为城市商圈规模与一些变量相关，但是这种作用的函数形式是怎样的？线性或非线性？在实际验算中可能只能通过现实数据进行模拟，拟合出曲线和临界点。二是V_t和T_t两种效应本身也只能用非常复杂的函数进行表达，在前面的分析中可以看出，V_t会受到城市商圈内商业企业数量、商业企业业态类型以及消费者购买力因素等的影响。而T_t则会受到城市商圈单位租金、城市商圈拥堵③、消费者购买力因

---

① 大型超市就是典型例子，消费者现在越来越采用汽车购物的形式。而城市商圈规模扩大必然导致所在区域的拥堵及停车不便，因此城市商圈规模的扩大可能会抑制商圈内大型超市的发展。

② 例如，以零售商业为主的城市商圈临界点有可能会大于以批发商业或餐饮商业为主的城市商圈。

③ 要度量城市商圈拥堵指标也非常复杂，为了简化可以考虑用达到城市商圈的通勤时间替代。

素等的影响。V_t 和 T_t 都会受到消费者的影响，同时它们也会反作用于消费者，因此描述 V_t 和 T_t 的方程必然会是复杂的非线性系统方程。另外还有一个问题也值得深入探讨，城市商圈受到的约束条件，如消费者购买力总量、政府规划等，也会随着时间的变化而不断变化①，甚至会随着城市商圈规模的扩大而发生变化②。

（三）城市商圈演化分析方法

如何分析城市商圈演化过程，一个显而易见的理论就是突变理论，从商业企业到城市商圈以及城市商圈到城市商圈体系都符合突变的理论。但是城市商圈聚集和演化还有一个非常有趣的现象，城市商圈可以看成由无数个商业企业③组成，共同实现演化。我们所见到的城市商圈聚集、扩张和演化过程其实都是由单个小的商业企业的决定所共同影响的。借鉴区域经济学中的元胞自动机④分析方法，小商业企业强烈地类似于一个个的元胞，自身的发展受到外在环境的重要影响，而影响外在环境的能力几乎可以忽略，并且商业企业数量巨大。我们可以将每一个商业企业的行为定义为"新建、扩张、收缩、退出"等四个策略构成的策略集，如果构建出合适的商业运算规则，就可以通过计算机模拟出城市商圈聚集演化的轨迹和各种可能的结果。进一步地，可以将商业业态因素也考虑进去，可以利用元胞自动机分析更符合现实的模拟结果。

三　高级阶段：区域商圈体系分布

当单个城市商圈规模不断扩大一直到临界点，如果城市中心商圈再发展，则不可能在原地实现规模扩张，特别是当城市发展后，某些新的城市

---

① 一个简单的例子就是如果城市规划地铁线路经过某个城市商圈，显然此时城市商圈的临界点的上限提高。

② 例如，城市商圈规模和影响的提升会吸引更远的消费者进入商圈，从而提高了约束上限。

③ 大型商业业态其实也可以认为由许多小商业企业组成，百货商场由大量专柜组成，每个专柜就可以视为一个小商业企业。大型超市也可被看成由各个专业销售事业部组成。

④ 元胞自动机是时间和空间都离散的动力系统。散布在规则格网（Lattice Grid）中的每一元胞（Cell）取有限的离散状态，遵循同样的作用规则，依据确定的局部规则作同步更新。大量元胞通过简单的相互作用而构成动态系统的演化。

区域消费者购买力不断提升，原有商圈不能满足这一需要，这时城市商圈就必须选择新的地点进行扩张，在整个城市范围内就会出现新的大小不同的商圈，这些商圈共同组成了城市商圈体系。

（一） 城市商圈体系形成

城市商圈体系形成的关键问题在于新的城市商圈如何出现，正如前面所讨论的一样，单个城市商圈达到发展上限时，消极效应就会超过积极效应，因此当城市规模不断扩大时，新商圈就会出现。这一过程可以通过两种手段实现。第一种手段是在新的城市区域自发出现简单商业形态，这往往出现在城市区域刚开始延伸时，消费者购买力和购买习惯尚未完全形成，此时类似于前面所讨论的城市商圈的初始发展，也会沿着从商业企业到城市商圈的逻辑发展。第二种手段就使得城市新商圈演进与城市原有商圈初始演进不同，城市原有商圈固然由自身地理位置和其他因素局限导致无法实现原地扩张，但它们必然会通过连锁等被商业经济学家称之为复制粘贴的模式进行扩张，于是城市原有商圈的各种规模、各种业态的商业企业都先后进入城市新商圈，极大地促进了城市新商圈的聚集和演进发展。另外，城市新商圈往往能够借鉴原有商圈发展的成熟经验，规避原有商圈发展的错误，在政府有效规划下快速发展。一般而言，城市新商圈的发展演化速度要大大快于城市原有商圈。

（二） 新老商圈扩散效应

因此，我们在讨论新城市商圈的命题时，就不能忽视新城市商圈与原有城市中心商圈之间的关联。这种关联表现为两个方面。一是城市中心商圈通过自身的连锁经营模式将其影响扩散到新城市商圈，这种可以定义为城市中心商圈的扩散效应，可以简单建议一个概念模型：

$$D_{iff} = f(Gap, Scale, Dis, Cpp, \xi) \tag{3}$$

D_{iff} 代表城市中心商圈对新城市商圈的扩散效应；Gap 代表了城市中心商圈与新商圈的发展差距，这种差距越大越会引发扩散效应的不断增加；$Scale$ 代表了城市中心商圈的发展规模绝对值，中心商圈自身发展的实力越强，扩散效应的能力和动机就越明显；Dis 代表了城市中心商圈与新商圈间的距离，理论上可以用欧氏几何距离计算，但考虑到实际情况，可能要用通勤距离或时间计算更为准确；Cpp代表了新城市商圈中消费者购买力因素，消费者购买力越强，扩散效应越明显；ξ则代表了其他一些影响扩散效应的相关因素①。二是新城市商圈与城市中心商圈也将在某些区域针对消费者购买力产生激烈的竞争，竞争主要在两个商圈的交叉重叠区域进行。而这种竞争行为事实上也确定了每个城市商圈的边界和范围。

（三）城市商圈体系分布

城市商圈体系的形成和演化相对于单个城市商圈更加复杂，甚至在现阶段我们无法用任何现有的理论给予完整的解释。但是与单个城市商圈聚集相比，一个最为显著的差异在于单个城市商圈的聚集是在同一空间范围内实现的，所有商业企业在共同外在约束中实现空间聚集，因此商圈内部商业企业的聚集效应非常明显。而城市商圈体系则在不同离散分布的空间中分布，并且各个城市商圈的交叉重叠区域还存在此消彼长的竞争关系。同时，消费者购买力作为最主要的外在约束条件，在城市商圈体系内部可以相对自由流动②，因此城市商圈体系中各个商圈的演化过程会受到彼此的制约，这一点要远大于城市商圈内部商业企业间相互的制约③。

城市商圈体系中任何一个商圈，一方面它会受到城市商圈体系中所有其他商圈的共同作用，这种影响有前面所分析的老商圈对新商圈的扩散效应，但更多的是城市商圈间强烈的竞争效应，甚至这种竞争的结果直接刻画了城市商圈体系的空间布局。另一方面，可以将城市商圈受到的城市商圈体系的所有影响视为一个外在约束条件④，那个城市商圈内部仍然会不断演化，正如上一部分分析的一样，各个商圈内部的演化过程又会通过空间竞争和扩散不断重新构造城市商圈体系。因此，从理论角度讨论，城市商圈体系很可能不存在稳定的状态，只能认为在一段时间，当所有外部环境因素暂时维持稳定时，城市商圈体系内各个商圈实现短暂的均衡，而随着外部因素的变化或者内部演化的突变，均衡状态将会被打破直至实现下

---

① 例如，城市商业网点布局、政府相关法律法规等无法具体量化的因素。

② 如果深入讨论这一命题，我们发现城市商圈体系中每个具体商圈拥有一部分不会流动的消费者购买力（也许是地理空间距离近或者消费者独特的偏好等），也会有相当一部分消费者的购买力会在各个商圈间流动，随着商圈的吸引力变动而不断变动。

③ 事实上，在单个城市商圈内部，如果还没有达到消费者购买力上限，商业企业间几乎不存在相互制约的发展关系，城市商圈的大型购物中心比邻而居可以证明。

④ 如果深入思考的话，这个外在约束也是不断动态变化的。

一个均衡状态。

那么，如何刻画城市商圈体系的演化呢？一个理论上可行的选择是通过计算机语言进行仿真模拟，与城市商圈适合元胞自动机的分析方法不同，我们无法将单个城市商圈也定义为一个个元胞，而应该用更复杂的语言和规则来定义和刻画。同时，不同于单个城市商圈的模拟仿真忽略空间距离的影响，在城市商圈体系的模拟过程中，距离必须被视为重要的参数。最后，不同于城市商圈元胞自动机的规则单一性，城市商圈体系的模拟过程中应该加入学习的因素，允许通过类似于蚂蚁算法等动态算法模拟现实城市商圈在体系中面临其他商圈的竞争和资源的约束时对现有处理策略的动态调整。

参考文献

［1］柳思维等：《城市商圈的时空动态性述评与分析》，《财贸经济》2007 年第 3 期。

［2］Wilson, A. G., 1981, Some New Sources of Instability and Oscillation in Dynamic Models of Shopping Centres and Other Urban Structures. *Sistemi Urbani*, 3: 391 - 401.

［3］White, R. W., 1990, "Transient Chaotic Behaviour in a Hierarchical Economic System", *Environment and Planning*, 22 (10): 1309 - 1321.

［4］Rusthon, G., 2002, "Map Transformation of Point Patterns: Central Place Patterns in Areas of Variable Population Density", *Papers of the Regional Science Association*, 28: 111 - 129.

［5］Burcu H. Ozuduru, Cigdem Varol, 2011, "Spatial Statistics Methods in Retail Location Research: a Case Study of Ankara, Turkey", *Procedia Environmental Sciences*, 7: 287 - 292.

农产品流通理论与实践发展的主导方向
——产加销一体化与市场绩效提高

王德章　杜会永*

摘　要　产加销一体化是更高水平的农超对接，通过减少流通环节、提高市场绩效来稳定农产品价格、增加农民收入、保证食品安全和有效打击垄断，因而是农产品流通理论与实践发展的主导方向。为保障农产品产加销一体化发展，确保市场绩效的提高，关键是使市场在资源配置中起决定性作用和更好发挥政府作用。同时，要让农民能够分享加工和销售环节的利润，就应建立农业专业合作社，加强对农民生产的引导。

关键词　农产品流通　产加销一体化　市场绩效

农产品市场价格的高低直接影响居民支出的多少和农民收入的高低，是经济社会发展中最引人关注的问题之一，特别是在价格趋高和预期难以降低的市场环境下更是这样。市场经济下避免"菜高伤民""谷贱伤农"是政府的主要责任之一，也是新形势下理论和实践都需要进一步研讨的一个重要问题。流通环节是影响农产品价格的主要因素，减少流通环节，实现生产、加工和销售一体化发展对于稳定农产品价格有重要作用。

一　农产品流通：产加销分离与产加销一体化

农产品的产加销结合程度反映了一个国家或地区产业和企业发展的水

---

*　王德章，哈尔滨商业大学市场发展与流通经济研究中心，博士，教授，博士生导师；杜会永，哈尔滨商业大学博士生。

平，产加销结合得好则有利于推动农民增收、经济快速发展和资源有效利用，产加销分离则增加了市场管理和消费者权益保护的难度。

（一）产加销分离

主要是指农户负责生产，加工企业负责加工，销售企业或市场承担销售任务的一种流通模式，即产加销由不同的经济组织或个人完成。其流通路径为"企业＋农户＋批发市场（集贸市场、团购）"，它以中小加工企业为主，依托地缘优势和简单的加工设备。由于规模小和加工设备简陋，产品定位是低端市场，又由于缺乏对市场供求信息的掌握及销售实力弱等原因，采用的销售渠道主要是产地批发市场、集贸市场或通过经纪人售给团体购买者。这种情况下，比较容易出现假冒伪劣的市场现象。

（二）产加销一体化发展模式

产加销一体化是指由加工、商业企业为龙头，通过与农户或协会建立合同收购，经过加工后到市场上销售，形成产加销一体化的流通模式。其主要特点是在加工或商业龙头企业的牵动下，将生产、加工和销售环节有机结合起来，其目的是实现从田间到餐桌的一揽子质量工程；有利于扩大产加销的结合程度和扩大规模，为降低成本打下基础；有利于品牌建设和对有问题产品的跟踪追溯；有利于实现生产者、加工企业和销售商之间的"共赢"。

二 农产品流通理论研究与应用的主导方向：产加销一体化

农产品产加销一体化作为一个系统工程，主要由相互联系、互相制约的四方面要素构成：生产环节是基础，加工环节是核心，销售环节最重要，市场调控和监管是保障。对以上构成要素及职责的描述是基于农产品的自然属性（具有很强的地域性和季节性）和农产品安全及可追溯要求，以及让农户可分享到加工和销售环节的利润，特别是有利于实现市场与政府作用的有机结合、保障食品安全、稳定价格和保护消费者利益（见图1），应成为农产品流通理论与实践的主导方向。

（一）市场与政府作用的有机结合

经济体制改革的核心是处理好政府和市场的关系，关键是使市场在资

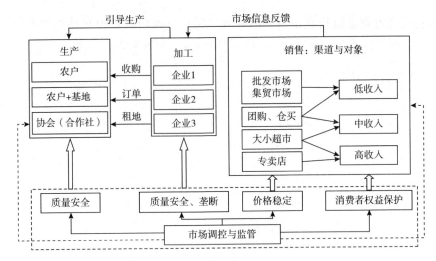

图 1　农产品产加销发展模式及构成要素

源配置中起决定性作用和更好地发挥政府作用。市场在资源配置中的基础性作用和决定性作用有什么不同？怎样做到使市场发挥好决定性作用和更好发挥政府作用？这是当前理论与实践相结合探讨和落实《中共中央关于全面深化改革若干重大问题的决定》精神，并针对不同地区、行业特点开展改革的重大课题。加快完善现代市场体系是解决好政府、市场、企业和消费者关系的关键。建设统一开放、竞争有序的市场体系是使市场在资源配置中起决定性作用的基础。必须加快形成企业自主经营、公平竞争、消费者自由选择、自主消费、商品和要素自由流动、平等交换的市场体系，着力消除市场壁垒，提高资源配置效率和公平性。农产品产加销一体化发展模式能够充分发挥市场的调节作用，同时强调政府的有效监管，因此能够实现两者的有效结合。

（二）产加销一体化有利于农民增收

通过调控手段和支持措施保障生产者的收入稳定提高。从价格支持的实质来看，主要是防止"谷贱伤农"，支持生产者收入的提高，因为农民是弱势群体、农业是弱势产业，因此，市场调控和监管部门应把保护农民收入的稳定提高作为首要任务。农民收入的稳定提高是农产品供给稳定增长的基础，这也是在间接地保护消费者的利益不受到侵害。因此，市场调控和监管部门应把保护农民收入的稳定提高作为首要任务，农民收入的稳定提高是农产品供给稳定增长的基础，这也是在间接地保护消费者的利益不受到侵害。

（三）产加销一体化有利于企业实施从田间到餐桌的食品安全工程

解决食品安全问题，可从生产、流通和消费等领域共同开展。但是，当前对流通领域和消费领域监管做得不够，市场上时常发生食品安全问题，相关可追溯体系建设尚不健全，消费者发现问题要投诉也较难；在生产领域，对食品安全、质量、标准的监管也不够，甚至有时会出现监管部门降低食品安全标准的现象。产加销一体化模式有利于建立新的调控机制，抑制市场波动，保证市场供应，稳定市场物价，其实质是风险共担、利益均沾、同兴衰、共命运，核心是利益机制，因此，有利于约束食品生产、加工和销售企业，确保食品安全。

（四）产加销一体化有利于城镇居民的食品安全和降低价格

通过农产品安全法规和稳定价格保护消费者的利益不受侵害。一是建立食品安全监管机制，从源头上对农产品的整个产业链进行监管；二是稳定物价，农产品价格趋高难下导致消费者支出增加或消费量减少，损害了消费者利益，因此，市场调控和监管部门应通过调节供求、稳定价格来避免"菜高伤民"，保护消费者的利益。

三 农产品流通产加销一体化发展的主要模式

产加销一体化又分为两种情况：一种是以大型商业企业（流通企业）为主体的模式；另一种是以龙头加工企业为主体的模式。

（一）以商业为主体的产加销一体化模式

这是以大型商业企业集团为代表的流通企业与加工企业合作共赢的发展模式，即"市场＋企业联盟＋协会（合作社）＋农户（基地）＋大小超市＋专卖店"。这类模式有以下主要特点。城区商业企业的流通业务延伸至乡村，直接以合资方式，采用先进的加工设备，参与产品加工，通过与当地加工企业合作实现优势互补；大型商业企业有成功的商业模式和自己的销售渠道及自有品牌优势，遍布城乡的连锁店、超市和专卖店是更好更快拓展市场的基础；当地加工企业有资源、人缘和地缘优势，有利于与农户签订收购合同，并有针对性地给予种子、资金、技术等方面支持。

（二）以加工企业为主体的产加销一体化模式

这一模式坚持以市场为导向，以加工企业为龙头，以掌握农户的土地和生产基地为基础，通过协会（合作社）与农户签订收购合同或租用部分农户土地，以求大规模发展连片基地，保证种子、肥料、技术等环节能够满足市场对农产品质价相符的要求。这类模式的共同点是：企业以已有的品牌、市场影响、渠道优势和实力，通过不同方式与农产品协会（合作社）及农户签约，掌握优质资源，依靠先进的加工设备进行深加工后，主要通过大小超市、连锁店和专卖店出售其产品，主要面向中、高端市场及对应的消费群体，也即"市场＋企业＋协会（合作社）＋农户（基地）＋大小超市＋专卖店"的发展模式。主要特点：一是产加销规模大；二是合同签约和涉及收购的农户多；三是整合中小加工企业，实现低成本扩张和加快品牌整合；四是与农户、基地建立了长期稳定的利益联结机制；五是实现对农产品质量的监控。

四 产加销一体化发展与提高市场绩效的对策

（一）改善和加强宏观管理

一是增加供给、满足需求，特别是增加优质农产品的供给，这就要求建设大基地和大市场，支持大企业和名牌产品的发展，要逐步建立大宗农产品大基地和大企业建设，这是增加供给的源头。二是把握好常规调控和非常规调控，在价格涨幅过高，尤其是由囤积奇缺、哄抬物价造成的涨幅过高时，就要采取非常规调控，即限制价格涨幅，给予消费者补贴，特别是打击垄断和市场投机行为。农产品受其自然属性（地域性、季节性）的制约，极易被少数不法经营者利用，出现局部市场供求失衡和价格异常波动，造成市场秩序混乱，扭曲农产品市场供求信号，因此，要加大反垄断和反不正当竞争的执法力度，严厉打击囤积奇缺、哄抬物价等炒作行为。

（二）进一步做强做大龙头企业

一是对于中小加工企业而言，应加快推进企业资源的整合，鼓励企业间的横向联合、兼并、收购、合并等，做大做强企业的规模。企业资源整合可以更好地实施成本领先战略，以更好地实践"加工带基地、基地带农户"的作用。二是对于城市商业企业来说，应与生产、加工部门开展多种方式的合作，一方面可以通过合作方式来扩大企业自身的规模，另一方面，生产和加工领域也可以借助商业企业的渠道优势，改变营销滞后的状况。

（三）在产加销过程中发挥好流通的先导作用

一是进一步发挥传递供求与价格信息的功能，引导农户和企业的产加销；二是进一步明确销售渠道定位及消费群体选择，据此为农户和企业的生产和加工提供具体的服务要求，降低信息扭曲对农户和企业投资的误导风险。

（四）控制中间环节的加价率

一是要降低各种"制度性成本"，禁止各种不合理收费。以物流环节的影响为例，降低物流费用转化为终端销售价格应以"疏"为主，而不仅仅是靠"限价令"，通过开辟类似"绿色通道"等制度，从源头上真正顾及消费者利益。二是要创新产业链各主体间的关系，进一步发展产加销一体化模式，从而提高交易效率，降低交易费用和降低中间环节的加价率。三是降低市场准入标准，打破产销两地和不同地区之间的地方保护主义，保证农产品市场的高度竞争性。

（五）在产加销一体化中使农民更多地分享到加工和销售环节的利润

一是要提高农户生产的组织化程度，积极发展专业合作社、协会等组织机构，并提高与相关企业的谈判能力。二是鼓励生产者主动融入产加销一体化的发展模式中，一方面可以降低市场风险，另一方面以劳动报酬形式分享产业链的利润。

（六）将产加销分离形式向一体化形式发展

一是鼓励县域加工企业通过合同、合作、合资等方式与域内外流通企业或加工企业从事流通业务的机构合作，将产品通过不同的销售渠道（批发市场、集贸市场、超市、专卖店等）销售出去，实现合作双赢。二是鼓励松散的产加销发展形势通过合同方式，或股份制意义上的合资经营和管理向紧密的一体化方向发展，实现合作双赢、优势互补。

（七）建立专项基金（补贴生产者和消费者）

一是对农民的补贴，在农产品生产过程中通过加大对农民的自然灾害救济补贴、贷款贴息补贴、财政补贴等维护农民的利益不受损害。二是加大对消费者的补贴，尤其是对中低收入群体的补贴，提高最低生活保障金水平。

（八）建立公共信息服务平台

信息化和电子商务是农产品产加销一体化发展的重要支撑，信息化可以从市场供求与价格信息开始，贯穿于整个产加销一体化过程中。因此，通过建立全国统一的农产品信息网络平台，为农户提供准确的市场供求信息，有利于避免盲目生产和提高农户的议价权，使农民享受加工和销售环节的利润。

参考文献

［1］王德章、王锦良、贾俊杰：《中国农产品产加销发展模式对农户增收的影响——以黑龙江省五常市稻米产业为例》，《理论探讨》2011 年第 4 期。

［2］荆林波：《中国流通业效率实证分析和创新方向》，《中国流通经济》2013 年第 6 期。

［3］尹世杰：《关于完善农村流通渠道的几个问题》，《中国流通经济》2010 年第 6 期。

［4］洪涛：《流通基础产业论》，经济管理出版社，2004。

［5］丁俊发：《构建现代流通体系面临的形势和任务》，《中国流通经济》2007 年第 2 期。

［6］陈文玲：《现代流通与国家竞争力》，《中国流通经济》2007 年第 4 期。

［7］庄晋财、黄群峰：《供应链视角下我国农产品流通体系建设的政策导向与实现模式》，《农业经济问题》2009 年第 6 期。

［8］ 孙侠、张闯：《我国农产品流通的成本构成与利益分配——基于大连蔬菜流
通的案例研究》，《农业经济问题》2008 年第 2 期。

［9］ 夏春玉、梁守砚、张闯：《农产品流通渠道的维度：基于政治经济学分析框
架的研究》，《经济管理》2010 年第 10 期。

［10］ 荆林波、王雪峰：《当前中国流通业存在的问题与政策建议》，《商业时代》
2012 年第 12 期。

基于知识图谱的我国物流学科
发展状况分析*

荆林波　耿海英**

摘　要　本文利用知识图谱的原理，梳理了 2009～2013 年我国物流学科发展的状况，分析了我国物流学科这些年份的热点话题、核心作者以及作者之间的被引状况。

关键词　物流　供应链　知识图谱

知识图谱（Mapping Knowledge Domain），本质上是一种语义网络，其结点代表实体（Entity）或者概念（Concept），边代表实体/概念之间的各种语义关系，也被称为科学知识图谱，它是以科学知识作为计量研究对象，用可视化技术描述知识发展进程与结构关系。在我国，大连理工大学较早地涉足这一领域，出版了《科学知识图谱：方法与应用》学术专著①。我们根据中国社会科学院人文社会科学引文数据库，利用 CiteSpace 对我国物流学科的发展状况进行分析。

一　机构发表论文的状况

我们根据关键词搜索了"供应链、物流、冷链、仓储、运输、快递"

＊　本研究得到中国社会科学院创新工程项目支持，作者感谢国家社科重点项目"健全现代文化市场体系研究"（12AZD019）、浙江工商大学现代商贸流通体系建设协同创新中心课题"流通模式转型与创新"的支持。

＊＊　荆林波，中国社会科学院中国社会科学评价中心常务副主任，河北经贸大学客座教授；耿海英，中国社会科学院中国社会科学评价中心研究人员。

①　刘则渊、陈悦、侯海燕：《科学知识图谱：方法与应用》，人民出版社，2008。

六个词，2009～2013年，110个机构一共发表了801篇论文，发表3篇以上的机构状况如表1所示。

表1 发表论文的机构与发表论文数量

机构名称	发表论文的数量	机构名称	发表论文的数量
北京交通大学	74	中国民航大学	6
北京物资学院	40	东北财经大学	5
重庆大学	40	河海大学	5
华南理工大学	36	湖南商学院	5
天津大学	31	兰州大学	5
华中科技大学	22	清华大学	5
吉林大学	19	太原理工大学	5
东南大学	16	天津财经大学	5
北京科技大学	15	西安理工大学	5
南开大学	15	中国科学院国家科学图书馆	5
中国人民大学	13	中南财经政法大学	5
中南大学	13	中南林业科技大学	5
华东交通大学	12	重庆邮电大学	5
武汉理工大学	12	北京工业大学	4
电子科技大学	11	不详	4
华东师范大学	11	黑龙江八一农垦大学	4
江西财经大学	11	华中农业大学	4
上海交通大学	11	暨南大学	4
中国矿业大学	11	江南大学	4
中国物流与采购联合会	11	柳州师范高等专科学校	4
厦门大学	10	南京林业大学	4
同济大学	10	上海对外贸易学院	4
长安大学	10	徐州工程学院	4
北京工商大学	9	中国农业大学	4
上海理工大学	9	中国物资储运协会	4
中山大学	9	北京化工大学	3
四川大学	8	哈尔滨理工大学	3

机构名称	发表论文的数量	机构名称	发表论文的数量
天津理工大学	8	河南工业大学	3
中国科学技术大学	8	吉林省经济管理干部学院	3
大连理工大学	7	昆明理工大学	3
福州大学	7	兰州交通大学	3
湖南大学	7	兰州理工大学	3
南京航空航天大学	7	兰州商学院	3
山东农业大学	7	南通大学	3
上海海事大学	7	内蒙古工业大学	3
武汉大学	7	山西农业大学	3
中国海洋大学	7	上海海关学院	3
北京财贸职业学院	6	西安交通大学	3
东华大学	6	浙江大学	3
哈尔滨工程大学	6	中国科学院南京地理与湖泊研究所	3
江苏大学	6	中国民航飞行学院	3
南京大学	6	中国民航管理干部学院	3
山东大学	6		

二　引用最多的作者

图 1 显示的是 2009～2013 年，作者被引用的状况，以及这些作者之间的相关联系程度。可以看出，中国物流与采购联合会、北京大学的张维迎、北京交通大学的鞠颂东、山东财政学院的王玉燕等被引用较多；而国外学者迈克尔·波特、Cachon. G. P. 等处于领先地位，前者以《战略管理》等著作被广泛引用，后者则在供应链管理、仓储调配等方面见长。

三　研究最热门的关键词

从图 2 中可以看出，供应链管理、第三方物流、供应链金融、物流

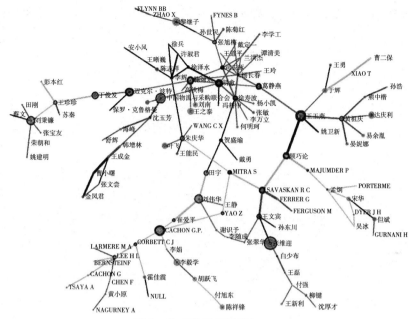

图1　作者被引用图谱

说明：圈越大，说明作者的被引用次数越多。

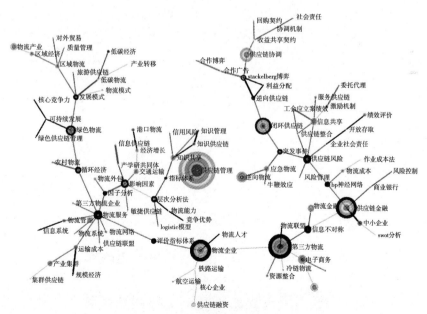

图2　TOP60关键词共现图谱

说明：圈越大，说明关键词的频次越高。深色圈表示关键词的中心度比较高，意味着这些词在相关内容中的桥梁作用比较强。

企业、供应链协调与绿色物流六个词是 2009~2013 年里最热门的话题。我们从最热门的 60 个关键词中，可以看出它们之间的相关关系。例如，以第三方物流为核心，它与电子商务、物流联盟、冷链物流、信息不对称等相关。

四 引用文献的状况

通过图 3，我们追溯了引用文献的状况，数据显示张维迎的《博弈论与信息经济学》、马士华的《供应链管理》等论著被引用较多，其他被引用较高的学者包括刘南、颐巧伦、王玉燕、达庆利等。

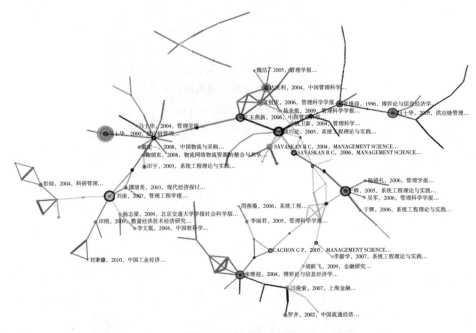

图 3 文献共被引图谱

同时，我们可以通过图 4，观察文献共引的聚类情况。

五 发表物流研究论文的期刊状况

由于物流学科横跨多个交叉研究领域，既有管理方面的，又涉及

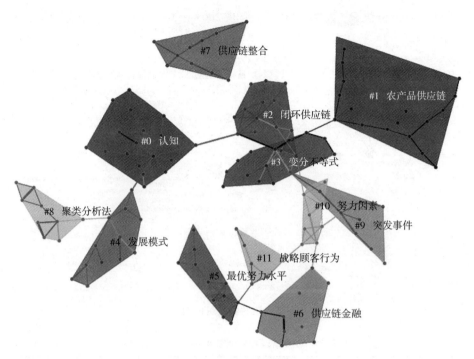

图 4　文献共被引聚类

工程设计，更有信息技术的叠加应用。它不仅仅涉及国家的宏观经济运行状况，诸如物流费用对宏观经济效率的影响、生产者经理采购指数等，而且它与每个产业都有密切相关，更离不开微观的企业运营管理与协同。因此，发表物流研究论文的期刊也呈现出多样化的状况，不仅有众多国际期刊，比如 *Management Science*、*International Journal of Production Economics*，也包括国内的顶级期刊，比如《经济研究》、《管理世界》等，还包括《管理科学学报》、《中国工业经济》、《金融研究》等权威期刊，当然更多地体现在《中国流通经济》、《物流技术》等专业核心期刊上面（见图 5）。

六　被引用文献的状况

根据前面的发现，我们总结了物流领域被引用最多的 20 个文献（见表 2）。

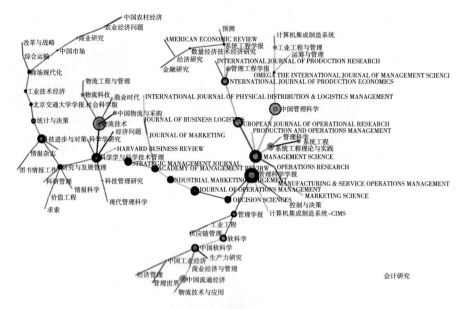

图5　期刊共被引图谱

表2　物流领域被引用最多的20个文献

参考文献	年份	强度	开始年份	结束年份	2009~2013年状况
SAVASKAN R. C. , *MANAGEMENT SCIENCE*	2004	4.3799	2012	2013	▬▬▬▬ ▬▬▬
马士华，《供应链管理》	2000	3.0836	2009	2010	▬▬▬ ▬▬
刘南，《管理工程学报》	2007	2.735	2012	2013	▬▬▬▬ ▬▬
于辉，《系统工程理论与实践》	2005	2.4583	2009	2009	▬▬ ▬▬
SAVASKAN R. C. , *MANAGEMENT SCIENCE*	2006	2.4141	2012	2013	▬▬▬▬ ▬▬
CACHON G. P. , *MANAGEMENT SCIENCE*	2005	2.4141	2012	2013	▬▬▬▬ ▬▬▬
王珍珍，《上海财经大学学报》	2010	2.3706	2012	2013	▬▬▬▬ ▬▬
迈克尔·波特，《国家竞争优势》	2002	2.3476	2009	2009	▬▬▬ ▬▬

续表

参考文献	年份	强度	开始年份	结束年份	2009 ~ 2013 年状况
杨志梁,《北京交通大学学报》(社会科学版)	2009	2.314	2011	2013	
韩增林,《地理科学进展》	2002	2.3036	2011	2011	
达庆利,《中国管理科学》	2004	2.2108	2009	2009	
何晓群,《现代统计分析方法与应用》	1998	2.1372	2010	2010	
马新安,《中国管理科学》	2001	2.0723	2009	2010	
王茂林,《现代管理科学》	2009	2.0108	2010	2011	
李东晖,《商业文化》(学术版)	2010	1.9966	2011	2011	
马士华,《供应链管理》	2003	1.9716	2009	2009	
MORGAN, R. M. , *JOURNAL OF MARKETING*	1994	1.9275	2012	2013	
FYNES, B. , *INTERNATIONAL JOURNAL OF PRODUCTION ECONOMICS*	2005	1.9275	2012	2013	
韦琦,《中南财经政法大学学报》	2011	1.9275	2012	2013	
YAO, Z. , *EUROPEAN JOURNAL OF OPERATIONAL RESEARCH*	2008	1.9275	2012	2013	

参考文献

[1] 刘则渊、陈悦、侯海燕:《科学知识图谱:方法与应用》,人民出版社,2008。

[2] 〔荷〕洛埃特·雷迭斯多夫:《科学计量学的挑战:科学交流的发展、测度和自组织》,科学技术文献出版社,2003。

［3］汤建民：《基于中文数据库的知识图谱绘制方法及应用——以创新研究论文的分析为例》，浙江大学出版社，2010。

［4］许振亮：《知识计量与知识图谱丛书（第二辑）·技术创新前沿图谱》，大连理工大学出版社，2012。

［5］赵健：《知识图谱绘制技法实用指南》，辽宁大学出版社，2013。

第二篇　流通产业发展

经济转型升级与互联网时代的中国物流业

丁俊发[*]

摘　要　研究物流需要"跳出物流看物流"，将物流放入国民经济体系中，根据国民经济四分法讨论流通与"四流"的关系，以及物流与供应链、商业生态系统的关系，进而分析全球物流业发展的背景与趋势，指出中国物流业发展的形势与任务：中国政府推动物流发展的力度较大，实现了物流业的超越式发展，但全社会物流粗放发展，还未进入集约发展阶段，而且社会物流总需求与总供给双不足，物流业基础设施综合效益不高，外部环境仍需改善，因此应抓好物流与供应链管理顶层设计，降低物流成本，大力推进供应链管理，实现物流业转型升级。

关键词　经济转型　物流业　供应链

研究与实践物流，必须跳出物流看物流，把物流放入国民经济中，所以必须先搞清几个理论问题，理论是行动的指导思想。先务虚，后务实，再来研讨物流与供应链管理的实际。

一　几个基本理论问题

（一）国民经济的"四分法"及其相互关系

国民经济或者说社会的生产与再生产是由哪几个部分构成的，法国政

---

[*]　丁俊发，中国物流与采购联合会，研究员。

治经济学派代表人物萨伊让·巴蒂斯特（1767～1832）提出了生产、分配与消费并立的政治经济学"三分法"。马克思根据他对资本主义发展的研究，在《政治经济学批判》手稿中，提出了国民经济由生产、分配、交换（流通）、消费构成"四分法"。在《反杜林论》中，马克思批评杜林"把生产和流通这两个虽然互相制约但是本质上不同的过程混为一谈"。马克思把交换（流通）从生产领域中分离出来，并确立为国民经济中一个独立的过程，是对政治经济学发展的一大贡献。

在社会生产与再生产过程中，这四者的相互关系是什么？马克思主义政治经济学，后来的西方经济学，包括社会主义政治经济学对此论述不完全相同，但都有一个基本的共识。

1. 流通与生产

生产是人类利用和改造自然从而创造物质财富的经济活动，是社会再生产的首要环节，如果没有生产要素及其创造的物质财富，后序的分配、交换和消费就会成为无源之水、无本之木。所以生产对流通起决定作用。生产提供流通的物质，生产方式决定流通的性质，生产的发展规模决定和影响着流通的发展规模。所以马克思说："一定的生产决定一定的消费、分配、交换和这些不同要素相互间的一定关系。"

但流通对生产不是完全被动的，流通对生产有着强有力的影响和制约。例如，流通是商品生产得以存在和发展的前提条件。流通过程发育了市场，市场又引导了生产。流通的发展，奠定了资本主义生产方式逐步走向市场经济的生产方式。

2. 流通与分配

在生产与消费中间，分配与流通都是中间环节，但又明显不同。在社会经济运行的一般序列中，分配在前，流通在后；从主要经济职能看，分配主要确定社会各成员对社会产品占有的份额和比例（一般以货币来体现），交换则使社会成员在其对社会产品占有份额之内换到所需的其他产品。分配与交换共同推动着社会经济的正常运转。

在社会再生产中，必须先有分配对所有权的确立，而后才能谈得上商品所有权异位的交换。分配的方式制约着交换的方式，分配的数量和结构影响着流通的规模和结构。但分配的实现有赖于流通，没有流通，分配就会被搁浅，消费及整个再生产过程就会出现紊乱。流通的方式、规模和结构对分配方式、数量及结构都具有影响作用。

3. 流通与消费

马克思认为，流通是生产和再生产决定的分配同消费之间的媒介要素。消费是生产的目的，也是流通的目的。消费的规模和结构制约着流通的规模和结构，消费的速度影响着流通的速度。但流通是消费实现的必要前提，流通可以引导消费，扩大消费规模和结构。

商品经济发展到市场经济，已从生产者主权走向消费者主权，已形成消费通过流通决定生产的基本格局。

国民经济是由生产、分配、流通、消费四部分构成的，中国经济的发展以及中国经济体制改革都是围绕这四个部分进行的。目前中央提出的改变经济发展方式，也应从这四个方面入手，目前中国经济并没有完全进入良性循环，社会主义市场经济体制也没有完全建立。

（二）流通与"四流"

1. 什么是流通与流通业

长期以来，中国理论界一直有"大流通"与"小流通"之争，"大流通"认为，流通是"商品所有者全部相互关系的总和"（马克思语）。这里指的商品所有者涉及生产、经销、消费、金融、物流等。笔者在1994年《人民日报》刊登的文章中，把流通定义为"流通，不仅是指以货币为媒介的商品交换过程，也是指商流（商品价值形态的流通）、物流（商品实物形态的流通）、信息流（商品社会形态的流通）、资金流（商品货币形态的流通）的总和，是商品所有者全部商品关系的总和"。

什么是流通产业，笔者在2012出版的《流通经济学概论》中，是这样定义的："流通业是指以商流为核心，由物流、信息流、资金流支撑的产业形态。""小流通"的概念认为，流通产业单指批发与零售业。

2. "重生产、轻流通"的由来

流通业的重要性，改革开放以来，国家领导人给予了高度评价，最典型的是朱镕基、李岚清同志的论述。1994年朱镕基在山东视察时说："社会主义市场经济真正要搞好，解决好流通问题最重要。只要把流通领域的问题从理论到实践正确地解决了，那么，有中国特色的社会主义市场经济的模式就基本建成了。"李岚清2001年在纪念邓小平同志"发展高科技、实现现代化"题词十周年暨国家高新技术产业开发区所在市市长座谈会上的书面讲话中指出："流通是现代经济的火车头……现代流通是社会再生产过程的血脉和神经，是各种生产要素结集、整合和聚变的载体，是决定经济运行速度、质量和效益的引导性力量。"2012 年 8 月 3 日，国务院发布的《关于深化流通体制改革加快流通产业发展的意见》中明确指出，流通产业是国民经济的基础性、先导性产业。中央把流通业的重要性提到了一个新的高度。但在国民经济的实际运作中并非如此。2002 年 2 月 25 日，江泽民同志在省部级主要领导干部"国际形势与 WTO"专题研讨会上的讲话中指出："由于长期受计划经济的影响，重生产、轻流通的观念烙印很深，这也是影响经济发展的一个重要原因。发展社会主义经济，搞好流通极为重要，是消费通过流通来决定生产，只有现代流通方式才能带动现代化的生产，大规模的流通方式才能带动大规模的生产。""重生产、轻流通"的观念烙印是什么？是从哪里来的？笔者在《中国流通》一书的其中一章"客观认识马克思主义流通理论"中，详细分析了马克思在社会主义设想中的"空想流通论"、斯大林的"无流通论"、毛泽东的"轻流通论"，并分析提出直到邓小平提出"市场流通论"才拨乱反正，但长期形成的"重生产、轻流通"的观念不是一蹴而就就能转变的观点。

笔者在对中国流通经济的研究中，提出了"流通五论"，即流通发展阶段论、流通决定论、流通调节论、流通一体论与流通运行统一论。笔者认为，中国对流通理论的研究，深度、广度都很不够。

3. 流通中的"四流"分离与"四流"一体

市场经济是社会高度分工基础上的商品经济，商流、物流、信息流、资金流有不同质的规定性，是完全不同的概念，有不同的功能，但密不可分。

（1）商流。

商品从供给方向需求方转移时以货币为媒介的商品所有权的变更和转移运动过程，称为商流过程，简称商流。商流指的是商品价值的流通，在现实经济活动中，具体表现为商品与货币相互交换的购买、销售等买卖行为。通过商流活动，可以把商品的所有权由生产者转移给消费者，为最终实现商品的价值和使用价值创造条件。所以，商流是商品流通中最基本、最重要的一种运动形式和运动过程。在商品流通过程中，虽然没有物流的配合商流难以真正得到最终实现，但没有商流这一商品流通根本经济运动的发生和存在，没有商流过程中价值转移和所有权变更的驱动和引导，物流就成了无源之水、无本之木，也无所适从、无的放矢。因此可以说，商流是整个商品流通过程中最为重要的先决条件。

（2）物流。

物流是物质资料从生产地到接收地的实体流动过程，是根据实际需要，把运输、装卸、搬运、仓储、包装、流通加工、配送、信息处理等实现有机结合，从而创造时间和空间价值的经济活动。物流是一种服务业，为物流需求的第一方、第二方服务，不存在商品所有权的转移。

（3）信息流。

信息流是指处于运动状态的信息系列，通过一定的传播途径和整合加工，由信息源向信息接收者传递的信息集合。信息流是各种交易关系得以顺利进行和各种经济主体行为得以相互协调的必要媒介。国民经济管理、企业经营、个人经济行为都是在纵横的信息输出和输入中通过沟通、协调而完成的。

广泛的信息需求已成为国民经济管理、企业决策以及个人生活方面不可缺少的组成部分。人们的经济决策越来越依赖于对信息的取得和处理结果。社会结构的优化和管理效率的提高，都需要以掌握真实、全面的信息为基础。

（4）资金流。

资金流是指资金在不同空间状态的运动或转移过程。这里的资金包括货币和可以用作交易媒介的准货币。货币和准货币本身并没有使用价值，但它们是价值的代表物，能够用于购买各种具有使用价值和价值的商品或服务，因而是一种虚拟财产。

马克思提出，对商品流通来说，有两样东西始终是必要的：投入流通的商品和投入流通的货币。投入流通货币量的多少，在很大程度上决定着投入流通的商品的价值和使用价值是否全部实现。流通资金运转的好坏，是社会总资金循环和周转好坏的一个必要条件。

在市场经济条件下，资本流通与货币流通是交织在一起的，资本流通一般是通过资金市场、资本市场、外汇市场及黄金市场来实现。这些市场分别从事着资金借贷、结算以及证券、外汇、基金买卖活动。

资金流的发展是与现代信息技术的发展和金融工具的创新结合在一起的。随着现代信息技术的发展以及金融工具的不断创新，资金流的内涵和形式都得到了长足的发展，资金流的作用领域和范围也日渐拓展，呈现出不断深化、融合和创新的趋势。

大到国民经济运行，中到产业与城市供应链的运作，小到企业物流功能的一体化，商流、物流、信息流、资金流密不可分，要融为一体。例如，我们常讲的流通通道建设，指的是商流通道、物流通道、信息流通道与资金流通道；我们讲的智慧城市，除了以上四大通道以外，还要加上人流通道，这样才能真正叫现代化城市；我们在规划物流园区、物流中心、配送中心以及商品交易市场、购物中心时，也一定会将"四流"功能统一运作。笔者认为，只要我们把"四流"研究透了，把"四流"打通了，一切经济问题都可以迎刃而解。

（三）物流与供应链

1. 物流在国民经济中的地位和作用

2009年3月10日，国务院发布的《物流业调整和振兴规划》中，有一段话，讲得非常精辟。"流通业是融合运输业、仓储业、货代业和信息业等的复合型服务产业，是国民经济的重要组成部分，涉及领域广，吸纳就业人数多，促进生产、拉动消费作用大，在促进产业结构调整、转变经济发展方式和增强国民经济竞争力等方面发挥着重要作用。"以2012年为例，物流业增加值为3.5万亿元，占国内生产总值的6.8%，占服务业增加值的15.3%；就业人数已从2005年的1600万增加到2012年的近3000万；物流总费用占GDP的比例从1991年的24%下降到2012年的18%；工业、流通业的物流费用率也从10%下降到2012年的8.6%；沿海港口的货物吞吐量与集装箱吞吐量从2003年开始已占世界第一。物流业的发展，提高了中国的综合竞争力。

2. 物流与供应链

什么是物流？物品从生产地到接收地的实体流动过程，根据实际需要，将运输、装卸、搬运、仓储、包装、流通加工、配送、信息处理实现有机结合。物流产业是这些物流功能产业化的集合，因此，物流是一个服务业，是一个复合型产业，主要是一个生产性服务业。

什么是供应链与供应链管理？供应链管理是20世纪50年代，首先在美国提出的管理创新理论，到20世纪90年代得到普及应用。2005年，美国物流管理协会更名为美国供应链管理专业协会，标志着全世界的物流已进入供应链管理时代。什么是供应链，中国《物流术语》国家标准是这样定义的："供应链，即生产与流通过程中涉及将产品或服务提供给最终用户的上游与下游企业所形成的网联结构。""供应链管理，即利用计算机网络技术全面规划供应链的商流、物流、信息流、资金流等，并进行计划、组织、协调与控制。"美国经济学家史蒂文斯认为："通过增殖过程和分销渠道控制从供应商的供应商到用户的用户的流就是供应链，它开始于供应的源点，结束于消费的终点。"美国另一位经济学家伊文思认为："供应链管理是通过反馈的信息流和反馈的物料流，将供应商、制造商、分销商、零售商，直到最终用户连成一个整体的模式。"中国著名经济学家吴敬琏认为："所谓供应链管理，就是把生产过程从原材料和零部件采购、运输、加工、分销直到最终把产品送到客户手中，作为一个环环相扣的完整链条，通过用现代信息技术武装起来的计划、控制、协调等经济活动，实现整个供应链的系统化和它的各个环节之间的高效率的信息交流，达到成本最低、服务最好的目标。一体化供应链物流的精髓是实现信息化，通过信息化实现物流的快捷高效的配送和整个生产过程的整合，大大降低交易成本。"我们可以把供应链管理最本质的内容归纳为以下三点。第一，供应链管理是供方把产品与服务提供到最终需方之间，涉及制造商、物流商、批发零售商、金融服务商等优化整合的一个平台，追求的目标是合作共赢。第二，供应链管理是企业内部与企业之间通过有机的、高效的计划、组织、协调和控制商流、物流、信息流、资金流一体化运作的管理集成。第三，供应链管理是国家与企业的一种战略，是经济运行与企业经营的一种模式，也是经济管理与企业管理的一种技术，支撑它的是不断发展的信息化技术。

进入 21 世纪以来，不少发达国家都把全球供应链列入国家安全战略，美国经济学家弗里德曼在《世界是平的》一书中，把全球供应链列为把世界夷为平地的十大力量之一。英国经济学家克里斯多夫提出："市场上只有供应链，而没有企业"，"真正的竞争不是企业与企业之间的竞争，而是供应链与供应链之间的竞争"。胡锦涛同志 2011 年 11 月 15 日在亚太经合组织第十九次领导人非正式会议上，针对全球复杂多变的经济形势，明确指出："我们应该深化全球供应链合作。"2012 年 9 月 8 日胡锦涛同志在亚太经合组织第二十次领导人非正式会议上再次提出建立可靠的供应链，要求突破供应链瓶颈限制，提高供应链连通性和便利性程度，持续推进《亚太经合组织供应链联接行动计划》。2012 年 8 月 3 日，国务院发布了《关于深化流通体制改革加快流通产业发展的意见》，把"大力推广并优化供应链管理"列为发展新的流通方式的首要任务。2012 年 11 月 8 日召开的中共十八大明确提出："要适应国内外经济形势新变化，加快形成新的经济发展方式。"而供应链管理就是一种新的经济发展方式，是一种典型的创新驱动。著名经济学家樊纲在给《中国供应链管理蓝皮书（2011）》写的序言中认为："在经济全球化的今天，全球供应链战略已成为跨国公司的头号战略，优化供应链管理已成为成功企业的重要标志，实施与不断优化供应链管理已成为中国企业的必然选择。"推进供应链管理已成为全球的共识，也成为中国经济界的共识。

（四）微笑曲线与服务经济

"微笑曲线"是1992年台湾宏碁集团创办人施振荣先生为"再造宏碁"提出的著名理论。在产业链中，价值丰厚的区域集中在价值链的两端即研发与市场，没有研发能力，只能做代理或代工，赚一点辛苦钱。没有市场开发能力，再好的产品，产品生命周期过了，也就只能作废品处理。

在国际上，国家之间的竞争力，已不完全用产品生产的数量来衡量，而是用供应链的控制力，对资源、资金的占有，对知识产权的享有等来比较，企业也是一样。因此，在世界产业链中，存在两个"微笑曲线"。

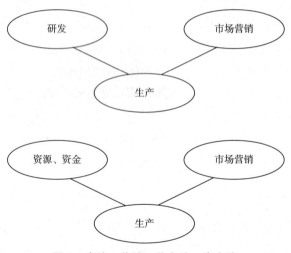

图1　商流—物流—信息流—资金流

根据机械工业联合会调查，"微笑曲线"两端利润为20%～25%，而中间的加工工业利润率只有5%。改革开放以来，中国加快制造业本身的发展，特别是引进外资制造业，这是夯实国民经济基础的重要一环，绝对不能忽视服务业的发展，满足于国际产业链的低端，单靠出卖廉价的"硬苦力"，而把研发、采购、物流、信息网络、中转批发等价值高端让给外国人。以中国出口服装为例，研发、设计、采购、生产、营销整个周期一般要180天，而发达国家只要 20～30 天，差距就在于未形成"微笑曲线"。而华为之所以取得成功，就是"微笑曲线"搭建得非常好。在华为的职工中，研发人员占46%，市场营销人员占 33%，生产人员只占 12%，管理人员占 9%。

1968 年，美国经济学家富克斯提出了一个观点，他说："我们现在正处于'服务经济'之中，即在世界历史上，我们第一次成为这样的国家，其中一半以上的就业人口，不再从事食品、服装、住房、汽车和其他有形产品生产。"这一预言，在美国等发达国家早已实现，从事服务经济的就业人数超过一半以上，服务产业总值占国民经济总产值的大部分，全球平均为 69%，发达国家为 72%，发展中国家为 52%，中国 2012 年为44.6%。后来经济学家在论述服务经济时，认为服务经济的核心是第二产业的"第三产业化"。当今世界有四种生产，一是工业生产，它的产品是工业品；二是农业生产，它的产品是农产品；三是服务业生产，它的产品是服务产品；四是劳动力生产，它的产品是劳动力产品。中国把服务业分为两类，一类叫作生产性服务业；另一类叫作消费性服务业。我们经常列举中国生产芭比娃娃的例子，中国的出厂价是 1 美元，而在美国沃尔玛店里出售价是 9.9 美元。9 美元付给了研发、物流、批发、零售等服务业。服务业同样创造价值。香港利丰集团主席冯国经先生认为，如果一种消费品出厂价是 1 美元，其零售一般是 4 美元，"软 3 元"是服务业创造的价值。现在我们所要改变的，是把制造业、流通业、建筑业、农业中的服务业分离出来，但目前做得相当不理想。服务业发展的空间很大，只要做得好，"十二五"期间服务经济完全可以超越工业经济。

（五）商业生态系统

1993 年，美国经济学家穆尔在《哈弗商业评论》上首次提出了"商业生态系统"的概念。所谓商业生态系统，是指以组织和个人（商业世界中的有机体）的相互作用为基础的经济联合体，是供应商、生产商、销售商、市场中介、投资商、政府、消费者等以生产商品和提供服务为中心组成的群体。它们在一个商业生态系统中发挥着不同的功能，各司其职，但又形成互赖、互依、共生的生态系统。在这一商业生态系统中，虽有不同的利益驱动，但互利共存，资源共享，注重社会、经济、环境综合效益，共同维持系统的延续和发展。

按照穆尔的观点，商业生态系统包括三个层次：一是核心的商业层，主要指以自我为核心组成的供应链企业；二是扩展企业层，指供应商的供应商，顾客的顾客，服务商的服务商；三是商业生态层，主要指投资商、金融保险、行业协会、市场中介、政府、工会、标准制定等，这些构成了一个商业生态系统。

中国企业不大重视商业生态系统的建设，一是过于看重眼前与本身利益，二是法制环境不完善，三是人际关系太复杂，缺少合作共赢的氛围。所以，总体上讲，中国的商业生态系统缺失，加大了企业的营运成本。

二　全球物流业发展的背景与发展趋势

物流业于 19 世纪末起源于美国，后扩展到全球，先有军事物流，后扩展到经济领域。现在，在全球已形成一个巨大的新兴产业。如果把全球的物流业发展历史加以划分，大致可以分为四个阶段，即传统物流阶段（主要是运用运输与仓储实现商品在时间与空间上的转移，但运作是分割的）、实物配送阶段（主要是生产与流通企业为了降低成本，实现无库存与少库存，由物流企业实施统一配送）、综合物流阶段（主要是物流不仅在企业运作，而且实现社会物流功能的一体化运作，强调物流的共同化）、供应链管理阶段（2005 年，美国物流协会更名为美国供应链管理协会，标志着世界物流已进入供应链管理阶段）。

（一）现代物流业发展的四大背景

第一，经济全球化。全球采购、全球生产、全球流通、全球消费。根据联合国贸发会统计，全球有跨国公司 6.5 万家，拥有 85 万个国外子公司，控制了全球 40% 的生产总值、50% ~60% 的国际贸易。由单一跨国公司处理整个生产过程的旧的生产模式，已经一去不复返了，这必然产生专业化的物流公司与新兴的物流产业。这是一次新的经济大分工，即物流业务从生产与流通中分离出来，所以物流是新的生产力，是社会与时代的进步。

表 1　全球货物进出口贸易额

单位：亿美元

2000 年		2010 年		2011 年		2012 年	
出　口	进　口	出　口	进　口	出　口	进　口	出　口	进　口
64560	67240	125890	155040	182910	184870	183230	185670

资料来源：国家统计局。

第二，信息网络技术的出现与普及。包括移动互联网、物联网、云计算、大数据。物流讲的是资源整合，讲的是一体化运作，讲的是效率的提高，如果没有信息网络技术的发展与普及，现代物流将仍然停留在传统物流阶段，无法实现马克思提出的一个科学命题，即用时间来消灭空间。所以，信息网络技术是现代物流的血脉与神经。

第三，制造业、流通业、农业商业运作模式的巨大变革。制造业在17世纪至19世纪30年代，是"少品种、单件、小批量生产"模式，进入20世纪出现"少品种、大批量生产模式"，到了50年代有了日本的"精益生产"，到了90年代出现美国的"敏捷制造"。所谓敏捷，即在不断变化、不可预测的环境中高效、低耗、迅速地完成所需任务的能力。敏捷制造是指制造企业利用现代通信网络技术，通过快速配置各种资源（信息、物资、资金、管理、人员、技术），以有效和协调的方式满足用户的需求，实现制造过程的敏捷性。流通业一个很大的变化是连锁超市形态的发展，发达国家连锁率（连锁经营销售额占总销售额的比重）都在60%以上，美国已达80%，其中食品连锁率超过90%，中国也已达到20%，这就要求统一采购、统一配送，必须有新的物流方式。农业也是一样，农产品的小农经济生产方式与城市大市场对接，要靠流通与物流。现在提倡农业的规模化经营，要减少流通环节，降低成本，必须有新的物流方式来解决，比如粮食散装、散运、散储，鲜活农产品冷链等。

第四，电子商务的发展，特别是人们个性化消费需求的迫切要求。电子商务是流通业的一场革命，是一种模式创新。在网上可以虚拟一个特大的全球市场，消费者可以在网上购买。互联网金融的发展，不论是B2B、B2C，还是C2C、O2O，送达到生产性与生活性消费的千家万户必须有物流做保证。没有物流，电子商务就是空谈。

（二）世界现代物流业发展的五个新趋势

第一，物流进入了供应链管理时代。英国著名经济学家克里斯多夫提出："市场上只有供应链而没有企业。""真正的竞争不是企业与企业之间的竞争，而是供应链与供应链之间的竞争。"供应链的实质是物流业深度与广度的扩展，供应链的主要挑战是整合供应商和客户资源。供应链管理已成为跨国企业整合所有商业资源与商业活动的集成，建立有效的供应链战略已成为企业不可模仿的核心竞争力。

　　这里以日本丰田、美国沃尔玛、中国海尔为例。1990 年，美国麻省理工学院鲁斯教授等人在总结日本丰田汽车生产方式的基础上，首次提出了精益生产这一概念。精益生产实际上是总结了丰田汽车总经理丰田喜一郎、丰田英二和大野耐一创立的丰田模式，精益生产把企业生产流程与市场需求有机整合，大大节约了物资、人力和时间成本。精益生产的核心内容如下。①准时化生产。"只在需要的时候，只生产所需要的产品"，从"推动式"改变为"拉动式"生产。②看板管理。后道工序在需要时向前道工序去取所需要的品种和数量的零部件，而前道工序只生产后道工序需要取走的品种和数量。③零库存。把商品管理变成供应商管理，按订单采购，优化库存管理，实施实时统一配送。④柔性生产。充分利用现代科技，对市场做出灵敏反应，整合优化各种资源，满足客户的多样化要求，提高整体竞争力。⑤一体化运作。节省每个流程过程中不必要的储存、多余的时间、富裕的人力，以达到最优化。这实际上就是把企业的供应物流、生产物流、销售物流、回收物流变成集成供应链，这是一场新的生产运作模式的巨大变革。

　　美国经济学家斯通博士在对美国沃尔玛、凯马特与希尔斯三大零售企业的研究中发现，它们的商品物流成本占销售额的比重相差很大，沃尔玛为1.3%，凯马特为8.25%，希尔斯为5%。如年销售额都按250亿美元计算，沃尔玛的物流成本要比凯马特少17.38亿美元，比希尔斯少9.25亿美元。这是为什么？根本原因是沃尔玛建立了一条完备的全球供应链系统。在美国，沃尔玛有2500多家连锁店与商场。为满足其要求，沃尔玛在美国建立了30个配送中心，每个配送中心平均面积超过10万平方米，商品种类超过8万种，实施全球采购，然后分拨到配送中心，再由配送中心实施统一配送。为此，沃尔玛装备了近3万辆大型集装箱挂车、5500辆大型载货汽车，24小时运作，每年运输总量达77.5亿箱，总行程达6.5亿公里。沃尔玛还配备了专用卫星，用于全球店铺的信息传递与运输车辆的定位及联系。庞大的计算机系统与所有的供应商联网，共同应对市场的变化，实现共赢。

　　1999年海尔集团进行流程再造，成立了物流推进本部，下设三个事业部，即采购事业部、配送事业部、储运事业部，实行集中采购、集中配送、集中储运，将分散在各个环节、各个部门、各个公司和工厂中的物流元素加以集成。在销售物流方面，海尔集团在全国设立了40多个配送中心，每天可将5万多台定制产品配送到1500多个专营店和上千个营销店，在中心城市实现 8 小时配送到位，区域内 24 小时到位，全国 4 天以内到位。这样的结果，使海尔的物流成本大幅度下降，采购人员减少 90%，库存面积减少 50%，商品库存周转期由 30 天降至 7 天。

第二，全球物流市场竞争加剧。如果把世界物流市场分成三类的话，一是欧洲、大洋洲、美洲成熟的物流市场，二是亚洲新兴的物流市场，三是非洲正在开发的物流市场。目前世界经济发展的重心开始向亚太地区转移，中国、日本、印度、俄罗斯、韩国都是世界重量级国家，特别是中国与印度是世界跨国物流公司必争之地，这也是中国物流业走出去的巨大挑战与机遇。

第三，跨国物流公司加速并购，实施全球供应链战略，控制全球物流主动脉。2013 年全球 500 强企业中，物流公司及相关物流公司有 20 多家。如日本邮政、德国邮政、美国邮政、丹麦马士基、美国联合包裹（UPS）、联邦快递、中国邮政、中国中远等。

美国在全球前 10 个物流巨头中占有 5 席，处于全球领先地位；日本的三菱、三井、伊藤忠、住友、丸红、日商岩井六大综合商社也把业务扩展到全球物流。

世界最大的工业地产商，也是物流地产商——美国普洛斯，于 1993 年从美国起家，目前已锁定亚洲，特别是日本、中国、印度。全球金融危机爆发后，普洛斯在亚洲的业务被新加坡收购，目前已是中国最大的物流地产商与现代仓储提供商。

国际港口投资商、船运公司、货代公司也迅速扩张，争夺集装箱、散货、油轮业务。

第四，物流信息化、物流基础设施与技术装备的现代化加速推进。RFID（无线射频识别技术）与物联网的研发与推广。美国国防部宣布，从 2005 年 1 月起，美国主要战区将全部引入 RFID 系统，2006 年、2007 年全部后勤保障系统实施 RFID 技术。这一技术的实施，可使美军的平均补给时间从 33 天降低到 11 天。物流的生命力和发展力在于将最新的信息技术、管理技术与物流活动结合。RFID 与物联网相当于物流与大象共舞，将对全球物流产生革命性变革。与美国国防部一样，2005 年世界 500 强之首的沃尔玛宣布分步实施 RFID 计划。在美国的推动下，全球都在研究 RFID 与物联网。推广运用 RFID 与物联网，成为全球物流的一个新趋势。物流的基础设施与技术装备是衡量物流综合国力的重要标志，目前欧美仍走在世界的前列。技术与模式创新将引领全球物流的发展。

第五，政府推动物流发展的力度进一步加大。在国际上，政府推动物流业发展的成功案例很多，如美国、日本、德国、韩国、澳大利亚、加拿大、新加坡等。这里以日本为例。日本的物流业发展模式是从美国引进的，但有创新。中国的物流概念 1978 年从日本引进，从日本处也学了许多有益的经验。

日本政府为了推动物流业的发展，前后制定了五个《综合物流施策大纲》，规定了物流施策的目标、基本方向以及具体对策。第一个施策大纲出台于 1997 年，提出了在 21 世纪初要实现的三大目标：①提供在亚洲太平洋地区各国中最便捷、最具魅力的物流服务；②提供对产业布局竞争力不构成阻碍因素的包括日本在内的具有国际水准的物流服务；③在发展物流业的同时考虑能源、环境和交通安全等问题。第二个大纲出台于 2001 年，提出了两个新的目标：①构筑包括成本在内的具有高度国际竞争力的物流市场；②构建环保型的物流体系。第三个大纲出台于 2005 年，提出了四个新的目标：①建设高速的、顺畅的、低成本的、国际和国内一体化的物流体系；②建立绿色的、高效率的、环境友好型的物流体系；③建立重视需求方的、高效率的物流体系；④建立令国民生活安全和安心的物流体系。第四个大纲出台于 2009 年，又提出了三个新的目标：①实现支持全球供应链的高效率物流；②实现环境负荷小的物流；③确保安全可靠的物流。第五个大纲出台于 2013 年，重点突出两点：一是物流与生态环境的关系，二是如何确保灾后的物资供应。

三 中国物流业发展的形势与任务

（一）中国物流业发展的几个基本特点

1. 政府推动物流发展的力度世界第一

如果说，日本政府为了推动本国物流业的快速发展，从 1997 年开始发布了五个《综合物流施策大纲》，那么，中国政府为了推动物流业的发展，实施了三步走战略。

第一步，2001～2004 年，国家经委等 6 部委与国家发改委等 9 部委发出了加快物流业发展的通知，经国务院批准，建立了全国物流发展部际联席会议制度。

第二步，2006 年"十一五"规划中的第十六章第二节为"大力发展现代物流业",第一次在五年规划中列入现代流通业,确立了现代流通业在国民经济中的产业地位。后在"十二五"规划中进一步明确与加强。

第三步,2009 年,国务院出台《物流业调整和振兴规划》,把物流业提升到国家战略层面。政府推动的目的,就是促使物流业加快发展、健康发展、超越式发展。目前正在制订 2013 ~ 2020 年物流业中长期发展规划。其间,粮食物流、煤炭物流、应急物流、商贸物流、物流园区、物流标准、综合运输体系、冷链物流等专项规划陆续出台。

为了推动中国物流业的发展,政府还采取了以下措施。①陆续出台了有利于物流业发展的相关政策。②各级政府特别是省市政府成立了物流发展领导小组,有的省市(如武汉市、成都市)成立了物流发展局。③加大了物流信息化、标准化、市场化的推进力度,工信部、商务部、质检总局、国家工商总局等都下发了文件,做出了规划。④把人才培养放在第一位,教育部专门成立了物流专业教学指导委员会,物流作为二级学科设立了物流管理、物流工程、采购三个专业,目前在校生超过 100 万人。

2. 实现了中国物流业的超越式发展

中国物流业从 1978 年引进"物流"这一概念开始,经历了三个阶段。1978 ~ 2000 年的 20 年,是引进、消化、吸收、探索与初步发展阶段;2001 ~ 2011 年的 10 年是物流业快速发展时期,即加入 WTO 以后的黄金十年;2011 ~ 2020 年的 10 年,是转型发展与产业提升的 10 年。我们用 30 年的时间走完了欧美 50 多年的发展历程,但仍有 20 ~ 30 年的差距。以以下数字为例。

(1)社会物流总额。

2012 年,全国社会物流总额达到 177.3 万亿元,约为 GDP 的 3.4 倍。20 世纪 90 年代以来,我国社会物流总规模保持较快增长,2012 年增速达 12% (见图 1)。表 2 是社会物流总额构成。

表 2 社会物流总额构成

单位: %

年　份	工业品 物流总额	农产品 物流总额	进口货物 物流总额	再生资源 物流总额	单位与居民物品 物流总额	合　计
1991	77.49	10.76	11.24	0.42	0.09	100
2000	83.25	5.65	10.94	0.09	0.07	100
2012	91.38	1.63	6.50	0.38	0.11	100

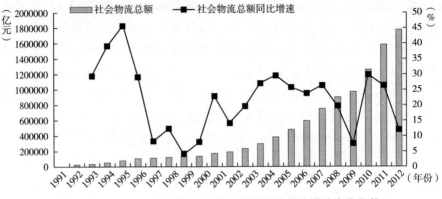

图 2　1991～2012 年中国社会物流总额及其同比增速变化趋势

（2）货运量与货物运输周转量。

2012 年，我国货运量合计为 413.23 亿吨（见图 3），相当于 1991 年的 4.11 倍、2000 年的 2.58 倍；1991 年以来，年均增长 7.0%。

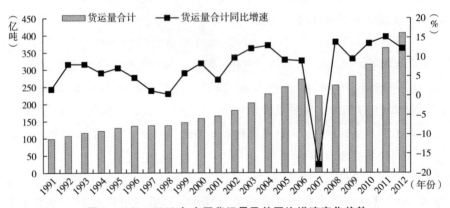

图 3　1991～2012 年中国货运量及其同比增速变化趋势

2012 年，我国货物运输周转量合计为 173429.01 亿吨公里（见图 4），相当于 1991 年的 5.9 倍、2000 年的 3.3 倍。1991 年以来，我国货物运输周转量年均增长 8.8%。

（3）物流业增加值。

2012 年，我国物流业增加值为 3.5 万亿元，占 GDP 的比重为 6.84%（见表 3）。2002～2012 年，我国 GDP 年均增长率 10 个百分点中，受物流业直接拉动的约为 1 个百分点，物流业对 GDP 总量的平均贡献率为 10.4%。

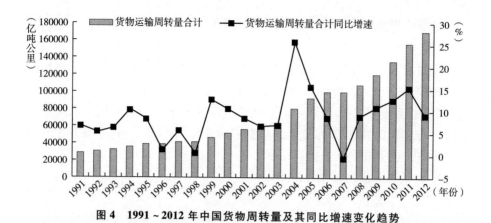

图4 1991~2012年中国货物周转量及其同比增速变化趋势

表3 中国物流业增加值占 GDP 及第三产业增加值比重

年 度	物流业增加值占 GDP 比重（%）	物流业增加值占第三产业增加值比重（%）
2002	6.59	15.79
2006	6.67	16.30
2012	6.84	15.33

（4）物流业总费用及占 GDP 的比例。

根据国际惯例，社会物流总费用占 GDP 的比例是反映一国物流发展水平和经济社会运行质量的重要指标。根据中国物流与采购联合会的长期统计核算资料，我国社会物流总费用占 GDP 的比例呈下降趋势，2012 年，我国社会物流总费用为 9.4 万亿元，占 GDP 的比例为 18.0%，较 1991 年下降了 6 个百分点，较 2000 年下降了 1.4 个百分点（见图 5）。以 2012 年的数据计算，相对于 1991 年，已节约物流费用 3.1 万亿元；相对于 2000

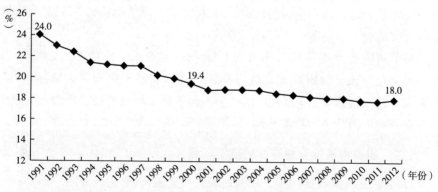

图5 1991~2012年中国社会物流总费用占 GDP 的比例变化趋势

年，已节约物流费用 0.7 万亿元。

（5）物流外包。

从物流实施主体来看，物流外包率逐年增加，物流专业化水平不断提高。2012 年，重点调查企业委托代理货运量占货运总量的比例为 79.4%，较 2007 年提高 45.2 个百分点，年均提高 11.4 个百分点。同期，重点调查企业对外支付的物流费用占物流总费用的比重为 61%，较 2010 年上升 6 个百分点，也呈现上升趋势。

3. 物流业的多元化推进与创新发展

（1）一个规划。

2009 年国务院发布《物流业调整和振兴规划》，明确了中国物流业的发展目标与重点任务，具有里程碑意义。

（2）两轮驱动。

一个轮子是市场配置，一个轮子是政府推动。

（3）"三足鼎立"。

国有、民营、外资物流公司三足鼎立，既有竞争，又有合作，发挥着各自的优势。

（4）"四世同堂"。

中国由于地区与行业发展的不平衡，物流业发展的四个阶段（传统物流、实物配送、综合物流、供应链管理）同时存在。

中国的物流业发展，没有设置多少条条框框，让各地、各企业自由式发展，政府只从规划、法制、标准、经济手段上逐步加以规范。这样做，出了不少问题，如业态发展无序，物流市场不规范，物流主体散、小、差等，但形成了百花齐放、百家争鸣的局面。世界金融危机后出现的许多问题，并不完全是物流业本身的问题，压力变动力，反而从另一个方面使物流企业去适应、去创新、去开辟"蓝海"。

目前物流业发展中的许多亮点，如供应链金融、电商物流、冷链物流、单元化物流、城市配送、快递物流、平台物流、物联网、城际快运、物流园区、集配运输、内陆港建设、电子海关、农超对接、应急物流等，都是有一定中国特色的物流创新。

（二）当前中国物流业存在的主要问题

1. 全社会物流粗放发展，还未进入集约发展阶段

这集中表现于我国物流总费用占 GDP 的比例一直在 18% 左右徘徊，

而国际上一些国家工业化中后期的理想比例为13%，这一差距太大。这既反映了整个国民经济结构不合理，也反映了物流业发展还不充分，这也是国家提出改变中国经济发展方式的重要原因。

表4 2011年全球主要国家或地区物流总费用及其占GDP的比例

类 别	国家或地区	物流总费用占GDP的比例（％）
发达国家或地区	美 国	8.5
	德 国	8.3
	日 本	8.7
	中国台湾	9.0
发展中国家或地区	印 度	13.0
	巴 西	11.6
	中 国	17.8
全球平均水平	全 球	11.3

尽管从长期来看，我国全社会物流总费用占GDP的比例不断下降，但物流费用高、物流效率低仍是当前经济社会运行的瓶颈。2013年，我国社会物流总费用为10.2万亿元，占GDP的比例为18.0%，高于美国、日本和德国9.5个百分点左右；高于全球平均水平约6.5个百分点；高于"金砖国家"印度和巴西6个百分点左右。以2013年的数据计算，如果将这一比例降至全球平均水平，则可节约物流费用3.3万亿元；如果降至美国、日本、德国等发达国家的水平，则可节约物流费用4.8万亿元。

因此，通过降低物流费用和提高物流运行效率，加快现代物流发展，不仅势在必行，而且潜力巨大。

20世纪80年代，美国通过打破行政垄断和市场分割，强化物流一体化建设，加大物流基础设施建设力度和提高物流信息技术的应用层次等多种措施，将社会物流总费用占GDP的比例由17.2%降至11.4%，大幅降低了5.8个百分点；90年代以来，通过大力发展供应链，以降低企业库存为核心，社会物流总费用占GDP的比例由11.4%降至目前的9%左右，进一步降低了约2.4个百分点（见图6）。

2011年，日本社会物流总费用占GDP的比例为8.7%，较1991年降低1.8个百分点（见图7）。20世纪70年代，日本公布了"物流成本算定统一基准"，并于1997年制定了具有重要影响力的《综合物流施策大纲》，

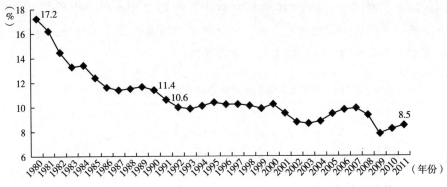

图 6　1980 ~ 2011 年美国社会物流总费用占 GDP 的比例变化趋势

从放松规制、完善基础设施、物流系统升级、政府部门的协调促进机制及政府援助等角度出发制定了相应的政策，在此背景下，日本的物流业迅速发展，日本的社会物流总费用占 GDP 的比例逐步降低至 10% 以下，并稳定在 8.5% 左右。

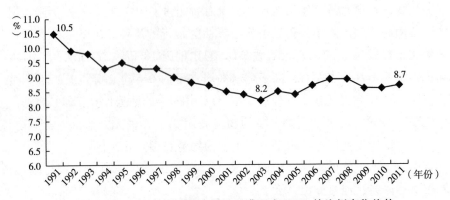

图 7　1991 ~ 2011 年日本社会物流总费用占 GDP 的比例变化趋势

　　为什么中国社会物流总费用占 GDP 的比例如此之高，从工业企业库存率，社会资源周转率，运输费、保管费、管理费以及产业结构四个方面就可以看出来。

　　（1）工业企业库存率。

　　发达国家的经验表明，后工业化时代，现代物流是企业获取"第三利润源"的基本路径，发达的现代物流体系是企业实现低库存甚至零库存的前提。近年来，伴随着物流业的快速发展和国民经济的转型升级，我国工业企业库存率逐年下降。2012 年，我国工业企业存货率达 9.44%，较

2011 年下降 0.13 个百分点，较 2009 年下降 1.02 个百分点（见表 5）。

我国物流业发展不仅对于降低社会库存成本发挥了积极的作用，而且潜力巨大，进一步降低库存成本还有较大空间。根据 2012 年的资料计算，如果库存水平下降 1 个百分点，每年将减少库存资源占用 9100 多亿元；如果降到发达国家 5% 左右的水平，则可节约库存成本 4 万多亿元。

表 5 2009～2012 年中国工业企业存货率

年　　度	工业企业存货率（%）
2009	10.46
2010	10.00
2011	9.57
2012	9.44

（2）社会资源周转率。

物流发展的战略意义不仅在于巨大的经济效益，而且可以以此为突破口，构建提高我国社会经济运行效率的长效机制，主要表现在促进社会资源加快周转。2012 年，我国工业企业流动资产周转次数为 2.7 次，较 2000 年提高 1.1 次，较"十一五"之初的 2006 年提高 0.2 次，基本呈现逐年提高的走势（见图 8）。

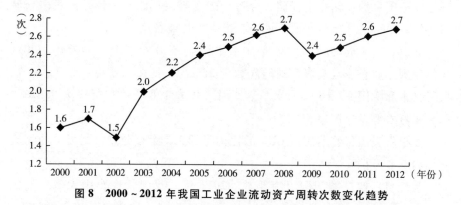

图 8 2000～2012 年我国工业企业流动资产周转次数变化趋势

值得注意的是，当前，我国社会资源周转效率与美、日等物流发达国家相比，仍有较大差距，远低于美国、德国和日本 9～10 次的水平，现代物流的发展在促进社会资源周转效率上仍大有可为。

（3）运输费、保管费、管理费。

2013 年，我国运输费用为 5.4 万亿元，占 GDP 的比例为 9.5%，这一比例高于美国、日本约 4 个百分点，相当于美国、日本的 1.7 倍左右。

一是物流基础设施与经济发展水平不匹配。目前，我国经济总量是美国的 52.4%，铁路营业里程仅为美国的 37.7%；海铁联运比例国际上通常为 20% 左右，美国为 40%，而我国仅为 2%。

二是运输环节中行政收费过多，甚至存在乱收费、乱罚款现象，公路收费已占公路运输费用的 30% 以上。

三是物流管理水平落后，物流资源非优化配置现象普遍，达 20% 左右。

四是货物周转量偏大。2009 年，我国货物周转量合计为 12.2 万亿吨公里，相当于美国的 1.8 倍、日本的 14.1 倍、德国的 24.5 倍；单位 GDP 的货物周转量为 2.45 吨公里/美元，相当于美国的 5.1 倍、日本的 14.3 倍、德国的 16.4 倍，这是运输费用偏高的基础性因素。

如果将我国运输费用占 GDP 的比例降低 4 个百分点，则可节约物流费用约 2.1 万亿元。

2012 年，我国保管费用为 3.6 万亿元，占 GDP 的比例为 6.3%，这一比例高于美国、日本约 3.5 个百分点，相当于美国、日本的 2.2 倍左右。保管费用偏高，首先与我国仓储设施不足、仓储功能单一密切相关。美、日等发达国家的仓储业集存储、分拣、配送等多功能于一体，而我国仓储功能相对单一，仓储效率低，进一步推高了物流费用。

其次，资源周转慢、社会库存水平偏高是另外一个重要原因。2011 年，我国工业企业流动资产周转次数为 2.6 次，批发和零售业为 3 次，远低于日本和德国 9~10 次的水平。同时，我国工业企业存货率为 9.57%，远高于日本等发达国家 5% 的水平。

如果将我国保管费用占 GDP 的比例降低 3.5 个百分点，则可节约物流费用约 1.8 万亿元。

管理费用偏高的问题更为明显。2013 年，我国管理费用为 1.3 万亿元，占 GDP 的比例为 2.2%，这一比例高于美国、日本约 1.9 个百分点，相当于美国的 7.3 倍、日本的 5.5 倍。

管理费用偏高，一是缺乏专业化分工理念，受传统"大而全""小而全"模式的影响，物流专业化、社会化水平相对较低；二是物流管理方式落后，信息化、系统化建设较为滞后。

如果将我国管理费用占 GDP 的比例降低 1.9 个百分点，则可节约物流费用约 1 万亿元。

（4）产业结构。

中国产业结构不合理，特别是第三产业比例过低，是造成物流总费用占 GDP 比例过高的重要原因。表 6 是 2010 年中国与世界其他主要国家三次产业占 GDP 比重的比较。

表 6　2010 年中国与世界其他主要国家三次产业占 GDP 比重的比较

单位：%

国　　家	第一产业	第二产业	第三产业
中　　国	10.1	46.7	43.2
美　　国	1.2	20.0	78.8
日　　本	1.2	27.4	71.5
德　　国	0.9	28.2	71.0
印　　度	17.7	27.1	55.2
巴　　西	5.3	28.1	66.6

2013 年，中国第三产业占比 46.1%，已超过占 43.9% 的第二产业。但与国际相比，占比仍然过低，还未达到国际 69% 的平均水平。

2. 社会物流总需求与总供给双不足

一是实体经济社会化、专业化程度低，许多企业仍停留在"大而全""小而全"的商业模式上，非核心竞争力外包还没有完全形成气候；二是物流业满足不了社会的需求，特别是高端的需求。

3. 地区之间、行业之间、城乡之间、国内物流与进出口物流之间发展不平衡、不协调

这与整个国民经济发展不平衡有关，也说明物流业作为一盘棋还没有完全走活，作为一张网还没有全面贯通。

例如，全国的物流公司主要集中于工业物流领域，农业物流领域比例很小，使农产品物流中的损耗率过大，实际上是损害了农民的利益。又如，根据平安银行《2012 年中国供应链管理调查》，被调查的八个行业中，物流运作差异很大。

汽车行业在客户管理、订单管理、物流管理、信息化技术应用等方面

处于领先地位，供应链管理水平最高。电子行业信息化水平最高，具有明显的高效供应链特征。零售行业供应链管理整体水平不高，但商业智能系统（BI）应用比例最高。可以说，钢铁与煤炭行业对供应链管理的认识与实践应该是比较差的。

就发展速度极快的快递业来讲，国家邮政局局长马军胜2013年讲道："目前快递业发展很快，但不平衡、不协调、不可持续问题依然延续。下一步要向下（下乡）、向西（中西部）、向外（国际）拓展，快递企业要向综合物流运营商转型，在标准快递，如国内电商快递的基础上，着力发展服务先进制造业的快递和跨境电商快递，打造快递企业集团。"

4. 物流业的基础设施投入不少，但综合效益不高

综合运输体系、信息化网络、物流园区、物流中心、配送中心区域布局还存在很多问题，使商流、物流、信息流、资金流四大通道建设受阻。

2012年，我国公路里程达423.8万公里，其中高速公路里程达9.62万公里，但物流效率不高。我国是全球收费公路所占比例最大的国家，公开资料显示，全球共有14万公里收费公路，其中10万公里在中国，占70%多，过路过桥费用已占运输成本的1/3左右；物路信息平台建了很多，但信息共享机制匮乏，信息孤岛问题突出，导致物流车辆空驶率高，物流资源非优化配置现象普遍。铁路、公路、海运、航空等部门相互独立，部际协调成本高、多式联运发展缓慢。物流基础设施之间的衔接不足，不利于物流一体化运作，也不利于发挥园区物流集聚功能和物流组织功能。

自2003年我国港口集装箱吞吐量超过美国后，我国一直位居港口集装箱吞吐量世界第一的位置，世界前10大集箱港口有7个在我国，全球港口40%以上的集装箱吞吐量是由我国港口完成的。而如此大体量的港口集装箱集疏运，在我国基本靠公路运输完成：公路承担了大约84%，水水联运承担了14%~15%，海铁联运不超过1.5%。上海港年集装箱吞吐量为3000多万标箱，位列世界第一，比洛杉矶港高出一倍，而洛杉矶港海铁联运比例接近30%，上海只有0.3%。

根据中国物流与采购联合会统计，目前我国物流园区有754家，已运营的只占34%。从总体来看，物流园区在规划、建设、运营、管理以及政策方面还存在一些问题。一是建设发展有待规范。一些地方脱离实际需求，盲目建设物流园区，片面追求占地面积和投资规模，一些市场和物流企业也冠以物流园区的名称。二是设施能力有待提高。多数物流园区水、电、路、网络、通信等基础设施建设滞后，集疏运通道不畅，路网配套能力较差，普遍缺少铁路和多式联运中转设施。三是服务功能有待提升。多数物流园区仍然存在着专业化程度不高、设施装备配套性差、综合服务能力不强、信息联通不畅等问题。四是经营管理体制有待健全。五是政策扶持体系有待完善。物流园区普遍存在"落地难"、"用地贵"和基础设施投资不足的问题。

5. 物流业发展的外部环境仍需改善

物流的法制建设跟不上，市场秩序不规范，物流行业多头管理、条块分割，不少政策不能落地，加大了物流业的管理成本。就物流企业税负来讲，根据中国物流与采购联合会对927个物流企业的调查，物流企业2008～2012年税收支出平均增长9.81%，而同期营业收入和营业利润分别增长4.56%和3.29%。对比计算，税收支出增幅比营业收入和营业利润分别高出5.25个和6.52个百分点，大大快于同期营业收入和营业利润的增长速度。

样本数据显示，2008～2012年样本企业一年间的平均税收负担水平为20.19%，高于全国同期宏观税负水平（18.26%）1.93个百分点，且税收负担水平呈逐年提高趋势。如果考虑到物流企业不作为纳税人但实际负担的隐性税收支出，五年间样本企业实际税收平均水平为26.79%，比宏观税负均值高出8.53个百分点。

物流业是充分竞争的行业，物流企业平均利润率呈逐年下降趋势。仓储企业平均利润率为3%～5%，运输企业平均利润率为2%～3%，货代和一般物流服务企业的平均利润率仅为2%左右。而企业税收负担却高于全国宏观水平，税收支出的增长速度又快于营业收入和利润增长。较低的利润率和较高的税收负担，导致大型企业缺乏发展后劲，小型企业难以为继。

2012年以来，营业税改征增值税逐步在全国推开，物流企业税收负担进一步加重。特别是交通运输服务税率设置，从营业税体制下的3%上升到增值税体制下的11%，再加上抵扣不足，导致物流业尤其是从事交通运输服务的企业税负增加较多。物流企业处于产业链条的下游，很难通过提高服务价格来弥补税率升高带来的负担。虽然有的地方采取了财政补贴的方式，但这种临时性的办法也很难复制和延续。这就进一步加重了物流企业的税收负担，压缩了利润空间，不利于企业成长壮大。

（三）中国物流业发展的机遇

这几年，中国物流企业碰到了不少难题，例如，受金融危机影响，为进出口服务的物流企业业务量下降；中小物流企业融资难，不少物流企业面临破产、倒闭；"营改增"税制改革，加大了物流企业的税负；全要素成本上升，特别是劳动力、土地成本使物流企业难以承受；物流市场不透明、少规则，恶性竞争加剧；制造企业、流通企业物流高端增值服务释放速度慢，制约了物流企业的转型升级；等等。人们深感中国经济已进入中速增长期，对物流业的整体压力加大。笔者认为，看任何问题，终得一分为二，就目前中国经济的总体分析，中国经济仍处于转型升级的发展阶段，基本面没有变，也就是说挑战与机遇并存。

第一，到 2020 年前后，中国国民经济增速在一般情况下不会低于 7%。

李克强总理在十二届全国人大二次会议上的政府工作报告中明确指出："我国发展仍处在可以大有作为的重要战略机遇期，工业化、城镇化持续推进，区域发展回旋余地大，今后一个时期保持经济中高速增长有基础也有条件。"

表 7　GDP 增速和物流业务各项宏观指标增速

年　份	GDP 增速 （%）	物流总额 增速（%）	物流增加值 增速（%）	货运总量 增速（%）	物流总费用 增速（%）
2005	11.3	25.6	13.9	6.7	12.9
2006	12.7	23.7	15.1	8.9	13.5
2007	14.2	26.2	22.5	10.7	18.2
2008	9.6	19.6	20.1	9.3	16.2
2009	9.2	7.4	7.3	7.8	7.2
2010	10.4	15.0	13.1	13.4	16.7
2011	9.2	12.3	13.9	13.7	18.5
2012	7.8	9.8	9.1	11.5	11.4
2013	7.7	9.5	8.5	9.9	9.3

表 7 显示，物流业各项宏观指标的增速与 GDP 的增速完全一致，所

以，GDP 的下行压力，对物流业的影响特别大。由于受国际大环境的影响，也由于中国经济结构调整自身的要求，中国到 2020 年前后 GDP 增长率不可能出现二位数字，达不到 1979～2012 年年均增长 9.8%，更达不到 1991～2012 年年均增长 10.3% 的水平，但也不会跌到 7% 以下，一定会保持 8% 左右的中速增长率。

20 世纪 90 年代以来，我国经济进入快速增长通道，1991～2012 年，GDP 现价年均增长 16.3%。在此宏观经济背景下，我国物流业需求实现逐年高速增长，2012 年，全国社会物流总额为 177.3 万亿元，约为 GDP 的 3.4 倍；1991～2012 年，现价年均增长 21.4%，增速高于现价 GDP 年均增速 5.1 个百分点。

第二，工业化、城镇化的快速推进。

工业化和城镇化进程的不断推进，带动工业品物流额占比逐年小幅上升，近年来升幅趋缓。2012 年，工业品物流总额为 162 万亿元，占全社会物流总额的 91.38%，占比较 1991 年的 77.49% 提高 13.89 个百分点，较 2000 年的 83.25% 提高 8.13 个百分点。

十八大提出要加快我国城镇化进程，努力推进城乡统筹建设。由国家发改委牵头，财政部、国土资源部、住建部等 10 多个部委参与编制的《全国促进城镇化健康发展规划（2011～2020 年）》将涉及全国 20 多个城市群、180 多个地级以上城市和 1 万多个城镇的建设，为新型城镇化提供了发展思路，提出了具体要求。

到 2013 年，中国的城镇化率为 53.7%，按国际经验，城镇化率到 70% 才能稳定下来，中国还需要 20 多年。据测算，每一个农民进城，要增加投资 10 万元；每年城镇增加 1000 万人，就需要投资 1 万亿，同样会加大物流量。

第三，消费将成为经济发展第一拉动力。

李克强指出，要把消费作为扩大内需的主要着力点。表 8 和表 9 显示，十多年来社会消费品零售总额和生产资料销售总额逐年上涨。

表 8　2001 年和 2006～2013 年社会消费品零售总额

年　份	社会消费品零售总额（亿元）	比上年增长（%）
2001	43055.4	10.1
2006	79145.2	83.8

年　份	社会消费品零售总额（亿元）	比上年增长（％）
2007	93571.6	18.2
2008	114830.1	22.7
2009	132678.4	15.5
2010	156988.4	18.3
2011	183918.6	17.2
2012	210307	14.3
2013	237810	13.1

表 9　2001 年和 2006～2013 年生产资料销售总额

年　份	生产资料销售总额（亿元）	比上年增长（％）（可比价）
2001	58473	10.9
2006	176786	17.4
2007	221120	19.8
2008	265456	10.4
2009	277466	13.8
2010	361065	19.6
2011	456157	13.2
2012	500800	11.9
2013	550000	11.9

电子商务和物流快递市场的发展，提升了消费质量和消费规模。网络零售、电商物流对异地和同城消费产生较大影响。由于网购和电购平台可以解决购物的信息流和支付的资金流问题，电子商务发展推动了消费高速增长。另外，电子商务促进快递业等物流的高端业态迅猛发展。1995～2012 年，快递业务量年平均增速为 29.6%，增速约为 GDP 的 2.2 倍。而其中尤其需要注意的是，2011 年和 2012 年，在经济增速明显回落的背景下，快递业务量仍保持了 56.8% 和 54.8% 的高增长。2013 年快递业务量达到 91.9 亿件，因此增长了 60%。

第四，中国将推进全球供应链战略。

2011 年与 2012 年在亚太经合组织领导人非正式会议上，胡锦涛同志明确提出"深化全球供应链合作"与"建立可靠的供应链"，从邓小平提出充分利用国内外两种资源、两个市场开始，历届国家领导人都十分强调

"引进来"与"走出去"战略的重要性。现在,中国成了世界第一大进出口货物贸易国、第一大外汇储备国,完全有条件实施全球供应链战略。从亚洲来讲,我们已有 10 + 1 东盟自贸区,已有上海经济合作组织,提出建设新丝绸之路经济带与新海上丝绸之路,提出了建设中、印、缅、孟中亚经济带构想以及中、俄、日、韩、东北亚自由贸易区设想。这些给中国物流业的跨境发展创造了条件。

第五,制造业企业、流通企业外包趋势增强。

在市场竞争十分激烈的情况下,物流作为企业第三利润源越来越受到关注。根据"2012 年中国供应链管理调查",在经济全球化、市场竞争十分激烈的今天,75% 的企业认为推动供应链管理是企业的必由之路。由于成本压力加大,注重企业内部与上下游企业之间流程优化十分重要,对供应链不同环节显示了不同的关注度:①采购管理 60%;②信息管理 54%;③物流管理 53%;④客户管理 50%;⑤订单管理 49%;⑥战略规划 45%;⑦生产管理 44%;⑧合同管理 42%;⑨人力资源管理 40%。

调查发现,75% 的企业认同上下游企业应合作共赢,不能单打独斗,并与供应商、物流商、经销商、银行方面采取了切实的行动。例如,78%的企业与上游供应商采用订单与预测结合的形式,销售物流全部外包或大部分外包占 69%,有 30% 的企业已进入供应链金融,有 75% 的大型企业、47% 的中型企业分别开展了供应链风险识别、风险规避和风险控制,与下游客户的订单响应速度(包括备料、生产、发货等环节)加快,50% 的企业可以在一个月内完成。

根据 IBM 全球首席供应链官员调查,他们面临的全球挑战是:成本控制(55%)、供应链可视化(70%)、风险管理(60%)、客户要求日益增加(56%)、全球化(43%)。

可以预料,外包的趋势将加快,下一步的压力可能来自物流企业本身。

(四)到 2020 年前,中国物流业发展的关注重点

1. 抓好物流与供应链管理的顶层设计

2009 年国务院发布的《物流业调整和振兴规划》是中国物流业发展的第一个顶层设计,明确了中国物流业中长期发展的十大任务、九项重点工程,描绘了点线面结合的空间布局,如九大物流区域、三级物流结点城市、十大物流通道。中国政府将从物流基础设施、物流装备与技术、物流企业与

企业物流、物流行政管理等方面入手，打造中国物流业的总体格局。

《物流业调整和振兴规划》明确了九大工程，即①多式联运、转运设施工程；②物流园区工程；③城市配送工程；④大宗商品和农村物流工程；⑤制造业与物流业联动发展工程；⑥物流标准和技术推广工程；⑦物流公共信息平台工程；⑧物流科技攻关工程；⑨应急物流工程。

《全国物流园区发展规划》（2013～2020）明确了一级与二级物流园区布局城市。一级物流园区布局城市共29个，分别是北京、天津、唐山、呼和浩特、沈阳、大连、长春、哈尔滨、上海、南京、苏州、杭州、宁波、厦门、济南、青岛、郑州、合肥、武汉、长沙、广州、深圳、南宁、重庆、成都、昆明、西安、兰州、乌鲁木齐。二级物流园区布局城市共70个，分别是石家庄、邯郸、秦皇岛、沧州、太原、大同、临汾、通辽、包头、鄂尔多斯、鞍山、营口、吉林、延边（珲春）、大庆、牡丹江、齐齐哈尔、无锡、徐州、南通、泰州、连云港、温州、金华（义乌）、舟山、嘉兴、湖州、安庆、阜阳、马鞍山、芜湖、福州、泉州、南昌、赣州、上饶、九江、烟治、潍坊、临沂、菏泽、日照、洛阳、南阳、安阳、许昌、宜昌、襄阳、岳阳、娄底、衡阳、佛山、东莞、湛江、柳州、钦州、玉林、贵港、海口、绵阳、达州、泸州、贵阳、拉萨、榆林、宝鸡、咸阳、西宁、银川、伊犁（霍尔果斯）。

笔者认为，顶层设计的关键是要能落地。在《物流业调整和振兴规划》基础上，国家发改委正在制定《物流业中长期发展规划（2013～2020）》。按照这一规划，全国性物流节点城市调整为26个；区域性物流节点城市调整为46个；重点工程从9个调整为12个，增加了电商物流与回收物流工程，把大宗商品与农村物流工程分为两个，原来的"制造业与物流业联动发展工程"改为"制造业物流与供应链管理工程"，城市配送工程改为城乡物流配送工程；明确了物流业发展的目标、采取的措施等。

2. 打好降低物流成本这一生死之战

2012年8月，国务院发布的《关于深化流通体制改革加快流通产业发展的意见》明确指出，我国流通产业"仍处于粗放型发展阶段"，"效率低、成本高的问题日益突出"。流通成本高是由物流成本与交易成本造成的，主要矛盾是物流成本。

中国物流总成本占GDP的比例，1991年为24%，到2012年下降到18%，这是一大进步，但我们发现，从2001年开始到2012年，这一比例一直徘徊在 18% 左右。2001 年为 18.8%，2009 年为 18.1%，到 2011 年才下降至 17.8%，2012 年和 2013 年又返回到 18%。18% 成为一条很难跨越的红线，这是为什么？

笔者认为根本原因有两条，一是中国经济的粗放性经营没有改变，仍然依靠拼物力、人力、财力而不是靠科技力发展经济；二是中国经济结构极不合理，服务业欠发达，比例过低。

中国创造 9% 的全世界 GDP，却消耗了全世界 40% 的煤、46% 的钢材、50% 的水泥、10% 的石油和天然气，物流成本能不高吗？中国的运输方式各自为政，空载率高，库存商品多且周转速度慢，物流成本能不高吗？

1980 ~ 1999 年的 20 年间，美国物流总费用占 GDP 的比例从 16.5% 下降至 9.9%。究其原因，主要是美国的服务经济在这 20 年中得到快速发展，经济结构发生重大变化，服务经济在国民经济中已占主要地位。中国如果不调整经济结构，加快服务业的发展，物流总成本占 GDP 的比例很难有较大幅度的下降。

《物流业中长期发展规划（2013 ~ 2020）》把 2020 年物流总成本占 GDP 的比例拟降为 16%，工业化中后期的理想比例应为 13%，要做到可能很难。但我们必须全力打好这一仗。

第一，到 2020 年，服务业占国民经济比例接近国际平均 69% 的水平。第二，大力推进供应链管理，使制造业、流通业与物流业融合发展，工业企业存货率从 10% 左右下降到发达国家 5% 左右的水平。工业企业流通资产周转率从 2.7 次提高到 5 次。第三，加大综合运输体系建设。提供完备的交通基础设施衔接和运行系统，为供应链管理中的运输提供在方向、方式以及模式上的不同选择。整个供应链体系中，其他相关的如仓储、流通加工等组织环节也可根据需要，采取各种相应的匹配方式和模式。相应的资金流、信息流也可根据需要进行调整，从而使得系统可按照不同的功能要求进行流程和模式的设计，推进供应链管理的灵活性和合理化发展，为整个供应链管理的功能延伸和完善奠定基础。第四，提高物流服务商的集中度，壮大第三方物流企业的服务功能，特别是一体化运作功能与高端物流服务功能。

北京理工大学索沪生教授对美国物流成本进行了研究，她认为以下四点值得我国学习。

首先，完善的多式联运系统，是支撑美国物流发展，乃至美国经济发展的重要基石。其中，发达的铁路货运系统，以全球最低的运价，成为支持美国多式联运发展和物流低成本运作的重要因素。

其次，公路运输通行费少，收费公路仅占美国公路总里程的1%左右，且收费很低，以至于在企业的运输成本中几乎可以忽略不计。相比较而言，我国公路运输企业的运输成本中，公路通行费一般要占20%~30%，这无疑是很大的成本差异。

再次，燃油价格和物流园区土地使用费相对较低。

最后，成熟的市场、规范的市场秩序，使企业交易成本降低。我国管理成本占物流总成本的比重为12%左右，美国是4%，其主要原因是我国物流市场不成熟，导致企业交易成本过高。

3. 把大力推进与发展供应链管理作为一个重大战略

2005年，美国物流管理协会更名为美国供应链管理专业协会，标志着全世界的物流已进入供应链管理时代。美国每年发布《国家供应链竞争力报告》，世界银行也发布国家之间的供应链绩效指数（LPI）报告，不少国家都把供应链战略列为国家安全战略。美国经济学家弗里德曼在《世界是平的》一书中，把全球供应链列为把世界夷为平地的十大力量之一。亚太经合组织也制订了"供应链联接行动计划"。美国凭其研发基础、金融服务、新技术产业化、合理税收与移民政策等方面的优势，加上超强的全球供应链整合能力，始终走在世界前列，美国始终把整合全球资源作为核心竞争力。

许多国家也把供应链战略作为产业发展战略的重点，即以全球地域为空间布局，打造某些优势产业的"微笑曲线"，建立从战略资源、金融资本到制造生产再到销售与服务市场的全产业链与价值链。众所周知，生产制造是产业链的末端，日本在"二战"后迅速崛起，依靠的就是全球产业供应链战略。

在互联网与物联网时代，人们开始研究与打造智慧城市，实际上，一个城市的管理是商流、物流、信息流、资金流、人流各种资源的优化组合，以实现发展模式、产业结构、空间布局、运作流程的最优化。

英国经济学家克里斯多夫早就指出，"市场上只有供应链而没有企业"，"真正的竞争不是企业与企业之间的竞争，而是供应链与供应链之间的竞争"。研究世界500强中的外国企业，无一不把全球供应链战略作为自己的核心战略，美国沃尔玛和苹果公司、韩国三星、日本丰田、德国大众等都是如此。根据美国物流咨询公司研究，一个企业如果只是简单地以第三方替代自营物流，借助第三方的规模效应和运营特点，可以节约成本5%；如果利用第三方的网络优势进行资源整合，部分改进原有物流流程可节约成本5%～10%；如果通过第三方物流根据需要对物流流程进行重组，使第三方物流延伸至企业整个供应链，可节约10%～20%的成本。

供应链战略分为国家供应链战略、产业供应链战略、城市供应链战略与企业供应链战略。在这四大战略中，企业供应链战略是基础。如果在全国推进并优化供应链管理，可以极大地改变中国经济的发展方式，改变产业发展方式，改变城市发展方式，改变企业发展方式，对中国经济从粗放经营到集约经营的转变做出不可估量的贡献。

严格地讲，供应链管理是一种模式创新，是移动互联网、物联网、大数据、云计算支撑下的模式创新，而模式创新在各种创新中对传统模式最具颠覆性和冲击力。著名经济学家吴敬琏指出："最近30年来，全球制造业、流通业、农业发生了革命性的变化，这种变化的核心内容是由于分工的高度和信息网络技术的迅猛发展，企业之间的竞争演变为供应链之间的竞争，也使许多企业从单个企业生产和销售活动的组织者演变为链条的组织者和集成者。然而直到最近，中国企业对这种发展跟进得不够，中国供应链管理方面的落后在全球金融危机以来遭遇的冲击中已经明显地表现出来。因此，发展现代物流业，把供应链管理确定为发展新的流通方式的首要任务，就变得十分紧迫。"樊纲指出："在经济全球化的今天，全球供应链战略已成为跨国公司的头号战略，优化供应链管管理已成为成功企业的重要标志。实施与不断优化供应链管理已成为中国企业的必然选择。"

推进供应链管理在工业、农业、流通业的发展中都十分重要，但突破口可以选择在工业。根据平安银行组织的《2012年中国供应链调查》，工业领域物流成本占比最高，压缩空间最大。工信部推进的工业化与信息化两化融合，应把推进供应链管理与优化供应链管理作为重点。发改委、国资委、工信部、商务部、农业部、建设部都应做出重点安排。

讲到供应链管理，不能不提及供应链金融。供应链金融是指通过分析供应链内部的交易结构，应用自偿性贸易的信贷模型，并引入核心企业、物流监管公司、资金导引工具等风险控制变量，对供应链的不同节点提供封闭的授信支持及其他结算、理财等综合金融财务。按 Demica 公司提供的数据，进入 21 世纪以来，发达国家供应链金融市场年平均成长率为 10%～30%，发展中国家为 20%～25%。供应链金融的出现，可以有效地支持一大批依附于核心企业的上下游中小企业的发展，通过供应链融资下的细化产品，这些企业无论规模大小，处于供应链的哪个环节，都可以获得便捷、低廉的资金，使供应链整体运作保持顺畅。《2012 中国供应链管理调查》发现，70% 的企业应收应付账款的平均天数为 15～90 天，35% 的企业一直处于资金紧张状态。为解决资金压力，52% 的企业采用信用借款，45% 的企业采用担保借款，37% 的企业采用供应链金融。供应链金融每年以 20% 的速度增加，今后将有 58% 的企业涉足供应链金融。但目前由于供应链社区不成熟，供应链核心企业还有很多缺陷，仍需要实体经济与金融业做出更大努力。

4. 物流业本身要转型升级，实现四大转变

中国物流业从 1978 年从日本引进物流这一概念开始经历了三个阶段，第一阶段为启动、探索、实践阶段；第二阶段为快速发展阶段。从"十二五"开始，进入了一个转型发展新阶段，要实现四大转变。

（1）从主要依靠政府推动向主要依靠市场的力量去优化配置物流资源。

中国物流业的发展路径，或者说，中国物流业的发展模式，是四句话，即"市场导向、政府推动、行业自律、企业运作"。这就是说，要处理好市场、政府、行业协会、企业四者的关系，这四者关系处理好了，就能发挥正能量，这四种关系处理不好，就会产生负能量。按照十八届三中全会提出的新目标、新要求，中国物流业必须以改革开放为动力，在创新发展中实现产业提升。

中国的物流业是市场导向型产业，因为它是一个完全开放的竞争性行业。现代物流业的发展是一种市场需求。中国 1978 年实施改革开放以来，特别是 2001 年加入 WTO 以来，物流业的快速发展本质上是市场的一种需求，市场的力量是一种根本的主要的动力，是决定性的因素。今后，中国物流业的发展要更多地依赖于通过市场去配置资源，去整合、重组，形成新的市场格局。对这一点，大家必须有一个正确的认识，要快速跟进，不要再守株待兔，但在中国物流业的发展中，政府仍起着重要作用。

由于物流业起步晚，实施政府推动是一个十分正确的选择。政府推

动主要干三件事：一是制定规划，出台政策，给物流业的发展提供一个良好的外部环境；二是建立一个高效的物流业行政管理体制，降低物流管理成本；三是培养人才，为物流业发展增强后劲。笔者认为，中国政府为推动流通业发展的确做了大量工作，有些还卓有成效，是开创性的。但问题也十分明显，一是在国务院及各省市形成了"九龙治水"的局面，没有形成合力。笔者认为，应在国家发改委或交通运输部成立一个物流发展局。二是由于物流业是一个复合型产业，涉及方方面面，协调难度大，所以要制定与实施一种督查制度，严格责任制。三是政府缺少经验，想抓而不知道如何去抓，对物流业特别是供应链管理一知半解，没有吃透，也就无从下手。总之，中国物流业的发展，政府需要进一步发挥作用。

（2）从引进、消化、吸收、发展，向具有中国特色的物流业创新发展。

从1978年从日本引进物流概念开始到现在，中国物流业的发展，已走过了30多年，我们从引进、消化吸收到积极探索，取得了很大的成绩。中国的物流业随着改革开放后中国经济的发展而发展，随着加入WTO后中国经济的加速发展而发展。但我们要回过头来看一看，认真总结一下，冷静思考一下，我们花30年时间只是做了一件事，即从发达国家引进物流的理念、模式、技术、管理经验、资金与人才，并在实际中消化吸收，快速发展了中国的物流业，所以中国的物流业大而不强。如果不从这一模式走出来，中国的物流业只能永远跟在发达国家后面。中国的物流人已清醒地看到了这一点，国务院在《物流业调整和振兴规划》中也已明确提出要改变中国物流业自身的发展方式。

中国物流业要勇敢迈入自主创新阶段。由笔者主编的《中国供应链管理蓝皮书》从2011年至2014年每年出版发行，除了理论部分，已推荐75个企业的优秀案例，它们是创新发展的典型。

十八大明确提出，中国要改变经济发展方式，实现"两个翻番"与"新四化"，必须实行创新驱动战略；十八届三中全会又进一步提出了明确要求，把创新提到了一个新的高度。其实，社会的发展、经济的发展、文化的发展都离不开创新，"不破不立"、"百花齐放、推陈出新"、"长江后浪推前浪"、"青出于蓝而胜于蓝"，讲的都是创新这个道理。从计划经济到社会主义市场经济是一种创新，从第一次产业革命到第三次产业革命是一种创新，从传统物流到供应链管理是一种创新，创新是一个国家、一个民族、一个行业、一个企业前进的永恒动力。

这里以几个国外知名企业的创新为例进行论述。

案例一：三星的"法兰克福宣言"与"三维管理"。

讲到三星离不开两个人，一个是开山鼻祖李秉哲，另一个是创业功臣李健熙。2012年三星在全球500强企业中排名第20位，年经营额超过1489亿美元。1993年，李健熙带领23位高级经理到美国洛杉矶、日本东京与德国法兰克福。他们在三个城市的电子产品货架上看到，三星产品放在偏僻的角落，并落满灰尘，价格的优势等于零。李健熙在法兰克福连开四次会议，他慷慨激昂地号召"除了老婆和孩子，一切都要改变"，李健熙的讲话后来成为"法兰克福宣言"，开启了三星"新经营运动"的序幕。"法兰克福宣言"有以下要点。

①企业的寿命不是永恒的，要勇于进行自我解剖，要有危机意识。

②企业领导人必须了解世界的变化情况，不能坐井观天。

③确立三星新的战略目标——成为世界超一流企业。

④彻底抛弃以数量为中心的经营思想，牢固树立以质量求生存、求发展的经营理念。

⑤重塑三星形象，建立符合时代精神的三星文化，重实际，拒绝形式主义。

"新经营运动"的核心是"三维管理"模式，即人才管理、变革管理与品牌管理。李健熙认为"一个天才可以养活十万人"。他们唯才是用，取消学历限制，按能力区分人才，凭业绩回报人才；他们不惜重金，建立在职人员培训体系。李健熙认为"改变才能生存"，他果断改变家族管理与等级管理模式，打造电子、机械、化工、金融四大核心业务，非核心业务全部外包。李健熙提出打造品牌要"先见、先手、先制、先声"，把产品区分为"种子"、"苗圃"、"果树"与"枯树"，并采取不同对策，不断打造世界一流品牌。

案例二：微软的"微笑曲线"。

2006年4月18日，时任中国国家主席胡锦涛访问了微软总部，下午，又出席了比尔·盖茨在家中设的晚宴。胡锦涛去微软，体现了中国领导人对知识的尊重，对敢于创新的企业家的尊重。比尔·盖茨的一个最大创新就是创造了一种经营模式，即狠抓微笑曲线的两头——研发与市场，生产过程全部外包。比尔·盖茨组建了强大的研发团体，要求研发团队超越自我、超越对手，连续不断地创新，使软件技术处于世界前列。比尔·盖茨同样懂得市场的重要性，他提出要让顾客愿意为购买软件产品掏腰包，所以必须让在市场出售的产品更轻松、更经济、更有效、更有趣味。

案例三：可口可乐、麦当劳靠营销品牌、营销服务赢得世界。

根据一项全球调查，20世纪全球最流行的三个词是"上帝"、"她"与"可口可乐"。可口可乐99.6%是碳酸、糖浆与水，但全球每天消费10亿瓶。不管是发达国家、发展中国家还是贫困国家，不管是繁荣的城市还是偏僻的农村，到处都有可口可乐的身影。麦当劳是一种西式快餐，不少人认为是一种垃圾食品，但全世界每天有4600万人进店消费，一年营业收入达270亿美元。

这两种产品没有多少科技含量，是靠营销品牌与营销服务赢得世界。可口可乐广告费年均6亿美元，并成功与奥运会共舞。可口可乐公司把可口可乐融入不同的文化元素，如美洲代表"自由、自我与解放"，欧洲代表"爱情与幸福"，亚洲代表"快乐无限"。在营销服务上，可口可乐通过不同包装满足不同顾客需求，并做到无处不在。

麦当劳的创新在于：①主打汉堡包，工厂化生产；②自助式用餐，快速优质服务；③全球连锁，统一标准；④吸引儿童，发放玩具。

案例四：UPS与FedEx的以人为本。

国际航空快递是一种劳动密集与资本密集型产业，UPS在全球有31万名员工，每天处理包裹790万件，涉及全球220个国家与地区。FedEx全球有25万名员工，每天处理包裹500万件，涉及全球235个国家与地区。要管理分散在全球的员工，处理分散在全球的包裹，及时送达到世界每个角落，两大公司各有高招，有许多创新，但有一个共同点，即以人为本的团队管理。例如，UPS把培养一支价值观相同、业务多元、技术精准、以客户为中心的团队作为首要任务。FedEx提出"P-S-P"的价值理念，来打造一支高绩效团队。所谓"P-S-P"，即"员工-服务-利润"模式，把员工利益、员工成长放在第一位，再由员工为客户提供优质服务，最后的目的是使企业获得利润，得到发展。联邦快递600多架飞机是以优秀员工的子女的名字命名的。这让笔者想起中国的两个案例，一个是浙江传化集团的"幸福员工，成就客户，发展企业"的文化理念，另一个是火锅店海底捞的"以人为本"，把员工当成上帝（顾客）的文化理念，都取得了巨大的成功。

（3）从为工业、农业、流通业、建筑业提供物流服务向与产业融合发展，实现供应链集成。

欧美许多物流专家经过多年的研究，有了两项突破，一项是把制造业供应链管理分成五大流程，组成供应链管理标准模型，即计划、资源、制造、交付、回收，再加一个执行，作为前五个流程的支持流程系统。另一项是设计了供应链绩效模型。根据美国著名咨询公司埃森哲的研究，实施供应链管理：①将运输成本降低 5% ~ 15%，将整个供应链的运作费用降低 10% ~ 25%。②提高生产效率与资产运营等企业综合绩效。③缩短企业订单处理周期 35%。④整个库存下降 10% ~ 30%。⑤缩短现金循环周期 20% 左右。⑥改善服务标准，提高客户满意度。

根据中国物流信息中心提供的数据，2012 年我国工业企业物流费用率为 9.2%，而日本为 4.9%；我国工业企业的存货率为 9.44%，发达国家为 5%；我国工业企业年流动资产周转为 2.7 次，德国、日本为 9 ~ 10 次。对中国来讲，如何降低物流费用率，仍然是一个值得思考的问题。

供应链协同管理不完善是影响供应链管理整体营运水平的重要因素。所谓协同供应链是指供应链上的所有成员为了一个共同的目标，在采购、生产、销售、物流、研发、金融等方面实现协同管理。由于客户需求的不确定性、市场的波动，供应链各环节的成员在做采购、生产决策之前都需要对需求进行预测，不准确的预测将会导致库存增加、缺货严重以及客户满意度下降。所以，核心企业一般会与上下游企业分享包括预测、订单、库存在内的信息，提高预测的准确性，同时与上下游企业进行协同计划和补货。《2012 中国供应链管理调查》发现，85% 的企业进行了生产预测，1/3 的企业进行了协同计划和补货。企业的下游客户一般是通过正式订单、招标方式与企业确定供货关系，在零售、电子、医药等行业一般采用预测下单。企业接到下游客户订单后的响应时间（即从客户下订单到把产品、服务交付给客户的时间间隔）已成为衡量供应链竞争力的核心指标。调查发现，48% 的企业一周内可以安排生产，35% 的企业为 15 天以内，30 天以上的只占 2%；对订单的响应速度（包括备料、生产、发货等环节），50% 的企业在一个月内完成，30% 的企业在两个月内完成。

（4）物流业改变自身的发展方式，向以信息化和供应链管理为核心的现代物流业发展。

2013 年以来，习近平、李克强等领导人对物流业的发展都提出了明确要求。笔者认为要注意三个重点。一是要加速物流企业的兼并重组。物流市场的细分很重要，但到了一定阶段，一定要形成行业领军企业，达到一定的集中度。到 2014 年 2 月，全国有 A 级物流企业 2644 家，还是太少，争取到 2020 年达到一万家。2013 年世界 500 强企业中，中国（含台港）有 95 家，但无一家真正的物流企业，与物流相关的企业有 10 家，如中国五矿、中远、天津物资、浙江物产、山西煤销等。这几年，国有、外资、民营物流都在加快兼并重组。

二是一定要重视信息化的推进，特别是电子商务对物流业的冲击力与带动力。对物联网、云计算、大数据要高度敏感，离开了移动互联网、物联网、云计算、大数据，谈不上"智慧物流"，所以，信息技术的研发与运用是最关键的。《物流业调整和振兴规划》中，专门列了"物流科技攻关工程"和"物流公共信息平台工程"，提出要发展无线射频识别（RFID）、电子数据交换（EDI）、全球定位系统（GNSS）、地球信息系统（GIS）、智能交通系统（ITS）等技术，大力推进物流信息化与智能化建设。2012 年 2 月，工业和信息化部发布了《物联网"十二五"发展规划》，2013 年 2 月 17 日国务院办公厅发布了《关于推进物联网有序健康发展的指导意见》，明确要建立健全部门、行业、区域、军地之间的物联网发展统筹协调机制，这就为"智慧物流"的发展夯实了基础。2013 年 8 月 14 日，国务院又发布了《关于促进信息消费扩大内需的若干意见》，进一步明确了信息技术研发、信息产品消费，特别是完善"智慧物流"基础设施，加快实施"智慧物流"工程的要求。

三是要在城市配送上下功夫。城市配送水平是物流综合实力的重要标志。城市配送一般配送的是日用消费品，特别是农产品、食品的配送，这当然是主体，是为老百姓消费服务的，但实际上，城市配送还有另一半，即工业的实物配送，前提是物流服务商的实物配送，建立工业超市。在城市人口增加、车辆拥挤的情况下，城市配送成为国际性的一个难题，欧盟推出的城市配送 citylog 项目、日本的城市共同配送以及一些国家研发城市地下物流配送都是一种积极探索。

四是着力打造物流企业文化。2011 年中央做出了关于加强文化建设的决定，要进一步确立全民族的核心价值观，习近平同志提出，要实现中华民族伟大复兴的中国梦，十八届三中全会又提出了建设社会主义文化强国的号召，更把文化建设提到一个新高度。国家之间、民族之间、企业之间有各种实力的较量，但根本的是文化力的较量。如果一个国家、一个民族、一个企业连共同的价值取向都没有，那就不可能成为一个强大的国家、强大的民族、强大的企业。

什么是企业文化？企业文化是一个企业向公众竖起的一面旗帜，企业文化往往是一个企业的灵魂、价值观取向和精神支柱，企业文化是现代企业管理制度和哲学理念的融合、创新和飞跃。一个优秀的企业必须拥有优秀的文化，谁拥有文化优势，谁就拥有竞争优势。企业文化已成为企业的核心竞争力，是企业生生不息的源泉。

中国文化底蕴非常深厚，历史上的儒家文化、道家文化、佛教文化，提倡敬业爱国、义利两全、诚实守信、克勤克俭、厚德载物、社会和谐，都是企业文化的宝贵营养。新中国成立以来，企业中形成的"三老四严"、"铁人精神"、"两参一改三结合"等也成为企业文化的重要精华。改革开放以来，随着社会主义市场经济的发展，中国经济同世界经济的接轨以及国内外环境的变化，企业文化加速发展，内涵更丰富多彩。

物流企业虽起步较晚，但已到了提出建设物流文化的时候了，企业文化成为物流企业必不可少的核心竞争力。

中国企业特别是物流企业应该有什么样的企业文化，其精髓是什么？笔者认为可以归纳为三部分，即社会责任、以人为本与改革创新。

社会责任。提高企业的经营业绩，引导企业经营方向，把企业经济利益与社会利益紧密结合，与上下游企业合作共赢，为社会就业、和谐社会做出贡献，这是企业义不容辞的社会责任。华为董事长任正非说过："我天天思考的都是失败，对成功视而不见，也没有什么荣誉感、自豪感，有的只是危机感。"这是一种非常强烈的社会责任意识。

以人为本。企业是员工的集合，企业的行为是员工活动的集成，这一特点体现了企业必须人格化、人性化的本质。如何尊重员工、关心员工、鼓励员工、规范员工行为，发扬团队精神、进取精神，已成为十分重要的企业文化。阿里巴巴董事长马云说过："我们必须学会尊重和理解别人，很多时候发现我们缺的不是钙，而是爱。"上海有个物流企业叫德邦，全国有一万多职工，大多是农民出身，公司每月从联工工资中扣下 100 元，公司再补贴 100 元，共 200 元，每月寄给他们在农村的父母。另外，公司每年都组织到海南岛、云南等地举行集体婚礼，是名副其实的"家文化"。

改革创新。中国企业成长在从计划经济向市场经济的转轨期，发展在全球经济一体化推进期与中国实现新四化的关键期，这一时期充满着环境的变化与竞争的加剧，企业在复杂多变的环境中必须建立一种自己的文化，适应深化改革与不断创新的需要。改革创新是许多企业提出的共同理念，反映了一种潮流。因为改革是企业发展的动力，创新是企业发展的根本。

5. 把物流人才战略放在首位

《国家中长期人才发展规划纲要》（2010～2020 年）（以下简称《规划》）明确提出了"中国人才强国战略"，指出"人才是指具有一定的专业知识或专门技能，进行创新性劳动并对社会做出贡献的人，是人力资源中能力和素质较高的劳动者。人才是我国经济社会发展的第一资源"。《规划》把人才分为五类，一是党政人才队伍，二是企业经营管理人才队伍，三是专业技术人才队伍，四是高技能人才队伍，五是农村实用人才队伍。在企业经营管理人才队伍中，提出"以战略企业家和职业经理人为重点，加快推进企业经营管理人才职业化、市场化、专业化和国际化，培养造就一大批具有全球战略眼光、市场开拓精神、管理创新能力和社会责任感的优秀企业家和一支高水平的企业经营管理人才队伍"。到 2015 年，企业经营管理人才总量达到 3500 万人，到 2020 年，企业经营管理人才总量达到4200 万人，培养造就 100 名左右能够引领中国企业跻身世界 500 强的战略企业家。

《规划》对企业经营管理人才提出了两个概念，一是战略企业家，二是职业经理人，并且要实施"四化"，即职业化、市场化、专业化与国际化。长期以来，企业的经营管理人员等同于政府的党政干部，实行任命制，是典型的官本位，乌纱帽掌握在上级手上，企业经营管理人才的能力在市场上不能自由买卖。改革开放以来，由于人力资本市场的出现，这种情况已经有所改变，中央文件中明确提出两类人要职业化、市场化，这是国家人才政策的重大转变，对大学教育也将产生重大影响。据中国企业家调查系统统计，1993 年，85.8% 的企业经营管理人员任职的方式是"主管部门任命"，仅有 3.8% 是"董事会任命"，到 2012 年，董事会任命提高到

80%以上。

企业家与职业经理人在理论上是不一样的，但在实际中又是模糊的，特别是中国。2011年11月1日正式实施的中华人民共和国国家标准《职业经理人相关术语》中，对企业家与职业经理人，做了如下定义："企业家是一种社会认可的荣誉称号。一般是指由企业出资人或企业出资人代表产生的杰出的创业者，他们是对企业设立和战略发展起决定性作用的经营管理人才，在企业中一般处于雇主地位。""职业经理人是受雇于企业、担任不同层级的领导和管理职务，承担相应的义务和责任，从事经营管理活动，以此为职业的人才。"

从以上定义，我们可以看到，企业家有两个基本的特征，一是出资人中的杰出创业者，并对企业的设立与战略发展起决定性作用；二是得到社会公认。而职业经理人只是董事会雇用的中高级管理人员，并且在社会上以此为职业，他们是凭能力、凭业绩吃饭的人，他们是企业的"保姆"，用他们的能力，使企业发展，提高竞争力，并获取利润。中国的大学，凡属管理学科的，培养的方向应是职业经理人。

回顾从英国工业革命开始的全世界企业发展史，在不同的阶段，企业家与职业经理人起着不同的作用。纵观企业管理的全部历史，可以大致划分为经验管理、科学管理与文化管理三个阶段，从而实现企业所有权与经营权分离以及从对物的管理到对人的管理的两次飞跃。18世纪40年代以前，所有企业基本上都是企业主管理，所有权与经营权一体化。1841年10月15日，美国马萨诸塞州的铁路发生一起两列客车迎头相撞事故，社会公众反响强烈，认为铁路企业主没有能力管理好企业，在州议会的推动下，对企业管理制度进行改革，选择有能力的人来担任企业的管理者，世界上诞生了第一位职业经理人。

以美国为代表的全球职业经理人制度大致经历了三个阶段。第一阶段（1841～1925年），从业主经营逐步转为聘用经理人经营，形成了近代公司制占主导的格局。第二阶段（1925～1960年），80%以上的企业聘用职业经理人，职业经理层形成，近代公司制度向现代企业制度过渡。第三阶段（1960年至今），随着信息化时代的推进，供应链管理时代的到来，企业文化在管理中地位提升，对职业经理人的要求越来越高，职业经理制度出现新的演变，逐步走向成熟。

人们在关注《财富》杂志公布的世界500强企业的同时，更关注这些企业的 CEO，即职业经理人。苹果的史蒂夫·乔布斯以他的智慧和能力，创造了平板电脑的一个时代。日本丰田的大野耐一，美国通用汽车的理查德·瓦格纳，日本三井的上岛重二，美国宝洁的德克·雅格，戴尔电脑的迈克尔·戴尔，高盛的鲍伯·罗宾，西门子的冯比尔，美国通用电器的杰克·韦尔奇，三星的李健熙，微软的比尔·盖茨等，都是杰出代表。

企业的成功，在很多情况下取决于企业家与职业经理人的水平。上海交通大学吴晓波教授出版了一本书叫《大败局》，非常有名。他剖析了九个企业从生到死的失败教训。失败的主要原因是，企业家缺乏三大基因，一是普遍缺乏道德感和人文关怀意识，二是普遍缺乏对规律和秩序的尊重，三是普遍缺乏系统的职业精神。他还认为成长中的中国企业家和职业经理人，在个人素质上存在四个问题，一是重于进攻，疏于防守；二是在领导方法上一般都属于强制型（家长式）、辅导型（父爱、母爱）、领导型（亲力亲为），而缺少民主型和愿景型；三是面向国内外市场的创新不足，缺乏品牌、技术创新能力；四是成就动机非常强烈，欲望过大，容易产生冒进、草率决策。

2007 年，中国企业家调查系统对企业家追求的目标进行调查，排名前八位的是：①追求卓越企业；②增加员工收入；③回报服务社会；④重视股东利润；⑤美满幸福家庭；⑥个人财富积累；⑦享受生活；⑧社会地位。这的确反映了当前中国企业家与职业经理人的现实。

企业家与职业经理，要具备什么能力呢？美国企业管理大师史考特·帕瑞博士提出了 MAP 管理才能评价指标体系，共 12 项基础能力，归纳为四大类，即工作能力、认知能力、沟通能力与领导能力。2007 年，中国企业家调查系统对企业家能力进行调查，排在前列的是：决策能力、行业与专业知识、个人品德威望、识人用人能力、社会责任感、预见能力、沟通能力。国资委职业经理研究中心提出，职业经理人必须具备九大能力，即领导能力、政策能力、沟通能力、文化魅力、危机管理能力、制定竞争战略能力、运用人力资本能力、融资理财能力、制定营销方略的能力。这些能力的培养要从学校开始，在工作岗位上逐步积累。

张瑞敏、柳传志、王石、马云、王健林、鲁冠球、张朝阳、牛根生、李彦宏、任正非等知名企业家，都是在不同阶段成长起来的成功企业家，但他们都具有一个共同点，即具有冒险精神、创新精神、敬业精神、合作

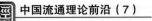

精神、宽容精神与英雄主义精神，这就是一个成功企业家的精气神，物流企业家应当向他们学习。

参考文献

［1］《中国物流信息中心研究报告》，中国物流信息中心课题，2013。

［2］中国物流与采购联合会：《中国物流年鉴》，中国物资出版社，2013。

我国商贸流通业"走出去"的现状、问题与对策[*]

祝合良[**]

摘　要　加快实施我国商贸流通业"走出去"战略,对于促进内外贸一体化和内需与外需协调发展以及提升中华文化国际影响力具有重要意义。由于多种因素的影响,至今我国商贸流通业"走出去"的状况不尽如人意。从国内外经验来看,商贸流通企业"走出去"必须具备一定的条件和面临一定的风险,可以根据自身的条件选择不同模式和路径。我国商贸流通业要加快实施"走出去"战略,必须内外兼收,齐头并进。从内部因素来讲,必须充分发挥我国商贸流通企业自身的主导作用;从外部因素来讲,就是要完善政府支撑体系,为商贸流通企业"走出去"提供便利。

关键词　商贸流通业　走出去

一　研究的背景与意义

改革开放以来,中国经济发展取得了举世瞩目的成就。中国的经济总量和对外贸易总额均已位居世界第二。但是在这巨大成就的背后,从开放经济的角度来讲,主要存在着三大失衡。一是内需与外需失衡。长期以来过分依

---

*　本文是国家社科基金项目"加快我国商贸流通业知名品牌建设的对策研究"(批准号10BJY084)和2012年商务部委托项目"我国商贸流通业'走出去'战略研究"的部分研究成果。

**　祝合良,首都经济贸易大学教授,博士生与博士后导师,科研处处长,中国流通研究中心主任。

赖于外需，而忽视内需。二是进口与出口失衡。长期以来过分强调出口，而忽视进口，尤其是消费品进口。三是内贸与外贸失衡。长期以来过分强调外贸，而忽视内贸。而要解决这三大失衡和实现中国经济由大变强，必须进一步提高对外开放水平，大力实施"走出去"战略。其中之一就是必须加快实施中国商贸流通业"走出去"战略，促进内外贸一体化和内需与外需协调发展。此外，大力实施我国商贸流通业"走出去"的战略，还具有这样几个方面的意义：一是顺应了商贸流通业经营国际化的趋势；二是可以提升我国商贸流通业的国际竞争力；三是可以提升中华文化的国际影响力。

二　我国商贸流通业"走出去"的现状

从 2004 年《中国对外直接投资统计公报》中发布的行业分析来看，目前我国商贸流通业[①]"走出去"呈现以下特点。

（一）从对外直接投资流量和存量增长状况来看，我国商贸流通业"走出去"呈现稳步发展的态势

自 2000 年以来，在国家提倡"走出去"战略的推动下，我国流通企业开始了国际化的征程。从《中国对外直接投资统计公报》2004 年起发布行业对外直接数据来看，我国商贸流通业对外直接投资流量从 2004 年末的8.0 亿美元增加到 2011 年末的 104.4 亿美元，年均增长 44.3%；对外直接投资存量从 2004 年末的 78.6 亿美元增加到 2011 年末的 497.0 亿美元，年均增长 30.1%。由此可见，我国商贸流通业对外直接投资流量与存量均呈现稳步增长的态势（见表1）。

表1　2004～2011 年各年末中国商贸流通业对外直接投资流量与存量状况

单位：万美元

年份 类别	2004	2005	2006	2007	2008	2009	2010	2011
流　量	80172	226770	111642	661373	654363	621062	694698	1044105
存　量	786408	1146431	1301638	2035355	2999535	3593828	4245631	4969749

---

① 《中国对外直接投资统计公报》发布的行业数据，涉及商贸流通业的只包括批发和零售业、住宿与餐饮业两大类，因此，本文所指的商贸流通业仅限于这两大类。

（二）从空间分布上来看，我国商贸流通业"走出去"主要集中在中国香港和东盟地区，其他国家和地区很少

从《2011 年中国对外直接投资统计公报》分析来看，截至 2011 年末，我国商贸流通业对外直接投资流量为 104.4 亿美元，占当年我国对外投资流量总额 746.5 亿美元的 14.0%；对外直接投资存量为 497.0 亿美元，占当年我国对外直接投资存量总额 4247.8 亿美元的 11.7%。其中，我国商贸流通业对外直接投资流量中，对我国香港地区、东盟、美国、欧盟、俄罗斯和澳大利亚的投资分别为 88.3 亿美元、7.5 亿美元、2.6 亿美元、1.3 亿美元、0.80 亿美元和 0.70 亿美元，分别占我国商贸流通业对外直接投资流量的 84.6%、7.2%、2.5%、1.2%、0.8% 和 0.7%；我国商贸流通业对外直接投资存量中，对我国香港地区、东盟、美国、欧盟、俄罗斯和澳大利亚的投资分别为 410.7 亿美元、27.2 亿美元、13.8 亿美元、9.2 亿美元、4.4 亿美元和 2.7 亿美元，分别占我国商贸流通业对外直接投资存量的 83.7%、5.5%、2.8%、1.9%、0.9% 和 0.6%。由此可见，我国商贸流通业对外直接投资，无论是从流量还是从存量来看，主要集中在中国香港和东盟地区，其他国家和地区很少（见表 2）。

表 2 2011 年末我国境外商贸流通业对外直接投资的国家（地区）分布

国家（地区）	2011 年末流量		2011 年末存量	
	金额（亿美元）	比重（%）	金额（亿美元）	比重（%）
中国香港	88.3	84.6	410.7	83.7
东　　盟	7.5	7.2	27.2	5.5
美　　国	2.6	2.5	13.8	2.8
欧　　盟	1.3	1.2	9.2	1.9
俄 罗 斯	0.8	0.8	4.4	0.9
澳大利亚	0.7	0.7	2.7	0.6
合　　计	101.2	97	468.0	95.4

资料来源：根据《2011 年中国对外直接投资统计公报》整理。

（三）从对外投资主体来看，商贸流通企业已经成为中国企业"走出去"的重要组成部分

从《2011 年中国对外直接投资统计公报》分析来看，在 2011 年全国

13462 家对外投资主体中，制造业为 5749 家，占 42.7%；批发与零售业为 3085 家，占 22.9%。与此同时，在境外设立的 17950 家企业中，制造业在海外投资的厂家为 5520 家，占 30.8%；批发与零售业在海外投资的商家为 4550 家，占 25.3%。商贸流通企业"走出去"的数量仅次于制造企业，位居第二，已经成为中国企业"走出去"的重要组成部分。

（四）从经营方式来看，海外经营的零售业态较为单一

自 1999 年 8 月，天客隆在莫斯科开设我国第一家境外超市以来，目前我国商贸流通企业在海外经营的零售业态有超市、百货、购物中心和专卖店等。2001 年 1 月，温州康奈鞋业在巴黎开设第一家专卖店，开始了探索国内品牌商品国际化专卖店连锁经营之路。2004 年 5 月，上海新天地在日本大阪开设了第一家购物中心，开始了我国购物中心国际化征程。2005 年末，北京华联集团以 200 万新币（约 2000 万元）收购新加坡西友百货（Seiyu），开始了我国商贸流通企业海外并购扩张征程。与当今世界零售业态多样化相比，目前我国商贸流通企业在海外经营的零售业态还较为单一。相对而言，批发市场在海外发展比较快。目前我国批发市场已经遍布全球主要国家，海外批发市场数量达 200 多家。其中比较有影响力的有南非的中华门商业中心、迪拜的中国日用商品城、俄罗斯的中国皮革城、泰国的中国商品城、越南的中国商贸城等。海外批发市场较好地体现了商贸流通企业"走出去"中商品输出和资本输出的有机结合。但由于海外批发市场与海外市场需求不太契合，且竞争优势多体现于商品的低价位，品牌、服务、管理等代表商贸流通业先进性的特征难以体现，因此海外批发市场还没能很好地融入当地社会中。

三　我国商贸流通业"走出去"存在的主要问题

目前我国商贸流通业"走出去"存在的主要问题有以下几个方面。

（一）国际化水平偏低

与发达国家相比，我国商贸流通企业国际化水平较低。主要表现在两个方面。一是开展国际化经营的商贸流通企业偏少。尽管我国商贸流通企业已经成为中国企业"走出去"的重要组成部分，但是与国内众多的商贸

流通企业相比，"走出去"的商贸流通企业实在太少；二是开展国际化经营的商贸流通企业海外销售额占销售总额的比重偏低，平均跨国经营国家数偏少。德勤事务所《全球零售力 2012》报告显示，2010 年，全球零售企业 250 强海外销售额占销售总额的比重平均为 23.4%，平均跨国经营国家数达 8.2 个。而包括我国在内的亚太地区大型零售企业海外销售额占销售总额的比重只有 10.4%，平均跨国经营国家数为 3.3 个，远远低于国际平均水平。具体情况如表 3 所示。

表 3　2010 年全球零售企业 250 强分地区跨国经营情况

地　区	企业数（家）	平均销售额（百万美元）	国外销售额占比（%）	跨国经营国家数（个）
250 强	250	15765	23.4	8.2
非洲/中东	8	5713	15.0	9.8
亚太	53	10527	10.4	3.3
日本	38	9090	6.7	2.6
欧洲	88	17302	38.9	14.9
法国	13	28721	44.6	30.3
德国	19	22969	42.6	13.6
英国	15	17065	24.1	16.6
拉美	10	7107	19.3	2.1
北美	91	19165	14.3	7.0
美国	81	20266	14.3	7.6

资料来源：Deloitte, *Global Powers of Retailing 2012*。

（二）国际竞争力不足

1. 商贸流通企业规模较小

流通企业规模普遍较小，国内企业的商品和服务很难打入国际市场。尽管近年来我国商贸流通企业实现了高速发展，百联集团、国美电器、苏宁电器、大连大商集团、农工商超市集团已入选 2010 年全球零售企业 250 强，但我国流通企业在销售额、经营业态、门店数量等方面与国际大型流通企业存在较大差距（见表 4）。较小的商贸流通企业难以实现资源的高效整合和规模经济经营，很难有效地"走出去"。

表4　2010年全球零售250强入选的5家中国零售企业与前5强零售企业比较

排序	企业名称	总部所在地	主要业态	销售额（百万美元）	跨国经营国家数（个）
1	沃尔玛	美国	大型综合超市/购物中心/超市	418952	16
2	家乐福	法国	大型综合超市/购物中心/超市	119642	33
3	特易购	英国	大型综合超市/购物中心/超市	92171	13
4	麦德龙	德国	现购自运商店/仓储式会员店	88931	33
5	克罗格	美国	超市	82189	1
66	百联集团	中国	超市	13344	1
75	国美电器	中国	电器专卖店	12042	2
84	苏宁电器	中国	电器专卖店	11170	3
141	大连大商集团	中国	百货店	6613	1
220	农工商超市集团	中国	大型综合超市/购物中心/超市	3684	1

资料来源：Deloitte，*Global Powers of Retailing 2012*。

2. 经营管理落后

国际化发展对商贸流通企业的经营管理提出了更高的要求，但与从事跨国经营的国外流通企业相比，我国商贸流通企业不仅规模偏小，更为重要的是经营管理落后。主要表现在：缺乏国际化的经营理念，管理上容易忽视国际环境的特点，经营机制也与当地市场情况以及国家惯例相脱节。

3. 技术水平低

商贸流通企业技术水平较低，导致服务成本较低、服务能力低下，难以融入国际市场。随着现代科技的发展和应用，技术在流通企业发挥着越来越重要的作用。但总体上看，我国商贸流通企业的技术水平还非常低，主要表现在：信息化程度不高，包括信息化管理水平低，电子虚拟商品流通水平较低，电子商务的核心技术和知识产权大多为国外掌握，网络设备关键部件和软件开发的基础平台为国外控制，在网络技术、网络管理、技术标准、通信速度、安全保密条件等方面与国外先进技术差距较大等。

4. 知名品牌缺乏

拥有国际知名品牌的企业十分有限，我国流通企业的品牌优势很难与发达国家相抗衡。发展品牌是"走出去"的重要条件之一，特别是流通企业的连锁经营，更需要品牌先行。我国流通企业自主品牌大多为区域性品牌，全国性品牌较少，在国际上有影响力的知名品牌更少。2000 年至今，在由英国 Interbrand 公司和美国《商业周刊》发布的年度《全球最具价值100 品牌》当中，我国还没有一家企业名列其中。长期以来，我国商贸流通企业普遍缺乏品牌意识，往往把销售和利润目标放在首位，忽视了商业信誉和良好客户关系的维护，对品牌的创建和维护投入不足，导致拥有国际知名品牌的流通企业较少。

（三）缺少外部支持

1. 缺乏资金支持

商贸流通企业从小到大、从国内到国外的发展需要巨额资金投入。然而，目前我国金融市场体系很不健全，对于商贸流通企业而言，融资结构相对单一，大多依靠银行贷款这一融资手段，缺乏灵活多样的融资渠道、工具和手段。由于企业自身规模较小，商贸流通企业很难通过固定资产抵押的方式获得融资，借贷融资又将导致企业资本负债率过高。

2. 缺乏政策支持

商贸流通企业"走出去"需要得到体制、机制上的保障和相应的政策支持。尽管近年来我国政府逐渐开始重视投资保险、融资税收、外汇信贷等相关政策的制定，但是与商贸流通企业对外投资的实践要求相比，现有政策体系中的服务支持体系、管理体制和保障性制度等依然相对滞后，难以满足流通企业国际化经营的需要。

四 商贸流通企业"走出去"的条件与面临的风险

（一）商贸流通企业"走出去"的条件

1. 服务的先进性

商贸流通企业的本质是服务，所以商贸流通企业"走出去"首先要求服务的先进性。这就要求从事跨国经营的商贸流通企业的经营场所不仅仅要具备商品销售功能，更要具备文化功能和服务功能，使消费者在购物时不仅能买到满意的商品，而且能得到优质完善的服务。

2. 管理的先进性

商贸流通企业"走出去"一定要有先进的管理理念和管理制度及手段。具体而言，不仅要拥有国际化的经营理念，而且要拥有一套完整的和特色的管理制度、经营理念。只有具备管理上的先进性，才能从更深层次和更广领域进一步拓展，增强企业开拓国际市场的能力，为成功实施国际化战略提供基础和前提。

3. 技术的先进性

现代商贸流通企业要开展国际化经营，必须要有先进的技术做支持。随着现代技术的发展和应用，现代商贸流通企业已经成为知识密集型、技术密集型产业，技术成为现代商贸流通企业发展的重要基础。以流通信息技术、仓储运输技术、流通标准化技术为核心的现代流通技术，彻底改变了传统商贸流通企业依靠人力简单劳动的运作模式，使得商品流通的全过程都可依赖现代技术来实现，因而大大提高了服务效率，降低了服务成本。

4. 低成本、高效率

商贸流通企业"走出去"一定要在降低成本、提高效率方面大有作为。高成本、低效率意味着商品的最终零售价格高，无疑会对商贸流通企业开拓国际市场产生抑制作用。在自身没有形成差异化竞争优势，而消费者又对价格因素比较敏感的条件下，商贸流通企业只有通过多种途径提高效率，降低商品成本，进而降低销售价格，才能对消费者更具吸引力。

5. 强品牌

随着市场竞争的加剧，商贸流通企业之间的竞争已经由传统的产品、价格竞争上升到品牌竞争，从而对商贸流通企业的品牌提出了更高的要求。特别是商贸流通企业的连锁经营，更需要品牌做支撑。连锁经营从表面上看是通过规模经营降低成本，提高竞争力，实质上连锁经营的发展最终依靠的是企业品牌的发展，这也是加盟连锁形式在连锁经营中发展最快的主要原因。目前，世界上最大的零售连锁企业日本7·11便利店，在全球17个国家和地区拥有46000多个店铺，其中96%左右是特许加盟店，只有4%左右是自己的直营店。日本7·11便利店之所以有这么大的吸引力，就在于它拥有多年积累起来的品牌资产。并且，随着消费水平的提高，消费者的品牌意识不断增强，越来越多的消费者开始注重并选择品牌。因此，流通企业要想"走出去"并做大做强，提升国际竞争力，必须重视品牌建设，塑造自己的强势品牌。

6. 提高东道国消费者的福利

商贸流通企业"走出去"最终要融入当地社会，得到东道国消费者的喜爱，一定要增进东道国消费者的福利。只有以优质多样的商品、完善周到的服务、经济实惠的价格，满足广大消费者的需求，迎合消费者的喜好，进而增进消费者福利和社会整体福利，才能真正融入当地市场。

（二）商贸流通业"走出去"面临的风险

1. 市场风险

市场风险主要是指对商贸流通企业国际化经营方式产生影响的市场因素，包括社会经济结构、经济发展水平、经济体制和宏观经济政策等因素。对于东道国而言，其外汇管制、价格管制、关税和非关税壁垒、经济发展水平、市场垄断程度等因素都可能对商贸流通企业的国际化经营带来巨大的市场风险。商贸流通企业要"走出去"，实施国际化经营，就必须通过各种途径搜集和掌握各国在市场环境上的差异，为其分析顾客需求、及时调整经营战略提供依据。

2. 文化冲突

商贸流通企业要跨国发展，除必须了解东道国的市场及其运作规则外，还必须了解其社会文化因素，因为企业的经营决策最终要受到社会文化因素的影响。商贸流通企业"走出去"，如果不充分考虑东道国的社会文化因素，造成与东道国的文化相冲突，出现东道国的抵制、排外等行为，将导致跨国经营困难重重。

3. 经营风险

企业经营管理和技术水平的落后也给其跨国经营带来巨大的风险。商贸流通企业的经营理念、经营业态、管理系统、后勤保障等是成功实施跨国经营的基础和前提。如果商贸流通企业缺乏清晰的经营理念，营销、服务、信息系统、财务管理落后，物流配送体系、运输网络体系、采购体系不完善，对先进技术的应用不及时，就会大大限制其开拓国际市场的步伐。

4. 政治风险

政治风险主要是指东道国政局不稳定、宗教民族矛盾、政府效率低下、法制不健全等因素造成的风险。商贸流通企业在全球范围内进行经营活动，必须要考虑国际经营环境中的各种不确定因素，尤其是法律政策因素。由于经济发展水平和政治体制等的不同，各国的法律和政策也不尽相同，甚至有些国家的法律政策过于苛刻，会在一定程度上限制国外商贸流通企业的跨国经营。

五　商贸流通企业"走出去"的模式和路径

（一）商贸流通企业"走出去"的模式

1. 先易后难模式

即商贸流通企业先进入经济发展水平相当、空间邻近、文化相似的国际市场，在积累一定的国际化经验和优势后，再进入经济、地理、文化差异较大的其他国际市场。这种"走出去"的模式与商贸流通企业相对保守的"走出去"战略相适应。它可以有效降低由市场风险、文化冲突等带来的风险。一般而言，商贸流通企业"走出去"初期常常采用这种模式。

2. 先难后易模式

即商贸流通企业先进入经济与文化发展水平相差较大的国际市场，然后进入经济水平相当、文化相似的其他国际市场。这种"走出去"模式与商贸流通企业相对大胆的"走出去"战略相适应。采取这种"走出去"的模式面临一定的风险，因为首先选择难度较大的国际市场，会由于市场风险、经营风险、文化冲突等，给跨国经营造成较大的限制。因而，采取这种"走出去"模式的流通企业在其"走出去"过程中，往往已经具有较强的竞争优势和较为丰富的国际化经验。商贸流通企业"走出去"的后期通常会采用这种模式。

3. 混合模式

这种模式是介于以上两种模式之间。即商贸流通企业在"走出去"初期，既在经济、文化发展水平相当和空间临近的国际市场进行扩张，又在经济、文化发展水平差异较大和空间位置相对较远的国际市场进行扩张。采取这种"走出去"模式的商贸流通企业由于在不同的市场具有不同的进入优势和进入风险，往往采取不同的进入模式。

从实际情况来看，无论是国内还是国外，大多数商贸流通企业通常采用先易后难的发展模式，以减少"走出去"的风险。

例如，世界零售巨头沃尔玛，其国际化经营最初选择进入地理位置邻近且文化差异较小的墨西哥、加拿大，然后进入地理位置较远的阿根廷和巴西，再进入地理位置更远且文化差异更大的亚洲市场，如中国、菲律宾、印度尼西亚等，最后才选择进入地理位置远、市场竞争激烈、政府限制较多的欧洲市场，如英国、德国等。法国家乐福的国际化扩张最初也选择进入地理位置邻近、文化相似的西班牙和葡萄牙，然后进入地理位置较远的巴西，最后才进入地理位置较远且文化差异大的亚洲市场。日本商贸企业的海外扩张也是首先以亚洲地区为主，然后再向欧美其他地区扩张。目前我国商贸服务企业国际化经营也主要从香港和东盟地区扩张开始，符合国际基本经验，值得借鉴和推广。

（二）商贸流通业"走出去"的路径

1. 合资经营

即商贸流通企业与东道国企业或私人共同投资，共同经营，风险共担，利益共享，双方都对企业拥有所有权和经营权。采用合资经营的方式可以利用当地企业的资源和能力，从而对当地法律、商业习惯、消费文化、历史传统等具有较强的适应性，而且投资少、风险小。但是合资经营也有不利之处：首先在谈判、签订和履行合同，以及在企业转移无形资产等方面的交易费用较高；其次，企业控制权也相应减弱，不利于投资企业通过统一协调与控制来实现长期战略目标，尤其是当合资各方利益不一致时，往往会在体制和管理上产生冲突，进而影响合资企业的经营效益和长远发展。此外，尽管合资企业的经营风险较低，却容易制造出一个新的竞争对手，从而面临巨大的商业风险。因此，在与东道国企业合资时，必须评估制造一个新竞争对手的风险。

2. 独资经营

即商贸流通企业运用自己的资源完全独立地在国外市场进行经营与管理，享有独立的经营管理权和收益独占权。首先，采用独资经营的商贸流通企业根据当地市场的特点调整经营战略，直接向当地消费者提供合适的商品和服务。与其他经营方式相比，独资经营的高度控制特性有助于维持流通企业的品牌认知度，而不至于在海外扩张过程中造成流通企业品牌吸引力的下降。其次，独资经营产生的是全新企业，不存在公司整合的问题，并且成功的公司一旦建立，其本身的经营理念和管理体制可以实现延续，具有很强的稳定性。

独资经营需要投入的资金规模大，投资风险大，投资回报周期也比较长，市场占领速度往往较慢，并且在实施过程中也可能出现对当地市场的适应能力较差等问题，此外，这种方式还可能遇到较大的政治风险与经济风险。因此，经营失败的风险很大。

3. 品牌经营

即商贸流通企业以特许经营的方式，将自己的品牌授予国外的加盟店进行经营，或者是以专卖店的方式在国外进行经营。品牌特许经营是跨国商贸巨头实施低成本扩张的最佳方式，如跨国连锁经营巨头日本7·11便利店，96%的店是品牌特许经营的加盟店。这种进入方式可以最大限度地扩大商贸流通企业品牌的影响力，并且可以用较少的资本迅速拓展国际市场，降低投资风险。此外，还可以把激烈的市场竞争关系变为利益分享的伙伴关系。当然，不管是开展国际品牌特许经营还是专卖店经营，都要求商贸流通企业必须有强大的品牌做支撑。

从国际经验来看，商贸流通企业"走出去"可根据不同国家和地区的投资环境、市场容量与竞争状况以及自身的条件采取灵活的经营方式。例如，沃尔玛在进入墨西哥市场时，采取了与墨西哥最大的零售商 Cifra 合资经营的方式；进军加拿大和欧洲市场时，由于这些国家市场成熟，新建独立的经营系统已无利可图，因此通过并购的方式进入，既降低了进入成本，又避免了加剧当地市场竞争；进入中国市场时，考虑到中国拥有全世界最富有潜力的零售市场，因此主要采取独资经营的方式。我国商贸服务企业"走出去"也可以选择灵活多样的路径。

六　我国商贸流通业"走出去"的对策

（一）充分发挥商贸流通企业的主导作用

1. 提高企业经营管理水平，增强国际竞争能力

要树立全球经营理念，积极参与国际竞争与合作。全球经营和竞争理念是建立在开放基础上的一种全球商业发展态势。商贸流通企业必须充分

利用国内外两种资源、两个市场，从全球的角度统筹进货渠道和销售市场，实行内外贸一体化。

2. 壮大企业规模，增强规模实力和竞争力

壮大企业规模、增强企业规模实力和竞争力是流通企业国际化经营的必由之路。必须采取有力措施，提高我国流通企业组织化和规模化水平，努力培育一批有影响力的大型流通企业集团。

3. 提供有特色的商品和服务，满足国际市场需求

特色的商品和服务是流通企业获取竞争优势，进而吸引消费者的重要因素。我国流通企业在国外开办中国商店，必须突出中国特色，注重对所经营的商品品种的选择。

4. 提高企业的技术水平，更好地适应国际化经营需要

以流通信息技术、仓储运输技术、流通标准化技术为主要内容，不断提高企业的技术水平。为此，一是要加强信息通信技术的投资。逐步实现供应链管理的电子化，改变企业技术水平低的状况，降低流通成本，提高流通效率，增强企业国际竞争能力。二是要加强仓储运输技术的投入力度。三是要加强流通标准化技术应用。加强条形码、标准化托盘、产品标准化分级分类包装等在企业生产经营过程中的应用。此外，加大企业研发投入，开发具有自主知识产权的核心技术和知名品牌，加快流通技术创新，推动流通技术的持续升级与扩散，使其更好地适应国际化经营的要求。

5. 塑造国际知名服务品牌，以提升市场竞争力

当今国际市场竞争已经从产品竞争、价格竞争转变为品牌竞争，只有拥有世界知名品牌，才能在国际市场上占有较大的市场份额。我国商贸流通企业要开展跨国经营，必须塑造国际知名服务品牌，以提升市场竞争力。要实现这一目标，商贸流通企业必须树立强烈的品牌意识，制定科学的品牌发展规划，努力在商品质量、自有品牌、经营服务、商品价格、行为规范等方面创出自己的特色，形成自己的竞争优势。

（二）完善政府支撑体系，为商贸流通业"走出去"提供便利

1. 与东道国建立政策协调机制

包括与东道国签订双边投资保护协定，开展政府间商贸流通政策对

话，减少或解除东道国对我国商贸流通业"走出去"的各种规制或经营范围的限制。

2. 鼓励政府驻外行政机构和金融机构设立和健全商业情报信息中心，为商贸流通业"走出去"提供各种商业信息，提高其投资的经济效率

驻外金融机构除提供商业信息服务以外，还可以提供法律文件签署、融资咨询和人员培训等相关服务。

3. 提供财政、金融、税收支持和投资保险服务

国家鼓励各地区对商贸流通业"走出去"直接给予一定的财政支持，重点支持有竞争力和品牌力的商贸流通企业。同时建议各级商务主管部门设立专项教育资金，着力培养海外商贸流通业经营与管理人才，提高我国商贸流通业经营与管理水平；承担对外开放业务的国家金融机构，可以对商贸流通企业"走出去"提供海外贷款和股权融资，以降低它们的对外投资风险；为了鼓励我国商贸流通业"走出去"，政府可以制定商贸流通业"走出去"税收方面的优惠政策，主要包括所得税方面的优惠和关税方面的优惠等；政府可以指定专门的保险机构为商贸流通企业"走出去"提供投资保险服务。由于海外投资保险涉及的险种含有国有化险、战争险和投资收益的汇出险等，而这些险种往往是商业保险公司难以承担的，因此，需要政府指定专门的保险机构来承担。

4. 进一步完善宏观管理体制，提高对外投资管理效率

商务部可制定我国商贸流通业"走出去"的战略规划，明确商贸流通业"走出去"的战略目标、战略步骤、战略措施，把商贸流通业"走出去"纳入我国对外开放的整体战略，并在体制和机制上给予保障。建议在商务部有关职能部门下设商贸流通业对外投资管理部门，负责商贸流通业对外投资管理和服务工作，提高对外投资管理效率。

5. 逐步建立和健全商贸流通业对外投资法律法规体系，为商贸流通业"走出去"提供法律保障

借鉴国际经验和立足我国国情，可以制定《商贸流通业对外投资管理办法》，作为商贸流通业对外投资的基本法律依据。待条件成熟时，再制定《商贸流通业对外投资法》《商贸流通业对外投资保险法》《商贸流通业对外投资税收征管法》等，规范商贸流通业对外投资行为。

6. 维护汇率稳定

由于多种因素的影响，如今国际化经营面临的不确定性风险日益加

大，其中最突出的风险是汇率波动的风险。因此，为了促进我国商贸流通业"走出去"，中国人民银行应有力地承担维护人民币汇率相对稳定的重任，以减少我国企业海外投资汇率波动的风险。

参考文献

[1] 赵萍：《我国流通企业"走出去"的现状、问题与对策》，《时代经贸》2010年9月（上旬刊）总第180期。

[2] 张亚涵、朱功睿：《中国零售业的国际化战略》，《改革与战略》2008年第2期。

[3] 庄尚文、韩耀：《流通国际化与中国流通业的发展》，《世界经济与政治论坛》2006年第5期。

[4] 顾锦芳：《零售企业在跨国经营活动中应注意的问题》，《中国流通经济》2008年第1期。

[5] 王爱青：《我国零售企业国际化经营的不可控因素分析》，《中国商贸》2011年第26期。

[6] 付娜、刘翔：《我国零售业"走出去"的路径选择》，《经济导刊》2010年第9期。

[7] 李铁立：《零售业国际化的区位选择和空间扩张模式》，《国际经贸探索》2007年第2期。

[8] 马常娥、卜海：《论企业"走出去"的路径选择及其支持政策》，《财贸经济》2006年第12期。

[9] 毕克贵、王鹏娟：《我国零售企业国际化投资的政策保障研究》，《财经问题研究》2011年第11期。

第三篇　流通体系建设

新时期流通业的作用与构建现代流通体系的新思路[*]

陈海权^{**}

摘　要　现代流通业在整个社会再生产和国民经济运行中居于组织者、引导者和调节者的地位，现代市场经济需要一个高效的现代流通体系。近年来，现代流通体系构建问题受到业界的关注，但是关于现代流通体系的认识缺乏一个层次清晰的概念架构和理论与实践相结合的问题解决思路。本文致力于提出一个由核心体系和支撑体系构成的理论分析框架，同时结合汪洋副总理提出的"流通业三大转变论"，从扩大内需和产业转型升级的角度重新审视新时期现代流通业的作用，在此基础上以广东为例提出构建现代流通体系的新思维。

关键词　现代流通业　现代流通体系　功能变革　扩大内需　产业转型升级

一　问题的提出与分析框架

（一）研究综述

欧美、日本等发达国家的经验证明，工业经济的发展和产业结构的升

---

*　本文是广东人文社会科学重大攻关项目"促进广东省现代服务业发展的制度空间与路径选择"（2012ZGXM_ 0004）、教育部人文社科项目"现代分销批发组织的生成与新兴中间流通商培育的理论与实证研究"（11YJAZH009）和 2012 年广东省级现代服务业发展专项资金项目"促进广东现代流通业大发展的战略选择与财政政策研究"（粤经信生产〔2012〕883 号）的阶段性成果。
**　陈海权，男，广东鹤山人，日本中央大学博士，暨南大学教授，兼任广东省现代物流研究院副院长。

级必然促进现代流通体系的日益完善和现代流通业的迅速发展。现代流通业越发达，区域经济就越具有生命力和竞争力。近年来，流通体系建设开始受到国内学术界和实践界的关注（陈文玲，2004；高铁生，2005；丁俊发，2007；陈海权，2008；黄国雄，2011；梁霄、郝爱民，2011；王晓红，2011；李智，2012；等等）。众多的研究可以分为两大类。

第一类是从宏观体系的角度进行分析。其中，丁俊发（2007）对我国构建现代流通体系面临的形势和任务进行了初步的探讨，指出构建现代流通体系必须明确"现代"和"体系"的含义，确定四种目标，即提高流通贡献率、降低流通成本、完善流通体制和形成大流通格局。黄国雄（2011）则认为商品流通体系是一个庞大的系统、复杂的过程，不仅直接关系到生产和生活，而且也关系到国民经济各个部门的运行效率和效益，建立和完善我国商品流通体系是一个深化改革的过程。他从十个方面提出了构建具有中国特色、统一开放、畅通可控、机制有序的商品流通体系的构想。梁霄、郝爱民（2011）对优化我国流通体系对于转变经济发展方式的必要性进行了分析，指出了流通不畅阻碍经济发展方式转变。

第二类是从农产品或者工业品的角度对行业（产品）流通体系的建设进行了分析（王晓红，2011；王晓东，2011；谢莉娟，2012；等等）。其中，王晓红（2011）指出我国农产品流通体系已初步建立，但仍处于初级阶段，小生产与大流通矛盾日益突出，具体表现为：农产品市场化程度较低，经营规模小；流通交易方式落后；基础设施条件差；批发市场价格波动大，不利于农产品的供求均衡；信息体系薄弱，政府宏观调控体系不完善。

综上所述，近年现代流通体系构建问题受到业界的关注，但是关于现代流通体系的认识缺乏一个层次清晰的概念架构和理论与实践相结合的问题解决思路。本文致力于提出一个由核心体系和支撑体系构成的理论分析框架，同时从扩大内需和产业转型升级的角度重新审视新时期现代流通业的作用，以广东为例提出构建现代流通体系的新思维。

（二）现代流通体系分析框架的提出

在经济全球化、信息化不断发展的今天，市场变化更加快速，需求越来越个性化，企业必须具备强大的市场应变能力。这不但要求在技术创新、产品生命周期上灵活、快速应变，而且必须在交货时间、服务质量上胜人一筹。资源、产业和产品的全球配置，以及市场需求的个性化发展趋势，为现代流通业的产业地位赋予了全新含义。现代流通业逐渐成为先导产业，在生产、分配、交换和消费的社会化再生产环节中，成为价值实现的关键，也成为生产循环的最终牵引动力，是市场经济运行的"加速器"和"助推器"。现代流通业在整个社会再生产和国民经济运行中居于组织者、引导者和调节者的地位。现代市场经济需要一个高效的现代流通体系。但是，目前关于现代流通体系的概念，没有统一的认识，而且缺乏层次清晰的分类①。结合中国国情，从流通方式的角度来看，现代流通体系至少由五大核心体系组成，主要包括零售连锁商业体系、现代分销批发体系、现代物流体系、电子商务体系、城乡网络流通体系（见图1）②。

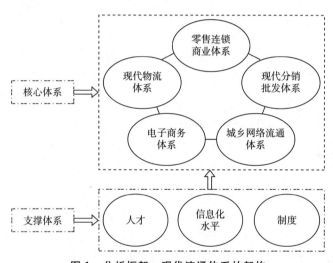

图1 分析框架：现代流通体系的架构

其中，城乡网络流通体系由城市网络流通体系和城乡一体化流通体系组成。所谓的城市网络流通体系是以中小城市市场为主体，以中心城

---

① 2011年12月，商务部流通发展司副司长吴国华在广州举办的中国流通三十人（G30）论坛上提出的流通体系包括农产品流通体系、工业品流通体系、市场控制体系、流通基础设施体系、市场主体体系、回收体系、诚信体系、税收政策体系。

② 2010年，根据加快转变经济发展方式的要求，国家商务部提出了五大体系。其中以下两个体系与本文的主张相同。一是以完善批发市场功能和培育专业批发商为重点，推进现代批发体系建设；二是以满足城乡居民便利消费、安全消费、多元化消费为重点，提升现代零售体系。

市市场为主导，依托各种不同区域的城市群，建立层次清晰的区域网络流通体系。另外，城乡一体化流通体系是以农产品流通为主体，以农业生产资料流通为先导，推进多元化的农村工业品市场的开拓，建立城乡互动、双向畅通的城乡一体化商品流通渠道体系。除了上述相互独立而又密切关联的体系结构以外，现代流通体系还受人才、信息化水平、制度等外部因素的影响，整体上构成了核心体系和支撑体系相结合的流通体系架构。

二 新时期现代流通业的作用——基于产业转型与扩大内需的视角

（一）新时期流通业需要实现"三大转变"

21 世纪的竞争不再局限于企业与企业之间的竞争，更多表现为供应链与供应链之间的竞争。在产业链当中，现代流通业逐渐发展成为先导产业，成为产业转型升级的新引擎。2012 年 8 月 9 日在广州举办的"全省流通工作会议"上，时任中共中央政治局委员、广东省委书记汪洋（现任国务院副总理）指出，随着市场经济的发展，加快流通业大发展，也越来越成为提升一个地区经济运行速度、效益和质量的关键。汪洋副总理认为，加快流通业大发展是引领结构调整、加快转型升级的迫切需要，是增强内生动力、应对国际金融危机的迫切需要，是规范市场秩序、保障改善民生的迫切需要。加快流通业大发展要从加快转型升级、推动科学发展的战略高度，跳出流通看流通，跳出流通抓流通，要推动流通业实现"三大转变"[1]：一是从产品的交易者向生产的组织者转变，不仅要推动畅通无阻的流通交易，更要加强对产业链的整合完善；二是从市场的接受者向消费的引导者转变，不仅要提升对市场动态的应变传导，更要加强对消费需求的挖掘引导；三是从价值的实现者向价值的提升者转变，不仅要帮助生产实现价值，更要通过降本增效为厂家和消费者创造价值。汪洋副总理对新时期流通业的作用进行了全新、概括性较强的解读，从理论的高度充分肯定了现代流通业在产业转型升级过程中的作用。从产业转型和扩大内需的角

---

① 汪洋、朱小丹同志在全省流通工作会议上的讲话（粤办通报〔2012〕第 34 期）。

度，我们可以进一步对现代流通业的作用进行以下探讨①。

（二）产业转型与现代流通业的作用

第一，现代流通业对产业结构转型具有引导带动作用。现代流通服务业具有较强的生产服务能力。在产业链中，流通企业通过收集、整理市场需求信息，预测产品需求的动态变化，不仅可以指导制造企业制订产品生产计划，降低库存水平，也能与制造商一起开发新产品和新工艺，实现通过产品的升级换代推动产业结构的升级转型。在供应链中，大型零售商利用现代信息技术，指导制造商物流配送，降低库存，一些零售商还可以借助流通业内部专业化服务体系，把批发商、第三方物流商纳入整个价值链的创新活动中，进行供应链流程再造。总的来说，现代流通业对于形成正确的价格信息、引导上游的投资与生产都具有关键性的意义，高效的物流管理体系还可以节约制造业巨额的流通费用，提高效率。当前中国正处于产业结构升级的关键时期，介于消费者与生产部门之间的现代流通业正是拉动整个产业链发展、稳定国民经济波动的关键环节（石明明、张小军，2008）。

第二，现代流通业在提升制造业国际分工地位方面有着不可替代的重要作用。由美国、欧盟、日本等主导的 20 世纪是现代流通业国际化、渠道争夺、品牌大战的世纪。制造业优势与流通业优势相辅相成，离开发达的流通业，制造业的强势地位就很难长期维持。例如，广东省只有做到既是制造业中心，又是流通中心和国际采购中心，才能确保制造业国际分工的强势地位。资料显示，发达国家 GDP 的 60% 来自知名品牌产业，而我国还不足 20%；自主品牌只占全国出口总额的 1%，入选世界 500 强的自主品牌制造企业少之又少（中国社会科学院财经战略研究院课题组，2012）。自主品牌的缺失实质上是长期重制造轻流通、缺乏流通渠道意识的结果。只有高度重视流通业的发展，建立自主流通网络渠道，才能确保和提升我国制造业的国际分工地位。

（三）扩大内需与现代流通业的作用

第一，现代流通业是满足需求、开发潜在消费、启动市场的重要载

---

① 中国社会科学院财经战略研究院课题组（2012）认为，与发达的工业化国家已经建立起成熟的市场经济体制不一样，我国正处于经济体制的转轨阶段。在这个阶段，商贸流通业影响力，特别是间接影响力主要表现在优化产业结构、转变发展方式、节约社会成本及吸收转移劳动力乘数效应等方面。

体。现代流通业通过强大的服务功能，可以营造和改善消费环境，增加城乡居民的福利，提高居民生活质量，最终实现从名义货币收入到实际消费的转化，达到促进、催化、开发消费的目的。目前，包括广东省在内的我国部分发达省份的工业化发展已经到了相当程度，绝大多数商品市场已从过去的"卖方市场"转变为现在的"买方市场"，经济由生产约束型转变为市场约束型、由供给约束型转变为需求约束型。在新时期，建立高效能、低成本、诚实可信、服务周到、便捷安全的竞争性商品流通体系，是满足消费需求、扩大居民消费、促进需求结构转型的最直接、最现实、最有效的政策选择。

第二，现代流通业是区域名优产品的重要销售渠道载体。在国家提出扩大内需的政策背景下，区域与区域之间的商品流通是否顺畅，直接关系到能否形成基于比较优势和专业化分工的产业布局。现代流通业具有克服商品交换空间矛盾的本质功能，可以有效促成区域产业分工走向合理化（宋则，2004）。例如，广东是我国重要的生产基地，在扩大内需的大背景下，大力发展现代流通业，继续扶持和引导企业优化销售渠道和建立自主品牌，是有效开拓国内市场、实现"广货北上"的重要保障。

第三，现代流通业能对建设"幸福生活""和谐社会"做出重大贡献。现代流通业最贴近市场需求，关乎人民群众的衣食住行。发达的现代流通业，可以有效地解决商品质量、食品安全、消费环境等与民生息息相关的严峻问题。另外，现代流通业吸收劳动力的能力居第三产业之首，与其他产业相比对拉动就业的贡献最大。

三 现代流通体系的构建思路：来自广东的探索与经验

广东是我国的流通大省，2012 年全省实现社会消费品零售总额22677.11 亿元，连续 30 年居全国首位。改革开放 30 多年来，广东流通业走完了欧美发达国家流通业上百年的发展道路，目前广东已经初步建立了市场化程度较高、体系相对完善的现代流通体系，但产业的国际渠道控制权、价格话语权还不够强，迫切需要通过加快流通业大发展来延伸价值链，提升国际分工地位，进一步增强产业竞争力。

但是，与广东领先全国的经济规模和相对成熟的市场机制相比，目前广东流通业的发展相对滞后，竞争力不强。现代流通体系发育缓慢已成为制约广东省转变经济发展方式和推动产业结构优化升级的因素之一。因此，重视现代流通业的先导作用，从产业转型升级和扩大内需的角度加快"三个中心、两个网络体系"建设。所谓三个中心分别是指与港澳错位发展的国际物流中心，亚洲重要的国际电子商务中心，重要的国际采购分销中心；两个网络体系是指多层次区域流通网络体系，农产品流通网络体系。

（一）建设与港澳错位发展的国际物流中心

广东是世界的制造业基地，依托发达的制造业和巨大的消费需求，广东的现代物流体系发展取得新进展。一是枢纽型物流基地建设卓有成效。广东拥有广州白云机场、深圳宝安机场、广州港、深圳港等一批国际枢纽型物流基地，以及林安、金泽等一批物流园区。二是保税物流园区建设领先全国。广东拥有全国唯一的珠澳跨境工业区，保税物流园区建设数量居全国第一位。三是物流企业成长加速。2010 年，中国物流企业 50 强排名中，广东物流企业有 4 家。截至 2011 年 12 月，广东物流企业共有 102 家获得 A 级企业称号，比 2010 年新增加 19 家。四是广东现代物流技术应用范围不断扩大。RFID 广泛应用于智能交通、食品溯源和物流仓储配送等领域。南方现代物流公共信息平台等物流公共信息平台建设稳步推进。

但是，广东物流业总体上仍处于规范化、专业化进程中。省内众多的物流企业还停留在传统物流经营阶段，物流服务限于初级的仓储与运输功能，规模明显偏小、经营方式粗放低效，综合素质和核心竞争力不强。物流业发展的相对滞后已成为制约广东制造业发展的重要因素之一，依托强大的生产制造能力，打造与港澳错位发展的国际物流中心是广东产业转型升级的必由之道，特别需要强化以下内容。

第一，大力发展国际物流业。改革开放以来，随着世界制造中心的转移，广东成为世界重要的制造业基地的格局基本形成。据统计，世界出口货物有 25% 集中在广东，跨国公司进入中国的采购订单有 80% 落户在广东。广东要加强与港澳进行贸易服务合作，大力发展国际物流业，加快建设与广东制造业相匹配的国际物流中心，为提升广东优质产品国际竞争力提供坚实有力的保障。

第二，大力发展电子商务物流。电子商务物流的发展程度决定了电子商务的发展水平。为推动广东电子商务的发展，应鼓励第三方物流企业积极创新经营模式，开拓和壮大电子商务物流业务，科学构建物流网络，提高生产服务能力。

第三，大力发展生产物流和分销物流。为提升广东制造业的竞争力，应鼓励制造业服务化，引导制造企业分离物流业务，引导物流企业加强与供应链上下游企业的协同联动，形成供应链战略联盟。同时，强化第四方物流，加强对采购、生产、销售等过程的全程物流计划和管理，提高效率、降低成本，培育一批能够开展供应链一体化运作的现代物流企业。

第四，大力发展城市配送物流。"城市配送最后一公里"是近年物流业发展需要突破的关键问题之一。今后，广东应从新型城市化发展的高度出发，以城市综合配送中心为重点，整合城市配送网络节点，优化城市配送网络，大力推进城市综合配送体系建设；优化城市的交通组织和管理，建立配送技术标准，完善配送管理制度，规范城市配送物流业，提高配送效率；鼓励大型连锁企业、现代分销商和第三方物流企业开展共同配送业务，提高城市配送的专业化水平。

第五，大力发展物流金融。依托第四方物流平台，通过利用物流金融服务的集成创新模式，为企业提供高质量、高附加值的金融集成式服务，为企业拓宽融资渠道，提升企业一体化服务水平。

（二）建设亚洲重要的国际电子商务中心

电子商务是战略性新兴产业的重要组成部分，作为三大现代流通方式之一，电子商务也是有效拓展市场和创新经营模式的现代化手段，是提高产业组织化程度、有效配置资源和转变经济发展方式的重要途径。近年来，珠三角的交易规模不断扩大，成为我国电子商务发展的三大增长极。2012 年，广东电子商务市场交易额约达 1.5 万亿元，同比增长 25%，电子商务成为新兴的消费渠道之一。同时，广东也是我国的网络消费大省。仅淘宝网上广东的注册买家就超过 4750 万人，排名全国第一。广东电子商务发展最大的特色就是与实体经济融合度较高，主要体现在以下几方面。一是企业的电子商务应用和普及程度全国领先，涌现出腾讯拍拍、环球市场、梦芭莎、唯品会、欧浦钢铁、搜房网等一批电子商务标杆企业；二是电商平台与实体经济加速渗透，在钢铁、石化、塑料等行业，涌现出一批年交易额超过 100 亿元的电子商务平台；三是行业电子商务交易已经初具规模，并呈现出跨地区发展的趋势。进一步推动广东电子商务创新应用和发展，致力于把广东建设成为亚洲重要的国际电子商务中心是广东和珠江三角洲地区经济发展的必然结果。同时，广东需要开展以下重点工作。

第一，积极引进和培育一批标杆电子商务企业。注重在本土电子商务企业中选择锐意创新、技术先进、竞争力强的进行重点扶持，培育一批国内领先的电子商务企业和知名品牌，支持各类电子商务商业模式创新。

第二，支持中小企业应用电子商务拓展销售渠道。鼓励中小制造企业应用电子商务平台或者自建电子商务网站拓展销售渠道；鼓励传统零售企业加快转型升级，大力发展网络零售业务。

第三，推进重点行业电子商务平台建设。特别是要在电子信息、家电、陶瓷、服装、家具等优势产业中，扶持壮大一批专业性电子商务交易平台，推动钢铁、塑料、石化等大宗商品电子商务平台规范发展，促进电子商务集聚区（园区、基地）建设。

第四，大力发展国际贸易电子商务。提高跨境电子商务公共服务水平，建设粤港澳网上贸易自由行平台，大力发展对外贸易撮合、认证等增值服务的外贸电子商务平台，打造一批国内外有影响力的电子商务企业，促进外贸企业转型升级。广东省是世界的制造基地、贸易大省，要积极推进广东省制造企业强化运用电子商务开拓国际市场，培育一批集报关、退税、国际物流、海外仓储、汇兑服务于一体的跨境电子商务服务企业，为中小企业开展国际电子商务提供支撑。

第五，完善电子商务发展支撑体系。电子商务的发展需要依托较为完善的支撑体系，要进一步完善信用、认证、支付、物流服务及其他相关配套服务体系。

（三）建设重要的国际采购分销中心

一是现代分销批发企业开始崛起。近年广东出现了深圳怡亚通、广州华新集团等提供一站式供应链管理服务的现代分销批发商。二是一批大型化和高档次的展贸交易中心迅速发展。建设紧密依托当地产业的新型批发市场，具有鲜明的专业市场特色，或具有较强的商品集散功能，建设连接城乡、辐射全国、连通国外的农产品、大宗原材料和工业品等批发市场。三是依托专业市场群打造一批广东优势产品的国际采购中心。2010 年，广东率先在全国开始了专业市场的大变革，实施了"广东商品国际采购中心"的发展战略，以点带面推动专业市场集群的转型升级①。

不过，与高速发展的零售业相比，处于流通中间环节的分销批发业是广东省流通领域的薄弱环节。当前，困扰广东流通方式转变和制约流通业发展的因素之一就是缺乏高效的商品分销批发体系，流通成本高在一定程度上抵消了制造业的低成本优势。因此，构建以物流和信息技术为基础的现代分销批发体系是实现转变流通业发展方式和建立扩大内需长效机制的战略性问题。

第一，大力发展现代分销批发业。广东要大力推动批发企业功能转型，强化服务功能，推进批发企业的零售支援计划。大力发展总经销、总代理，鼓励广东企业成为国内外知名品牌产品的国内总分销、总代理商；积极吸引拥有大宗知名品牌产品国内总分销权、总代理权的企业落户广东，培育大型分销批发商。

第二，依托专业市场、产业集群，继续培育一批专业性较强的广东商品国际采购中心。充分发挥专业批发市场在资源配置、信息集成、价格形成、生产引导等方面的作用，形成重要的商品集散中心、商品采购中心、会展贸易中心。

第三，以内外贸易一体化为契机，重点培育一批面向国内外市场的大型批发企业。进一步改善营商环境，搞好基础设施建设，吸引更多的跨国公司、全国性连锁企业在广东设立采购中心和总部，使广东成为名副其实的具有国际影响力的专业化国际采购及分销中心。

第四，继续支持新型零售业态和连锁企业的壮大发展。继续引进和扶持新型零售业态，确保广东继续成为国际和国内贸易一体化发展的先行者，国际先进商业模式引进的窗口，以及本土连锁企业可持续发展和自主创新的基地；巩固广州、深圳等地市作为华南重要消费中心的地位。

（四）建立多层次区域流通网络体系

广东是流通大省，但是区域发展不平衡问题十分突出。其中，珠三角地区流通业发达，山区及东西两翼地区流通业比较落后。例如，2008 年珠三角地区的社会消费品零售总额为 9366.47 亿元，占全省社会消费品零售

---

① 黄建明、陈海权：《推动商品交易市场向国际采购中心升级转型的策略——广东的改革思路》，载《中国商品市场发展报告（2011）》，社会科学文献出版社，2011，第66~79页。

总额的 72.75%；而占广东 73% 土地和 70% 人口的其他非珠三角地区的社会消费品零售总额为 2947.1 亿元，仅占全省的 22.3%。建立现代流通体系，一方面要考虑全省各地区之间的协调发展，另一方面必须考虑与周边各省特别是港澳的衔接与梯度扩张。按照"分类指导、梯度推进、协调发展、共同富裕"的方针，有计划、有重点地推进现代产业布局调整，强化中心城市的辐射效应，以珠三角为主体集聚区，带动和辐射东西两翼、粤北山区及华南地区，形成层次分明、结构合理、布局科学、功能互补的流通产业网络体系。

第一，强化广州、深圳两大中心城市的国际商贸流通中心作用。着力构建以广州、深圳两大国际商贸流通中心为核心，以珠三角为支撑，辐射粤东、粤西、粤北，对接港澳及周边省区，影响东南亚的现代流通网络，并使之具有层次分明、结构合理、布局科学、功能互补的鲜明特征。

第二，打造珠三角次级商贸流通中心。按照错位发展的思路，把佛山、东莞、中山、江门、惠州、肇庆等珠三角中心城市打造成为与广州、深圳形成功能互补的珠三角次级商贸流通中心。

第三，打造东西两翼和北部商贸流通中心。努力把汕头建设成为辐射闽赣粤地区的区域性商贸流通中心，把湛江建设成为辐射我国大西南的区域性商贸物流中心，把韶关建设成辐射粤北、湘南的区域性商贸流通中心。

（五）完善农产品流通网络体系

目前，广东以城区店为龙头、乡镇店为骨干、村级店为基础的农村连锁经营的流通网络已初显雏形。例如，2008 年广东省纳入国家级"万村千乡市场工程"农家店达 4013 家，其中镇级店达 606 家，占 15%；村级店 3407 家，占 85%。共建设省级"万村千乡市场工程"配送中心 87 家，农家店 11927 家，其中镇级店 1796 家，占 15%；村级店 10131 家，占 85%。着力建设农产品流通网络，加快建立城乡一体化流通体系，形成城乡双向流通格局，是建设广东现代流通体系的内在要求，也是落实建设社会主义新农村战略部署的重要工作。

第一，大力培育农产品的中介流通组织。重点发展各类协会、合作社等农民合作经济组织，培育农产品代理商、批发商等农业经纪人组织。大力发展产供销一体化经营和"公司＋农户"模式，将农产品的中介流通组织纳入城乡一体化的流通体系，以现代流通促进农产品的集约经营，推进农产品直接进入现代流通渠道。

第二，加强农产品流通基础设施建设和管理。大力发展冷链物流，鼓励和吸引城市流通企业与社会资本投资农产品加工、储藏、运输环节。加快建设农产品质量安全监督检测体系，完善农产品质量追溯机制，重点推动农产品批发市场的建设和标准化改造，注重农产品批发市场的公益性。适度加大公共财政投入，完善农产品流通体系和市场布局。

第三，加快农村流通组织的建设和改造。要积极适应农村消费市场的变化，通过"万村千乡工程"，加快农村流通组织的建设和改造，形成以配送中心为龙头、以乡镇级农家店为骨干、以村级农家店为基础的农村流通网络，促进城乡一体化的进程。

四 构建高效流通体系需要解决的难点问题

从发达国家以及广东的发展经验来看，现代流通业的发展与市场经济发展是同频共振。广东流通业的发展可以归纳为四个字——"放开搞活"，就是按照市场导向的改革路径，打破计划经济单一、封闭和管制，构建多元、开放自由的流通发展格局，反过来，流通业的发展又进一步促进了市场发育和成熟①。本文在构建现代流通体系分析框架的基础上，探讨了广东改革的主要新思路，广东的经验值得全国借鉴和参考，但是今后广东还需要在流通业支撑体系方面下功夫。

第一，加强信息共享：利用 IT 技术，推动流通系统高效率化。目前，众多的企业都各自制定了不同格式的信息系统。从信息共享的角度来看，大多还处于低效状态，对此政府需要进行政策性的支持。今后，政府要推行电子商务的行业标准，在一些条件成熟的行业，先行先试开展行业信息平台的构建和对接，最大限度地实现信息共享。

第二，优化营商环境：努力消除地方保护主义，打造良好的营商环境。通过"三打两建"，要重点规范市场秩序，从根本上解决市场分割问题，形成商品、资金、劳动力、技术、产权、信息等商贸全要素的无障碍流动。

---

① 摘自汪洋、朱小丹同志在全省流通工作会议上的讲话（粤办通报〔2012〕第 34 期）。

第三，加强人才培养：造就本土高水平流通研究队伍。企业没有创新的人才，企业创新的主体就没有基础。人才问题依然是广东乃至我国商贸流通业发展中的一个"软肋"。目前商贸流通业仍然存在人才基础薄弱、中高层人才和复合型人才短缺等诸多问题。特别是现代流通业高端人才（企业中高层管理人才、国际物流专业人才）培养体系基本上不存在；很多企业的培训注重的是操作层面的知识，缺乏高端人才培养机制。当前，市场变化越来越复杂，市场竞争越来越激烈，流通领域不断面临新的挑战，流通领域的改革需要理论的支撑，更需要一支强有力的流通研究队伍。今后要加强产学研合作，促进本土流通研究队伍的建设，集聚人才和智慧，加强流通领域的理论研究和政策研究。

参考文献

［1］陈海权：《大力推动广东"现代流通大商圈"建设的思路与对策》，广东省经贸委重大调研课题报告，2008。

［2］陈海权、张文献、周潇潇：《流通业自主创新的机制与广东的实践经验》，《财贸经济》2009 年第 4 期。

［3］陈文玲：《流通体系的革命性变革》，《商业时代》2004 年第 29 期。

［4］丁俊发：《构建现代流通体系面临的形势和任务》，《中国流通经济》2007 年第 2 期。

［5］高铁生：《关于中国市场体系建设和流通现代化的几个问题》，《中国流通经济》2005 年第 3 期。

［6］黄国雄：《关于推进我国现代流通体系建设的几点建议》，《财贸经济》2011 年第 3 期。

［7］荆林波主编《中国商品市场发展报告（2011）》，社会科学文献出版社，2011。

［8］李智：《"中国特色"语境下的现代流通体系发展方略研究》，《中国软科学》2012 年第 4 期。

［9］梁霄、郝爱民：《经济发展方式转变背景下我国流通体系优化路径选择》，《经济学动态》2011 年第 10 期。

［10］石明明、张小军：《商贸流通服务业在国民经济发展中的角色转换：基于灰色关联分析》，《财贸经济》2009 年第 2 期。

［11］宋则：《中国流通创新前沿报告》，中国人民大学出版社，2004。

［12］宋则、王京：《新时期流通业的发展与经济结构的调整》，《财贸经济》2002

年第 11 期。

［13］宋则等：《我国商贸流通服务业战略研究》，中国社会科学院财经战略研究院课题组，2012。

［14］王先庆、林至颖：《内外贸一体化与流通渠道建设》，社会科学文献出版社，2012。

［15］王晓东：《论我国工业品批发体系重构与完善》，《经济理论与经济管理》2011 年第 7 期。

［16］王晓红：《我国农产品现代流通体系建设研究》，《经济体制改革》2011 年第 4 期。

［17］谢莉娟：《日美工业品流通体系的模式比较与启示》，《商业经济与管理》2012 年第 3 期。

西北欠发达地区流通体系的现状、特征及发育发展

——以甘肃省为例[*]

蔡文浩　赵　霞　王思文[**]

摘　要　本文以甘肃省为例分析了西北欠发达地区流通体系现状、发展特征及市场发育程度、现代化水平等，通过与全国数据进行对比分析，客观阐述甘肃省流通发展中面临的各种问题和不足，在此基础上分析了西北欠发达地区因地理位置、自然条件、人口构成、民族文化等外部环境因素，形成地区经济社会发展的特殊性，进而从政府职能、产业发展、市场发育、中介组织等多个角度，提出对策建议。

关键词　西北欠发达地区　流通体系　甘肃省

欠发达地区流通体系与发达地区相比较，表面上是流通规模、速度和流通效益的差异，实质上则是文化传统、产业分工、市场体系和基础设施建设的差异。我国西部的经济欠发达地区（尤其是少数民族地区），既有自然条件严酷、产业基础薄弱、市场化进程缓慢的开发滞后型地区，也有产业结构失衡、市场分工体系缺失、少数民族聚居区多且地广人稀、物流成本畸高、基础设施薄弱的开放滞后型地区。

我国西北经济欠发达地区，与西部其他经济欠发达地区相比，突出的特征

---

　*　本文是国家社会科学基金 2009 年度西部项目（09XMZ038）"加快少数民族地区经济社会发展政策研究——促进西北民族地区经济发展的商业政策设计"的阶段性成果。

**　蔡文浩，兰州商学院教授，经济学博士；赵霞，兰州商学院副教授，经济学博士；王思文，兰州商学院副教授，经济学博士。

是地广人稀，且自然条件严酷。无论是产业分布，还是城乡布局，均与绿洲农业如影随形，在流通体系研究方面具有独特性和代表性。

甘肃省既是开发滞后型地区，又是开放滞后型地区，在西北欠发达地区中具有一定的代表性和典型性。按照区域经济学的观点，生产要素和天然禀赋具有同一性的空间范围，可以确定为相同的区域，所以我们运用描述性的研究方法①，通过对甘肃省流通体系现状分析和归纳，意图找出我国西北经济欠发达地区这一区域内流通体系建设的一些规律性。

同时，甘肃省与西北其余省区一样，是多民族省份。省内世居少数民族多达 16 个，少数民族总人口数为 219.9 万，占全省总人口数的 8.7%。这些民族之间由于聚居地的天然禀赋不同、生活习性相异而导致物产和需求不同，彼此间存在交易的客观需求。然而，少数民族地区的流通体系，尚处于发育阶段。如何在发展民族贸易和区际贸易的同时，使他们在经济现代化过程中保持生活方式一定的连续性、经济形态的自主性和可选择性，进而将公平贸易纳入民族平等的度量指标中，并在保留利用传统贸易方式和保护、开发、生产民族用品时，保持民族文化的多样性，是在少数民族地区流通体系的发育阶段就应该加以研究的课题。

一 以甘肃为代表的西北欠发达地区流通体系发展现状

欠发达地区的流通体系发展现状，与发达地区相比，缺乏流通现代化应该具备的特征，在流通体系的各个层面，均落后于全国平均水平。

（一）与全国相比，西北经济欠发达地区明显的表现是流通规模小，城乡市场发展不平衡

通过分析 1990 年以来的统计数据②，可以发现，甘肃省社会消费品零售总额逐年增大，从 1990 年的不足 100 亿元发展到 2011 年的接近 2000 亿元。但是，从甘肃省社会消费品零售总额占全国的比重来看，这一指标却长期以来未有提高，甚至最近五年出现下降。这表明，同经济发达地区相比，甘肃省的市场容量总体还偏小，只占全国的 1% 左右（见图 1）。

---

① 〔澳〕戴维·德沃斯：《社会研究中的研究设计》，郝大海等译，中国人民大学出版社，2008。该书作者认为，社会科学的研究可分为描述性和解释性两种研究方法。
② 根据 1990~2011 年各年《甘肃发展年鉴》和《中国统计年鉴》计算所得。

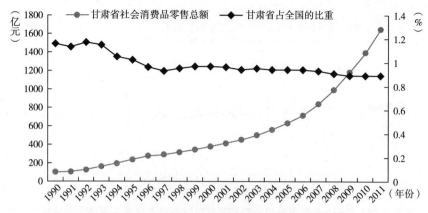

图 1   1990～2011 年甘肃社会消费品零售总额及在全国的占比

从构成结构来看，各年县及县以下社会消费品零售总额均远远低于城市社会消费品零售总额，1996 年以前（包括 1996 年），甘肃省县及县以下社会消费品零售总额大约为甘肃省城市社会消费品零售总额的 2/3（除 1993 年外），从 1997 年开始，甘肃省县及县以下社会消费品零售总额大约只占甘肃省城市社会消费品零售总额的 50%（见图 2）。从 2005 年开始，县及县以下社会消费品零售总额与城市社会消费品零售总额之间的比例大致稳定在 0.55∶1。这一指标表明甘肃省城乡市场分割状态严重，农村市场规模显著小于城市市场规模，前者仅为后者的一半。图 3 反映了全国农村社会消费品零售总额与城市之比呈现出逐年下降的趋势，由此看出了甘肃农村市场规模扩展的缓慢程度。

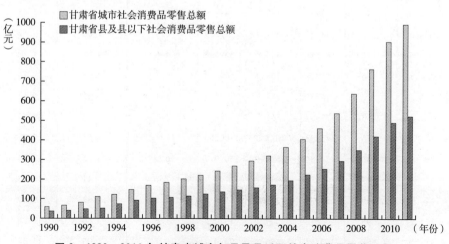

图 2   1990～2011 年甘肃省城市与县及县以下社会消费品零售总额

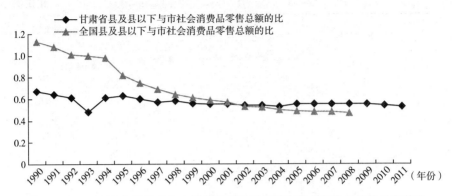

图3　1990～2011年甘肃省和全国县及县以下与城市社会消费品零售总额的比

除了社会消费品零售总额在全国的占比很小之外，甘肃及西北欠发达地区的商品市场发育也不充分（见表1）。

表1　2011年全国及各地区亿元以上商品交易市场基本情况

	市场数量（个）	摊位数（个）	营业面积（万平方米）	成交额（亿元）	商品市场成交额占全国的比重（%）	单位面积成交额（万元/平方米）	市场平均成交额（亿元/个）
全　国	5075	3334787	26234.5	82017.3	—	3.13	16.16
北　京	140	116505	737.7	2547.8	3.1	3.45	18.2
天　津	77	51119	523.1	2565.8	3.1	4.9	33.32
河　北	278	306369	2670.4	4430.6	5.4	1.66	15.94
山　西	40	29966	253.9	497.9	0.6	1.96	12.45
内蒙古	74	38503	677.4	715.9	0.9	1.06	9.67
辽　宁	221	180547	813.8	3795.4	4.6	4.66	17.17
吉　林	66	55911	308.9	643.3	0.8	2.08	9.75
黑龙江	97	64752	357.2	937.9	1.1	2.63	9.67
上　海	180	75387	761.3	6789.9	8.3	8.92	37.72
江　苏	575	346988	3027.6	14007.3	17.1	4.63	24.36
浙　江	730	431884	2876.1	13099.7	16	4.55	17.94
安　徽	135	94122	909.1	2190.9	2.7	2.41	16.23
福　建	159	55039	333.7	1540.1	1.9	4.62	9.69
江　西	95	64818	359.4	1317.2	1.6	3.66	13.86
山　东	555	364551	3650	7424	9.1	2.03	13.38

续表

	市场数量（个）	摊位数（个）	营业面积（万平方米）	成交额（亿元）	商品市场成交额占全国的比重（%）	单位面积成交额（万元/平方米）	市场平均成交额（亿元/个）
河　南	178	126929	1052.8	2030.3	2.5	1.93	11.41
湖　北	176	81416	561.5	1459.1	1.8	2.6	8.29
湖　南	313	182225	967.1	2488.6	3.0	2.57	7.95
广　东	370	193857	2025.4	5105.8	6.2	2.52	13.8
广　西	91	69123	437.2	1071	1.3	2.45	11.77
海　南	8	4459	9.4	18.1	0	1.92	2.26
重　庆	129	85298	621.6	2987.3	3.6	4.81	23.16
四　川	112	102610	583.4	1516.8	1.8	2.6	13.54
贵　州	33	20086	119.4	370.5	0.5	3.1	11.23
云　南	55	55050	390.9	733.6	0.9	1.88	13.34
陕　西	39	28389	101.3	270.3	0.3	2.67	6.93
甘　肃	43	30351	225.6	419	0.5	1.86	9.74
青　海	9	6000	51.9	38.2	0	0.74	4.24
宁　夏	29	20868	302.8	226.3	0.3	0.75	7.8
新　疆	68	51665	524.4	778.7	0.9	1.49	11.45

注：由于数据获取所限，表中缺西藏与港澳台数据。

资料来源：根据《中国商业年鉴2012》计算所得。

从表1中可以看出，规模上，在全国30个省市中，按市场数量和商品交易市场成交额计，甘肃仅高于同处西北的宁夏、青海、陕西，以及偏居西南的贵州和海南，其市场交易额占全国的比重仅为0.5%。效益上，西北五省区亿元以上商品交易市场平均成交额全部低于全国平均水平（见图4）。

（二）在流通主体方面，西北欠发达地区的主要问题是流通主体单一，缺乏活力和动力

通过归纳2009～2011年甘肃批发零售业分别以企业个数和年末从业人数为指标的国有企业、私营企业和三资企业的比例①，可以看出，以企业

---

① 图中数据的统计口径为限额以上批发零售企业。数据来源：根据各年《甘肃发展年鉴》计算所得。

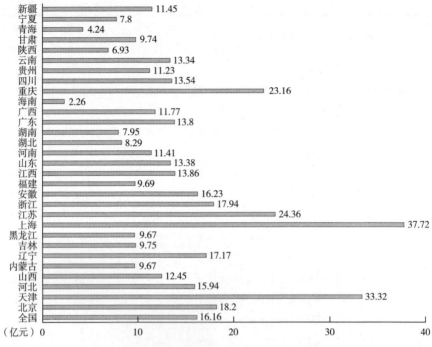

图4 2011年全国及各地区亿元以上商品交易市场平均成交额

个数衡量的不同类型企业比例，私营企业占比最高，超过50%；公有制企业（包括国有企业、集体企业、股份合作企业、有限责任公司中的国有独资企业）占比大约为40%。以年末从业人数衡量的结果为公有制企业占比最高，其次为私营企业。无论以哪个指标衡量，三资企业的企业个数占比和年末从业人数占比均为最低，并且1%或2%这一极小的比例还在不断降低（见图5）。这些数据反映出甘肃批发零售业仍然以公有制企业为主体，私营企业数量不少，规模不大，层次不高，导致吸纳就业人数远低于公有制企业；此外，外资参与度很低，反映出甘肃流通业发展的"内向型"特征。

（三）从流通的空间结构和行业结构两方面来分析西北欠发达地区流通结构的现状，可概括为区域空间发展不平衡、业态业种不齐全和电子商务待发育

以甘肃为例，省会兰州和天水、酒泉、白银等城市，集中了全省一半以上的批发零售企业，商品销售额占全省的60%以上；甘南、临夏、嘉峪关、金昌等十个市州，商品销售额占比不足40%（见图6）。

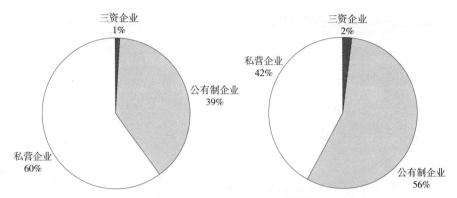

图5　2011年甘肃批发零售业不同类型企业比例

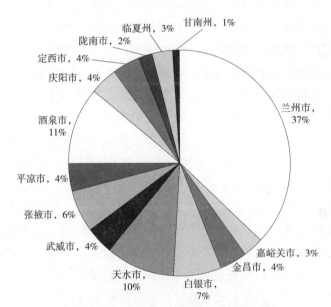

图6　部分市州商品销售额占全省的比重

从行业结构上看，传统业态和业种占主体，超市、便利店、专卖店、专业店、电子商务等新兴业态业种发展滞后，尚处于起步阶段（见表2）。

（四）在商品流通渠道方面，工业品和农产品流通渠道均不通畅

西北欠发达地区第一产业的比重较高，各省均有"西菜东卖"、"西粮东送"和"西果东输"农产品物流体系建设，然而农产品流通渠道并不通畅，存在一些突出问题，主要表现在以下几个方面。

表2 2009～2011年甘肃省批发零售业传统贸易和新兴贸易比较

年 份	企业个数（个）		年末从业人数（人）	
	传统行业	新兴行业	传统行业	新兴行业
2009	521	5	—	—
2010	1210	13	120375	316
2011	1413	15	123527	454

注：表中的新兴行业主要指无店铺及其他、商业代理；传统行业是除这两类之外的批发零售行业。

资料来源：根据各年《甘肃发展年鉴》计算所得。

第一，渠道主体规模小，组织化程度低。首先，个体农户与个体经营户依然是农产品流通的主体，有一定规模的农业企业数量少。其次，农业加工企业发育不成熟，企业数量少、规模小，缺少上规模有实力的龙头企业。最后，农产品经销商规模小，缺乏市场影响力和品牌效应。

第二，渠道技术含量较低，流通效率低下。长期以来，西北欠发达地区的农产品只重视采前栽培，而忽视采后的保鲜储备，造成农产品加工保鲜能力不足，浪费严重。此外，目前尚没有建立统一的农产品信息库，农民不易获得最新的市场信息，很容易造成供求不对称而形成产品积压或脱销。

在工业品流通方面，则存在以下主要问题。首先，承担工业品流通的主要机构组织化程度低。在流通主体日趋多元的趋势下，除批发、零售等传统流通主体以外，工业企业、物流商、电子商务交易平台等都在不同程度地承担着工业品流通重任，流通主体多元化已成定局。但是，目前承担工业品流通的主要组织机构却普遍存在组织化程度偏低的问题。

其次，零售商向供应商收取的各种费用名目繁多且数额巨大，导致西北零售市场的经营成本高企，在一定程度上伤害了当地弱小零售企业，影响了零售产业的整体发展。如表3所示，我们对兰州某大型超市供货的四家供应商进行了典型调查，从中可窥见各种收费。

此外，由于西北欠发达地区的流通渠道不畅，一些大型制造企业自建分销渠道，一些中小型企业自建专卖店和专业店，而批发体系的相对萎缩加剧了工业品流通渠道的不畅，出现了渠道权力不均衡的现象。

当前在工业品流通渠道中，权力向处于销售终端的零售商倾斜，零售商纵向约束的现象相当普遍，比如对供应商的商品收取进场费、延期付款、拖欠货款等。这种现象在全国具有普遍性，在西北欠发达地区对农牧民消费升级造成的影响更大。目前，甘肃省工业品流通渠道中，食品饮料及烟酒类、文教体育用品类、机电产品及通信设备类、煤炭木材石油制品及建筑材料类产品大多经由批发商或批发市场销售，批发销售额占总销售额的比例为70%～80%（见图7）；纺织服装鞋帽及日用小商品类、汽车及零配件类商品大多经由零售商或零售市场销售，纺织服装鞋帽及日用小商品类零售销售额占总销售额的比例超过85%，汽车及零配件类商品零售销售额占总销售额的比例也在80%左右。从变化趋势上可以看出，除机电产品及通信设备类产品外，其余工业品的批发销售占比均呈现出下降趋势，尤其是汽车及配件类产品近几年来批发渠道萎缩得非常快。另外，我们还可以看出，尽管大多工业品类批发销售额从总量上看绝对值在增加，但是其在总销售额中的比重却在下降，因此，我们可以得出结论：甘肃省

表3　2011～2012年兰州某大型超市供应商相关数据

		通道费项目	通道费金额（元/店）		通道费项目	通道费金额（元/店）
供应商A	所处行业：食品类；主要经营商品：茶叶；结算方式：购销30天	新品宣传服务费	400	供应商B	所处行业：食品类；主要经营商品：休闲小食品；结算方式：购销30天	新品宣传服务费	250
		新品首单折扣（%）	5		新品首单折扣（%）	5
		新店促销服务费	6000		新店促销服务费	5000
		新店商品配置费	400		新店商品配置费	250
		新店首单折扣（%）	5		新店首单折扣（%）	5
		铺面形象维护费	6000		铺面形象维护费	5000
		司庆促销服务费	5000		资源使用服务费	6600
		店庆促销服务费	1500		堆头陈列促销费	500
		堆头陈列促销费	500		端架陈列促销费	500
		端架陈列促销费	500		信息服务费	50
		信息服务费	50		彩页海报宣传费	300
		彩页海报宣传费	300		直通服务费	2.5%×进货成本
		直通服务费	37700		DC服务费	2.5%×进货成本
		DC服务费	37700		退货成本费	2.5%×进货成本

续表

		通道费项目	通道费金额（元/店）		通道费项目	通道费金额（元/店）
供应商C	所处行业：食品类；主要经营商品：休闲小食品；结算方式：购销30天	新品宣传服务费	400	供应商D	新品宣传服务费	200
		新品首单折扣（%）	5		新品首单折扣（%）	5
		新店促销服务费	5500		新店促销服务费	5000
		新店商品配置费	400		新店商品配置费	200
		新店首单折扣（%）	5	所处行业：食品类；主要经营商品：奶粉；结算方式：货到30天	新店首单折扣（%）	5
		铺面形象维护费	5500		铺面形象维护费	4000
		年节促销服务费	2500		资源使用服务费	3000
		司庆促销服务费	5000		堆头陈列促销费	500
		店庆促销服务费	500		端架陈列促销费	500
		堆头陈列促销费	500		信息服务费	50
		端架陈列促销费	500			
		信息服务费	50			
		彩页海报宣传费	300		彩页海报宣传费	300
		直通服务费	2.6%×进货成本			
		DC服务费	2.6%×进货成本			

资料来源：笔者调查后收集整理。

工业品流通渠道，相对于零售环节而言，批发在渠道中承担的分销功能在逐渐萎缩，专业批发职能正在被多元流通主体分解、转移或替代。

（五）西北欠发达地区的流通现代化水平较之全国有很大差距，具体表现在流通技术水平方面

很多商品交易市场以传统的现货现金交易为主，尤其是农畜产品市场，平均每家市场交易规模小，服务功能单一，很多仅仅只是提供集中交付的场所而已，这与发达地区商品交易市场通常具有的商品分级包装、加工包装、质量检验、结算服务、委托购销、代理储运、信息提供、代办保险等配套服务功能有很大的差距，大大限制了商品流通的效率。

市场信息化建设落后。一方面体现在信息系统建设和维护的投入过

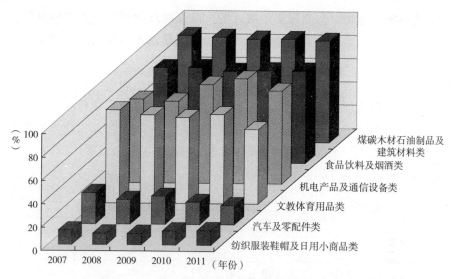

图 7　2007~2011 年甘肃工业品分类批发销售占比

少，另一方面体现在市场缺乏系统的信息收集、整理发布体系，重复建设严重。西北欠发达地区流通企业由于市场规模小、信息意识差等原因，信息建设方面的投入低于全国平均水平。此外，由于没有建立统一的市场管理信息平台，各部门、各地区、各行业都存在"信息孤岛"，致使信息资源的社会交换、开发与利用效率很低。产销之间、区域之间的信息衔接不畅，信息的收集与处理存在着很大的局限性和盲目性。

与流通现代化水平低相对应，流通业从业人员的平均素质较低，在企业经营理念、管理方法等方面均比较落后，成为流通信息化建设中最大的瓶颈。

二　西北经济欠发达地区经济社会发展的特殊性

西北经济欠发达地区有着特殊的人口、地理、自然条件、民族文化等外部环境，形成了西北经济欠发达地区经济社会发展的特殊性。对这些特殊性进行梳理归纳，有助于制定有针对性的流通发展政策。

（一）人口集聚低且分布不均，导致区域物流成本高，不利于商业的集聚，网点布局困难

大量研究表明，地区人口分布对该地区的商业网点布局具有重要影

响。人口密度越大、分布越集中的区域，商业网点越密集，人口集聚带来了大量消费需求，推动商贸流通及各类服务业在该地区聚集，形成显著的规模经济效应，反过来进一步推动商业发展。

西北地域广袤，人口稀少。历史上各民族均临水而居，在荒漠戈壁上按照水源的分布形成人口集聚和绿洲农业。这个历史地理条件决定了西北人口集聚和商业分布的特殊性。以甘肃为例，根据 2000 年第五次人口普查数据，甘肃省人口密度为 57 人/平方公里，在全国 31 个省区市（港、澳、台除外）中排名第 27 位（见表 4）。

表 4　全国 31 个省区市（港、澳、台除外）人口密度及排序

排　序	省　份	人口密度 （人/平方公里）	排　序	省　份	人口密度 （人/平方公里）
1	上　海	2640	17	海　南	224
2	天　津	886	18	山　西	212
3	北　京	823	19	贵　州	200
4	江　苏	724	20	广　西	190
5	山　东	579	21	陕　西	185
6	河　南	553	22	四　川	172
7	广　东	481	23	吉　林	151
8	浙　江	460	24	云　南	109
9	安　徽	429	25	宁　夏	85
10	重　庆	374	26	黑龙江	81
11	河　北	355	27	甘　肃	57
12	湖　北	325	28	内蒙古	20
13	湖　南	304	29	新　疆	12
14	辽　宁	291	30	青　海	7.2
15	福　建	285	31	西　藏	2.1
16	江　西	247			

资料来源：《中国人口统计年鉴 2012》。

从区域内部来看，甘肃省内人口分布极不平衡，大量人口主要集中在兰州（人口密度为 254 人/平方公里）、临夏（人口密度为 240 人/平方公里）、天水（人口密度为 229 人/平方公里）等大中城市的城区，广大农村

地区以及甘南、肃北等少数民族聚居区人口总量少，分布疏散。

甘肃省人口集聚度低且分布不均的现状直接导致区内物流成本高企，加之道路交通等基础设施建设滞后，使得受人口引力而集中在城市的商业网点向农村及周边地区的延伸受阻，城乡分割严重，流通结构极不均衡。表5列出了2011年甘肃省交通（包括公共交通车辆、客运周转量、货物周转量）、通信基础设施建设（包括邮电业务量、移动电话、互联网宽带用户数）指标，为了对比清晰，我们采集了浙江、江苏和广东的相关数据作为参照。

表5 2011年甘肃等地交通、通信基础设施建设指标

省 份	公共交通车辆（万辆）	客运周转量（亿人/公里）	货物周转量（亿吨/公里）	邮电业务量（亿元）	移动电话（万户）	互联网宽带用户数（万户）
甘 肃	1.86	629.5	2037.2	172.29	1614.7	133.6
浙 江	3.5	1296.3	8634.9	901.29	5756	1019.7
江 苏	4.09	1709.7	6958	986.55	6684.8	1171
广 东	4.21	2600.2	6905	1888	10792.8	1643.9

资料来源：《中国统计年鉴2012》。

（二）深居内陆的特殊地理位置和常年干旱少雨的恶劣自然条件导致西北流通业内向型特征突出

西北地区土地辽阔，资源丰富，南依青藏高原，北傍蒙古高原，具有发展特色农业、特色矿产、特色旅游等的先天条件。西北地区位处边陲，拥有广袤的土地资源，土地面积达429.6万平方公里，占全国土地总面积的44.8%，遥遥领先于西南、东北、华东、华南等地区。西部地区地上的光热资源、风能资源和地下的矿产资源都十分丰富，且处于丝绸之路经济带的核心区域，是未来欧亚经济区的黄金地段。然而，由于西北最突出的地理特征是干旱少雨，所以各民族都是临水而居，世代以绿洲农牧业为生。加之地域辽阔，人口密度低，物流成本高，城镇化程度低，产业低端化等种种原因，该区域对外开放程度较低。

（三）西北多民族聚居，商品意识淡薄，不利于流通业发展

历史上，西北地区是农耕民族与游牧民族接壤的边疆地区。由于游牧

民族单一的生产方式和产品结构，除了皮张、肉类食品和奶制品外，西北地区几乎不再生产其他产品。如果遇到暴风雪、干旱等灾害，民族的生存就会受到威胁。即使在正常年景，生产的单一性和生活消费需求的多样性之间也长期存在突出的矛盾。在民族间贸易没有成为常态的交换关系时，轻骑利刃、长矛单刀且居无定所、骁勇善战的游牧民族，会不时地以劫掠方式在农耕民族区域获取所需物品；而农耕民族相应地就发展起了不积蓄财物、不出门远游、不做长远打算的小农思维。西北边疆的地理特征，产生了西北特有的民族文化意识：求稳、求安、只顾眼前、不谋长远。这样的文化意识正好与企业家精神所要求的创新、冒险意识相违背，与市场经济要求的交换、互惠原则相差甚远。

三　重型化突出的产业结构加工链条短、技术含量低，不利于拉动当地商贸流通业发展

西北欠发达地区自然资源丰富，是我国主要的能源、矿产基地。计划经济体制下，受到国家区域经济发展政策和国家产业政策的限制，西北形成了以资源开发和原材料初级加工为主的重化工业主导的工业发展模式，资源密集型产业结构特征明显。以中央计划手段用"嵌入"的方式在自然经济、半自然经济中发展而来的西北工业体系，游离于落后的农业经济和原始的地方工业之外，加之单一的资源型产业本身产业链条短、技术含量低，难以与当地其他产业尤其是第三产业发生横向或纵向联系，因此难以带动区内商贸流通业共同发展。

四　西北欠发达地区流通体系的发展路径

有什么样的生产方式就会有什么样的流通方式，反过来，流通方式对生产会产生巨大的反作用。二者是相互依存的统一体。也就是说，在市场经济中，不可能有建立在落后流通方式之上的现代工业化生产方式（计划经济除外），也不可能在小生产方式条件下建立起现代流通方式。

流通现代化，就是与现代工业大生产相一致的流通方式，其中包括流通渠道、流通组织、流通制度和流通技术手段。所以，在西北欠发达地区推进经济社会发展的过程中，流通现代化必须紧密相伴。工业化与流通现

代化同步发展，实质上是对西北落后的经济形态实行工业化和市场化的双重改造。

在这个过程中，有许许多多的矛盾需要解决，有一系列的关系需要解决好。第一，政府推进与市场配置资源的关系。毫无疑问，政府推进的集权方式，在短期表现出的效率远远高于市场效率，从而成为经济欠发达地区政府偏爱的经济赶超措施，但从较长的时间周期看，脱离了市场规律的规划和措施，最终会出现商业模式缺失、结构不合理、市场效率低下等种种问题。近年来政府集权强行推进项目所产生的不良后果，在西北地区已屡见不鲜，在流通体系建设中必须加以警惕。

第二，在扩大开放、深化改革中，如何处理竞争公平与市场效率之间的关系。这类关系实质上是外来流通企业与本地市场和本地企业的关系。

第三，流通现代化的整体推进（制度创新、城市化程度，工业产业提升）与重点突破（物流业、电子商务，传统商业的信息化改造）的关系。

第四，流通产业内的批零关系、业态业种关系和空间布局关系。

第五，流通效率与贫困地区产业扶贫政策之间的关系。

第六，发展少数民族聚居区流通产业与保持少数民族在经济现代化过程中生活形态和生活方式连续性、自主性和可选择性的关系。

针对不同类型的关系，需要不同的路径和方法。但所有的路径和方法都有一个关键性的交集——商业制度创新。

在欠发达地区进行商业制度创新，具体表现在理论和实践两个方面。从理论上讲，商业制度创新是在市场没有充分发育的欠发达地区，为建立较为健全的市场体系而进行的诱致性制度变迁。市场体系是指从市场经济运行客观实际出发而建立的普遍联系的市场整体。市场体系的建立，不取决于地方政府的主观意愿，而取决于社会分工和商品交换的深度和广度。商业制度创新之所以是诱致性制度变迁，是它的出发点和根本归宿在于降低社会交易成本，使分工的益处不会因为交易成本过高而被抵消，这就为市场体系的建立提供了利益驱动力。

从实践上讲，一个完整的市场体系应具有两大特征，即开放性和统一性。开放性要求市场不仅对国内开放，而且要对国外开放，把国内市场与国际市场联系起来，尽可能地参与国际分工和国际竞争，并按国际市场提供的最新价格信号来配置资源，决定资本流动的走向，以达到更合理地配置资源的目的。统一性是指各分类市场在西北各省区地域区间乃至国内地域空间是一个整体，不应存在行政分割与封闭状态，以有利于扩大市场规模，使资源自由和合理地流动。商业制度创新，目的就是要通过制度来保证市场体系的开放性和统一性。

按照经济学要素投入理论，某个地区的经济增长基于生产要素的投入。而生产要素的投入，主要依靠市场的开放性和统一性。如果期待像改革开放前"三线建设"时期那样国家向西北的投入力度和规模来实现经济社会的快速赶超，或依靠当地自身的资本积累来迅速全面进入小康社会均是不现实的。从国家西部大开发的战略思考中不难看出以下几点。①此次西部大开发的范围广，包括12个省区市，546万平方公里的土地，占全国土地面积的57%。②涉及的民族多。在全国56个民族中除黎族、畲族、高山族和赫哲族外，其余52个民族在西部各省区均有分布。③西部大开发并非单纯的经济行为，具有民族团结、巩固边防的战略目的。④追求长远战略目标，重在可持续发展。从目前国家投资的重点看，大都集中在基础建设、退耕还林、防沙治沙保护江河源头、防止持续恶化等项目上，而对传统产业改造升级的项目并不多。⑤国家在加大投资规模的同时，重在促进西部地区产生内在的发展动力。这五点都从一定侧面反映出西北地区在国家财政扶持上获得的资金，远远不足以支撑在400多万平方公里土地上建立完善的流通体系应有的投资强度。为此，以商业制度创新建立起完善的市场体系，用市场的手段吸引资本，减少项目审批的环节和周期，加快民营经济的发展，实现生产要素的合理流动，是推进西北流通体系发展必不可少的环节。

商业制度创新对西北各省区市场体系的建立和完善的促进作用表现为以下模式（见图8）。

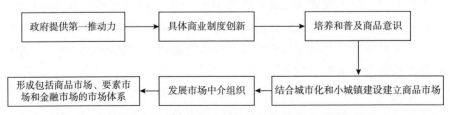

图8　商业制度创新对西北各省区市场体系的建立和完善的促进作用

第一，政府提供第一推动力，通过采购、批发、零售等具体商业制度创新，扩大商业规模，拓展交易范围，发展商品市场，提高商业收益率，实现流通产业在再生产过程中的先导地位，借助于商人社会地位的提高来带动各民族商品经济意识的普及。

第二，在各族人民的市场意识和商品意识的形成过程中，西北各地将逐步具备农村经济和农业生产市场化、专业化、产业化和组织化的群众基础，为实现和普及农工商一体化的商业组织形式奠定基础，为在各地、各民族之间建设农产品市场群和各类专业市场创造条件。

第三，将市场建设与西北欠发达地区的城市化和小城镇建设结合起来，科学规划城市商业空间结构、农村商业网点空间结构和城乡商业的比例和配置，以地级市为中心，建设地区商业中心；县以下以小城镇形成区域商业中心，或围绕区域商业中心建设小城镇。

第四，大力发展促进市场发育并提供各种服务的商业中介组织，如会计师事务所、审计师事务所、研究咨询机构、信息服务机构、结算中心、经纪公司，以及在农村为广大农民进入市场服务的各类产前、产中、产后服务的机构和流通合作组织。

第五，构造市场体系的系统功能，使市场体系进一步完善。市场体系是一个系统，在这个系统中，各类市场是相互制约、相互依赖、相互渗透、密切联系、相互促进的。如果某一个市场发展滞后就会影响其他市场的发育和功能的发挥，从而影响市场体系的整体功能和效率。所以商业制度创新是以商品市场的发育为先导的，但市场体系的完善还需要政府对市场发展进行整体设计和调控。

历史告诉我们，商品流通过程是商品实体运动和商品观念、思想意识传播运动的统一。任何一种价值观念、生活方式都可能在商业主体逐利的动机下，随着商品流通过程而广为传播。当年中国文化向西方的传播是沿着丝绸之路、伴着丝绸贸易向西推进的。同样，19世纪中叶后西方文化思潮在中国的传播也不是靠列强们的坚船利炮强行输入的，而是凭坚船利炮打开中国国门后靠商品的输入而逐渐渗透的。在西北这样一个落后地区普及商品意识、树立市场观念，通过商品市场发展和带动是促进西北地区发展最为有效的方法。

主要参考文献

［1］ 王智：《对当前我国居民消费和消费品市场走势的基本判断》，《调研世界》2011 年第 11 期。

［2］ 亚当·斯密：《国民财富的性质和原因的研究（上卷）》，杨敬年译，陕西人民出版社，2001。

［3］ Yang, X., Rice, R., An Equilibrium Model End Organizing the Emergence of a Dual Structure between the Urban and Rural Sectors, *Journal of Urban Economics*, 1994 (3).

［4］ 黄国雄：《论流通产业是基础产业》，《财贸经济》2005 年第 4 期。

［5］ 蔡文浩：《甘肃省商贸流通业发展的乘数效应分析——基于社会核算矩阵的实证研究》，《甘肃社会科学》2010 年第 6 期。

［6］ 赵霞：《双向互动的甘肃城乡市场体系构建的探索》，《兰州商学院学报》2012 年第 5 期。

［7］ 宋则、王雪峰：《商贸流通业增进消费的政策研究》，《财贸经济》2010 年第 11 期。

［8］ 高铁生：《发展大流通建设新农村》，《中国流通经济》2007 年第 9 期。

［9］ 柳思维、晏国祥、唐红涛：《国外统筹城乡发展理论研究述评》，《财经理论与实践》2007 年第 6 期。

［10］ 夏春玉、张闯：《城乡互动的双向流通系统互动机制与建立路径》，《财贸经济》2009 年第 10 期。

［11］ 傅广宛、蔚盛斌：《农民权益保障：政策结构的完善与调整》，《河南师范大学学报》（哲学社会科学版）2011 年第 4 期。

［12］ 冉光和、李敬、熊德平等：《农村金融与农村经济发展不协调的制度分析》，《经济体制改革》2006 年第 3 期。

［13］ 王凤宏：《农产品流通组织创新》，《2006 年流通产业与区域经济发展研讨会论文集》，2006。

［14］ 张吉隆、魏静：《农产品流通组织创新研究》，《商业研究》2005 年第 14 期。

［15］ 魏国辰：《对我国农产品流通组织创新的探讨》，《中国物流学术前沿报告》2005 年第 11 期。

［16］ 彭芬、张明玉、曹卫兵：《我国农产品物流组织历史演进研究》，《研究与探讨》2008 年第 11 期。

［17］ 王平：《提高我国农产品竞争力的整体制度安排》，《宏观经济研究》2008 年第 12 期。

［18］ 李芬儒：《关于我国农村商品流通创新的思考》，《河北经贸大学学报》2003 年第 5 期。

［19］ 赵晓飞、田野：《我国农产品流通渠道模式创新研究》，《贸易经济》2009 年第 6 期。

［20］ 单丹、庞毅：《中国农村零售业的发展与农村流通体系建设》，《北京工商大学学报》（社会科学版）2007 年第 6 期。

［21］ 马力虎、刘丽兵：《我国农村商品流通体制存在的问题与对策建议》，《现代农村科技》2010 年第 11 期。

［22］ 李芬儒、李曼：《河北农村商品流通产业创新的对策研究》，《经济与管理》2004 年第 6 期。

［23］ 商华、王义：《关于目前我国政府支持农业发展方式的几点思考》，《理论学刊》2005 年第 7 期。

［24］ 王晓红：《农产品流通体系建设中的若干问题研究》，《农村经济》2009 年第 11 期。

［25］ 《马克思恩格斯全集》（第 46 卷）（上），人民出版社，1979。

中国农村消费品流通业创新研究[*]

李骏阳[**]

摘　要　本文对我国农村消费品流通创新进行了顶层设计。在区域上，根据经济发展水平将全国农村划分为三类不同的地区，消费品流通业的发展在不同地区采取有差异的发展对策，亦对不同地区采取有区别的扶持政策。在时间上，本文提出从现在起到2030年两个阶段的农村流通业发展战略，并设计了各阶段的目标、发展任务和支持举措。在发展模式上，根据各地特点归纳出农村消费品流通业的三种模式，并提出其适用范围。在发展思路上，提出了借助于电子商务促使农村消费品流通业跨越式发展、实现城乡流通一体化的未来农村消费品流通业发展思路。

关键词　农村　消费品　流通业

扩大农村地区的消费需求是我国当前宏观经济面临的一项重要任务，具有长远的经济意义和社会意义，然而我国农村消费品流通业现状与农村居民不断扩大的消费需求不相适应，需要大力发展和改善。如何发展流通业为农村居民提供良好的商业环境，提高农村居民的消费水平一直是政府关心和急需解决的问题。笔者的课题组在过去3年时间里对我国十个省十几个县市的农村进行了深入调查，经过研究，提出对农村消费品流通进行顶层设计的方案以及对农村流通体系和流通模式创新的思路。

[*]　国家哲学社会科学基金项目"开发我国农村消费市场的流通视角项目"，批准号：11BJY112。

[**]　李骏阳，上海大学经济学院副院长，教授，主要研究方向为商业流通、国内外贸易。

一 农村消费品流通体系建设的目标和顶层设计

农村消费品流通体系建设的目标应该是在农村地区建立一个现代化、城乡一体化、规范化、网络健全的流通体系。所谓现代化，应该是能够反映流通业发展的时代潮流，包含各种新兴业态和电子商务的发展；所谓城乡一体化，应该是和城市流通业成为一个整体，受到城市商业辐射，与城市商业实现联动的，而不是城乡二元分割的流通体制；所谓规范化，应该是制度健全、管理规范、市场有序、环境良好的流通市场；所谓网络健全，应该是批发与零售和物流业协调发展、互相配合的完整体系。

实现上述目标，需要进行顶层设计。中国幅员辽阔，地区之间发展很不平衡，农村的消费品流通显然也难以应用一种模式。我们认为，全国农村可以分三类地区予以区别对待。

第一类是沿海经济发达地区的农村，如长三角、珠三角等地区，这些地方城镇密布、交通发达、出行方便，农村居民购物可以乘坐公共交通很快到达县城或中心城市，与城市居民享受同样的购物环境。镇上和一些村也有正规的连锁超市，可以满足基本生活需要，村级商业的地位已经不重要。

第二类是经济发展条件较好、交通比较便利的广大农村地区，包括中西部大部分地区和东部少数地区，这些地方的农村离县城或中心城市较远，农村居民到县以上城市购物次数较少，镇区的商业扮演着重要的角色，但还是以传统的业态为主，村级商业仍然是解决日常生活用品不可缺少的场所。

第三类是经济发展落后或交通条件较差的西部地区和部分中部地区，这些地区城市少，广大农村地区离县城很远，镇区的经济也不发达，商业设施落后，农村居民日常购物对村级商业依赖较大，镇区的商业对村民的购物消费来说也很重要。

中国农村流通业的规划应该考虑以上三类不同地区，采取不同的设计。在第一类经济发达的东部地区尤其是沿海省份，城乡一体化进程不断推进，农村居民的购物场所倾向城市化，与城市居民在同一地点购物，这和发达国家的商业发展状况相似，不再分农村商业和城市商业。高速公路沿线兴起一些大型综合超市或购物中心，农村居民受到城市商圈的辐射。政府不需要再进行财政投入扶持商业，如"万村千乡市场工程"，农村商业的规划可纳入城市总体商业规划之中。

第二类中部地区和少数经济仍不太发达的东部区域以及经济较发达的西部区域，当地的城市化进程正在加快，镇上的经济日趋繁荣，农村居民越来越倾向到商业设施比较齐全的镇上购物。未来商业发展的重点是镇，政府需要做的事情是规划集镇商业，改变原先商业发展杂乱无章的状况，引导商业向规范化、现代化方向发展，创造良好的商业环境，改变原先集镇商业存在的脏乱差的面貌。在财政支持方面，可以对与农村居民生活有密切关系的农贸市场建设予以支持，或支持一些品牌好、商品质量有保证的连锁超市进入集镇，以起到示范效应，改变原先落后的业态结构，另外可以支持与农家店有关的配送中心的建设。在第二类地区，"万村千乡市场工程"不再全面铺开，对于偏远乡村可以有选择地扶持一些农家店。

第三类的广大西部经济落后地区，城乡之间的差距很大，短期内难以改变。农村商业要以村和镇为重点进行发展。政府要在这些地区继续实施"万村千乡市场工程"，加强村级商业，把超市业态的农家店"下沉"到村，为农村居民提供日常生活必需品购物的便利和安全保障。同时，要重视集镇商业的发展，在集镇形成具有多种业态的商业中心，使农村居民绝大部分消费需求可以在集镇上得到满足。政府在财政上对集镇的商业也要予以支持，如对农贸市场建设的资助，对落户集镇的规范性的连锁超市的支持，对与农家店有关的配送中心建设和运行的支持，对与商业有关的配套设施的支持。

从时间阶段来分析，中国未来农村消费品流通业的建设可分为两个阶段：第一个阶段是 2015～2020 年，第二个阶段是 2021～2030 年。对应两个阶段流通业发展的主要参考一是城镇化进程，二是农民人均纯收入。

在第一阶段（2015～2020 年），农村居民人均纯收入在现有基础上翻一番，向 2 万元迈进。农村消费品流通业发展的重点是解决农村居民购物难、购物贵和商品质量无保障的问题，完善农村商业布点，消除购物盲点，形成较完整的农村消费品流通体系。建设的重点是村和镇两级商业，在经济发展水平不同的地区有不同侧重。在政策上，支持有信誉度的连锁超市和各种专业连锁进入乡镇，支持物流配送企业为农家店提供质量有保证的商品，支持镇区规划商业布局，对中西部经济发展落后地区继续实施"万村千乡市场工程"。

在第二阶段（2021～2030 年），城市化进程加速，农村居民人均纯收入从 2 万元向 4 万元跃进，全面实现小康，城乡收入差距缩小。农村消费品流通业发展的目标是实现城乡一体化和现代化，发展重点转移到城乡结合部和集镇，在城乡结合部建立大型综合超市和购物中心；在集镇建立业态齐全的商业中心，可以基本满足农村居民消费购物的各种需求。政府不再进行财政投入扶持农家店的"万村千乡市场工程"，可以对一些为偏远乡村农家店配送商品的物流企业予以支持。

二　农村消费品流通的发展模式选择

如何发展农村消费品流通业，发展的重点在哪里，选择什么样的业态，这些问题都涉及农村消费品流通的发展模式。根据近年来农村消费品流通业发展状况，我们总结出以下三种模式。

（一）以乡村为重点的发展模式

商务部实施的"万村千乡市场工程"就是以乡村为重点的发展模式，这种发展模式的着眼点在最基层的村庄，在村里设置加盟的农家店，以此改善农村购物环境，为农民提供较为丰富的安全的商品。

1. 农村现代综合超市模式

目前国内大多数专家学者都是以乡村为重点来设计农村消费品流通业的发展，许多学者进行了深入调研，了解农村居民需要什么样的零售业态和购物环境，为农村商业的业态设计各种创新模式。

汪旭晖、张晓霞分别在各自所在的省份进行调研的基础上提出了农村超市的模式。汪旭晖等（2009）通过对辽宁省农村的访谈调查，得出农民所需要的农村零售业态是"农村现代综合商场"，该商场面积为 1000～2000 平方米，商品质量中等，价格低廉，营业时间为 12 小时，满足 1.5 公里范围商圈内的消费者购物需要。[①] 张晓霞（2010）通过对山西农村的

---

① 汪旭晖、徐健：《农村零售业态创新：一个基于东北地区农民消费行为的探索性研究》，《农业经济问题》2009 年第 5 期，第 44～49 页。

调查得出结论，大多数农村消费者认为较为理想的商店规模为 200～1000 平方米，以快消品为主，价格适中或低价，提供一定的人员服务。作者把这种新型业态称作"农村综合超市"。① 二者的设计比较接近，笔者认为可以将其称为"农村现代综合超市模式"，面积在 500 平米以下为宜，经营的商品种类较宽。农村现代综合超市模式适合于农村人口比较密集的地区，上述的第一类和第二类地区都可以发展这种模式。

2. "好立方"模式

浙江海宁的"好立方"超市公司创造性地设计了一种新型的超市模式，该公司将废弃的集装箱作为超市的载体，以单个 80 平方米的连锁店为例，废弃集装箱采购和改装的成本仅 2 万元，远远低于物业建筑成本。"好立方"超市商品多达 1500 多种，上千种商品中有 40%～60% 都属于厂家直供，大部分商品都有品牌保证。这不仅确保了产品质量，而且可以直接让利给农村的消费者。

"好立方"的定位就是农村消费服务终端。在"好立方"的发展过程中，各类社会服务功能不断被加载：村邮站、物流配送站、广告平台、体育彩票、信息平台、代售项目、打印和免费测量血压等，未来规划的服务还包括银行业务、小额信贷、电器维修、娱乐休闲、摄影、医疗卫生、农村一卡通、商业中介、餐饮等。

"好立方"提出村镇流通网络一体化模式。"好立方"在实践中，采用了"区、镇、村"三级垂直物流配送体系，在镇上建设中心店，作为联通区域物流配送中心和农村终端的中转基地。"好立方"由总部统一管理、统一配送，实施统一市场推广、统一电脑系统、统一质量控制系统、统一进货渠道和统一价格，这些"统一"让"好立方"得到快速复制，并实现了品牌化运作。"好立方"模式在实践中得到广泛认可，2010 年，浙江省商务厅发文要求在浙江农村更大范围内推广"好立方"模式，努力解决行政村连锁经营网点建设薄弱的问题。

"好立方"模式具有很强的适应性，经济发达或欠发达地区均可推广。由于面积相对较小，对人口集聚的要求不高，适合一些居民居住比较分散的农村地区。

---

① 张晓霞：《中西部农村零售业态创新研究》，《管理现代化》2010 年第 3 期，第 44～46 页。

（二）以城镇带动乡村的发展模式

1. 苏果超市模式

苏果的大本营在城市，但60%的网点开设在县及县以下农村，50%的销售来自农村市场。目前，连锁网点不断向镇村延伸，推进网络下沉，将商品供应服务做到了农民家门口。苏果采取双轮驱动战略，即直营店和特许加盟店共同发展，相辅相成，这对农村市场快速进入、品牌影响力的快速扩散发挥了重要作用。截至2013年，苏果网点总数达2109家，覆盖苏、皖、鄂、鲁、豫、冀6个省份，员工总数达10万人，年销售规模达433.39亿元。

2. 浙江供销超市模式

浙江供销超市在乡镇一体化发展模式上取得成功，它的发展模式是一般先在当地政治经济中心、拥有较强集聚功能的镇开设一个2000平方米左右的直营店，树立一个标杆，作为其他行政村加盟店的模式和标准。行政村里，则全是50平方米左右的加盟店。这些村级加盟店大多是前店后仓，前面是门店，楼上是住宅，其营业时间从早上6点到晚上11点，比城镇店的营业时间还要长。①

（三）以小城镇为重点的发展模式

在各地大量的调研中我们发现，不少农村地区近10年来村级商业发展缓慢，商业网点数量不增反减，与此同时，镇上的商店呈现繁荣发展态势，商业网点数量成倍增长。课题组所调查的一些镇，近5年来商业网点数量增加了2~3倍。农村居民对村级商店依赖程度下降，反而对镇和县城的商业依赖程度提高，各地集镇商业不断扩大，业态日益丰富，分流了村里商店的很多客流，导致村级商业衰弱，农村商业有向集镇集聚的趋势。

根据以上调查的结果，我们认为以小城镇为中心的农村流通业发展模式正在一些地区兴起。随着城镇化的加速推进、农村道路交通条件的改善，农村居民拥有的交通工具升级，镇区商业的规模效应显现，这种发展模式成为一种趋势。

农村消费品流通业的以上三种发展模式在各地不尽相同。在农业经济为

---

① 任宇子：《农家店扩张之痒》，《中国连锁》2011年第1期，第38~41页。

主、城乡差别较大的农村地区，以乡村为重点的流通业发展模式是主流。在经济发达、城乡差距较小的地区，以城镇带动乡村的发展模式是主流并具有很大的发展空间。以小城镇为重点的发展模式可能在以下两种情况下都会出现：一种是在农村经济欠发达，农村人口大量外出打工的地区，农村空心化，村级商业衰弱，以小城镇为重点的发展模式会较快成长起来；另一种是城乡一体化程度很高的地区，小城镇的商业代替了村级商业。

三　基于电子商务基础上的农村消费品流通业跨越式发展思路

近年来，电子商务和网购的快速发展对流通业产生重大影响，农村的网购虽然也出现一些良好的势头，但是与城市相比，网购的比重很小，网购渗透率很低。截至 2013 年 12 月，农村网民网络购物使用率为 31.1%，比城镇使用率低 24.1 个百分点；用户规模为 5485 万人，占农村总人口的 8.7%。① 农村地区网购具有极大的潜力。

电子商务的快速崛起对农村流通业发展来说是一个巨大的机遇，网购不受地域限制，无须大量投入，就可为农村提供一个商品齐全的购物网络。移动电子商务的发展使得网购更加便捷，在农村发展网购可以克服农村流通业基础设施落后的瓶颈，使农村消费者享受到与大中城市消费者同样的购物环境，有可能使农村跨越商业业态发展的传统阶段，直接进入到与城市同等水平的商业现代化阶段。

在农村大力发展电子商务与网购，促使农村商业的跨越式发展，借助于电子商务实现城乡流通一体化是我们对未来农村商业的一个设计思路。

为推动农村电子商务的发展，建议商务部和工信部可以联合开展"电子商务万村千乡工程"，具体设想如下。

第一，增大农村地区信息化建设资金投入，加快农村电信和网络宽带建设。2013 年农村宽带人口普及率仅为 6.3%，低于城镇 12.6 个百分点。争取在 3~5 年内实现村村通网络，政府要和几大电信运营商合作，向农村地区提供优惠的上网套餐。

有关部门和电商企业要在农村普及网络知识，培养农村居民网购习惯。农村居民对网购的接受慢于城市，这其中有许多原因：上网条件差，

---

① 中国互联网络信息中心：《2013 年中国农村互联网发展调查报告》。

文化程度低，电子商务知识少，网购环境差，购买力低等。培养网购习惯除了需要宣传普及网购知识外，更需要切实解决农村居民在网购方面存在的问题。

第二，在每个村建立电子商务代购（销）点，帮助农村居民进行网购和销售农产品。前两年淘宝网推出了代客网购的业务，专门为这个市场开发了一个新的业务链——线下代购，代购店的目标是"把淘宝代购服务点变成两平方米的沃尔玛"。这种形式可以在农村推广，利用现在农村的农家店，配备上网条件和电脑，对店主进行简单培训，就可以开展代客网购的业务。代购点可酌情收取一些代购费用，政府可以对代购点进行适当资助，以代替原先对农家店的资助。

电子商务代购（销）点可同时发展农产品销售的电子商务。目前有不少农民和农村合作组织在网上销售农产品，他们有自己的网店或网站，掌握了电子商务的知识，可以利用他们的网络销售条件扩大网络购销业务，开展购销双向业务。

第三，支持农村取货点发展。目前农村网购的最大不便是商品不能送到村，在许多地方甚至连镇上都没有取货点，发展乡村的取货点是突破农村网购瓶颈的关键所在，而对于快递公司来说，不愿意将配送点设立到村的原因在于乡村业务量小，而且很少有在当地收揽包裹的业务，无法形成规模经济效益，加上乡村路途远，导致配送到镇、村的成本高。农村网购实际上陷入了一个低水平恶性循环，即农村网购量少—快递送货平均成本高—取货点远离居住地—农村居民取货不便且成本高—网购业务难以扩大。

要打破这样一个低水平循环，突破点在于下沉配送点，降低农村居民网购的物流成本。可以考虑由政府出资支持发展农村基层的取货点，主要有以下两种方式。一是以上述电子商务购销点或者村（镇）的某家商店作为取货点，店主每天到镇或县城统一将寄往本村的各家快递公司包裹取回；二是在镇上设置凭密码开启的存物箱，网购者收到短信后可自己到镇上去取。这两种方式都需要政府进行补贴，一是补贴能够把包裹送到村里的快递公司，二是补贴自动储物箱的业主，或者是补贴取货点的店主。

第四，帮助农村居民掌握网上支付手段。农村的包裹不是由快递公司直接送到消费者家里，货到付款形式无法实现，而且农村居民较少使用网银和电子钱包。截至2013年12月，农村网民网上支付用户规模为4543万人。网上支付在农村网民中的使用率为25.7%，比城镇网民使用率低22.2

个百分点。截至 2013 年 12 月，农村网上银行使用率为 25.4%，用户规模为 4487 万人，增长率为 12%。① 银行的农村基层网点要向居民宣传网银使用的知识，让农村居民了解网银和电子钱包使用方法。有关部门可以统一组织农村电子商务扫盲运动，向农村居民普及电子商务的知识。

四 完善农村消费品物流配送体系的对策

网购和农村超市都需要物流配送体系的支持，"万村千乡市场工程"的实施使农村商业上了一个层次，然而，要使农家店得到健康发展，商品配送必须跟上。农村消费品流通的主要问题之一是商品质量缺乏保障，要从源头上解决这个问题，统一的商品配送是关键。

农村超市和电商企业的商品配送与在城市运行相比成本高、效率低，不存在规模经济效益。目前连锁超市的赢利模式主要是依靠扣点和返利，如果加盟店减少从连锁企业总部的进货量，连锁企业总部的采购量就会减少，扣点和返利也会减少，这就影响企业的利润，若配送中心设备闲置则会造成更大的损失。

要提高农村连锁超市统一配送率和促进电商企业下沉派送点，解决问题的根本出路在于提高配送中心的配送效率，降低配送成本，对此要在以下方面下功夫。

首先，要加强信息系统的建设与管理。加强连锁超市的信息化建设和管理是提高物流配送效率的重要方面，配送中心若能及时掌握所辖地区全部门店的商品需求信息，则能够规划最合理的路线和选择最适宜的时间进行统筹，降低配送成本。因此，除了配送中心自身加强建设外，还应为农家店配备必要的电脑设备和进行信息化培训。

其次，探索实现双向流通，降低配送车辆返程的空载率。实现农村物流的双向流通、降低配送车辆返程的空载率是许多专家学者长期以来的建议（夏春玉，2009）②，如在双向流通概念基础上提出农村连锁超市"一网双流、双向赢利"的新型运营模式，即在原来单向由供应商到连锁

---

① 中国互联网络信息中心：《2013 年中国农村互联网发展调查报告》。
② 夏春玉等：《城乡互动的双向流通系统：互动机制与建立路径》，《财贸经济》2009 年第 10 期。

超市总部再到连锁超市加盟店的物流配送模式的基础上，增加反向的物流配送系统。[1] 这些都是可以采纳的做法。

再次，在配送体系的建设中，要尽量利用龙头企业原先在城市的物流设施，最大限度地发挥其潜能。同一地区有分属不同系统的连锁超市或农家店，如分属商务部、供销社、邮政系统等，在配送中心建设上可以资源共享，不要各自为政。发挥市场在资源配置中的决定性作用，"万村千乡市场工程"的农家店要尽量利用当地龙头企业的物流设施，龙头企业应以城区店为核心，构建面向镇村的配送体系，部分区域可以发挥乡镇中心店的辐射优势，通过以店代配的方式解决配送问题。配送中心在发展中要建立起地区的物流信息共享大平台。

政府的"电子商务万村千乡工程"可以与民间合作。2014 年 10 月，阿里巴巴集团在首届浙江县域电子商务峰会上宣布，启动千县万村计划，在 3～5 年内投资 100 亿元，建立 1000 个县级运营中心和 10 万个村级服务站。阿里巴巴要在今后几年推动农村以线下服务实体的形式，将其电子商务的网络覆盖到全国 1/3 的县以及 1/6 的农村地区。这对农村电子商务发展无疑是极大的推动。

最后，要对农村超市和电商企业的配送中心建设予以政策扶持。农村地区的特殊性使物流配送成本势必高于城市，完全依靠农村连锁超市和龙头企业自身无法消化增加的成本。主管部门应尽快制定配送中心建设标准，并给予一定的优惠扶持，除了"万村千乡市场工程"对配送中心予以支持外，当地政府也可考虑对建设物流配送中心的贷款实行全额贴息。国土部门也应在整合土地资源的基础上，优先安排农村配送中心的建设用地，对其实行适当优惠。地方电力、水务部门在配送中心用电用水方面则应根据商务部有关文件予以价格优惠。

参考文献

[1] 汪旭晖、徐健：《农村零售业态创新：一个基于东北地区农民消费行为的探

---

① 李兴开：《农村连锁超市新型运营模式研究》，《西北农林科技大学学报》（社会科学版）2013 年第 13 卷第 4 期，第 48～54 页。

索性研究》，《农业经济问题》2009 年第 5 期。

［2］张晓霞：《中西部农村零售业态创新研究》，《管理现代化》2010 年第 3 期。

［3］任宇子：《农家店扩张之痒》，《中国连锁》2011 年第 1 期。

［4］中国互联网络信息中心：《2013 年中国农村互联网发展调查报告》。

［5］夏春玉等：《城乡互动的双向流通系统：互动机制与建立路径》，《财贸经济》2009 年第 10 期。

［6］李兴开：《农村连锁超市新型运营模式研究》，《西北农林科技大学学报》（社会科学版）2013 年第 13 卷第 4 期。

第四篇　流通创新

探讨移动商务 1 + 5 盈利模式设计

洪　涛　洪　勇[*]

摘　要　随着我国移动技术的应用，特别是3G、4G技术的广泛应用，移动商务浪潮扑面而来。本文论述了全球移动商务的发展、我国移动商务的发展、我国移动交易当事人结构及其商业模式、移动商务网络架构及其体系结构、我国移动商务盈利模式，重点分析了一个核心体系框架及其五个基本点，简称为"1＋5盈利模式"。

关键词　移动商务　交易当事人　网络架构　"1＋5"模式

据统计，全球现有手机用户超过60亿人，其中智能手机用户约为28亿人；中国现有手机用户达到12.29亿人，其中3G移动电话用户达40161万户，手机上网用户达到5亿人（2013年12月底）。由此，促进了我国移动商务的发展。

移动商务是指通过手机、PDA、掌上电脑等手持移动终端从事的商务活动。与传统通过电脑（台式PC、笔记本电脑）平台开展的电子商务相比，其拥有更为广泛的用户基础。

＊　洪涛，1957年出生，经济学博士，北京工商大学商业经济研究所所长、教授。商务部市场运行调控专家、国内贸易专家、电子商务咨询专家，农业部农产品市场流通专家。中国商业联合会专家委员会委员、专家工作委员会副秘书长，中国商业经济学会副秘书长，学术委员会副主任，中国市场学会常务理事，流通专业委员会学术委员会委员，中国市场指导委员会副会长，中国粮食经济学会/行业协会常务理事，全国高校贸易经济教学研究会副秘书长，中国电子商务协会移动专家委员会委员等，荣获2004年度北京市优秀教师、60年流通领域有影响的优秀专家、2010年优秀电子商务专家称号。洪勇，1983年出生，经济学博士，商务部研究院信用管理部研究人员。

一　全球移动商务发展

2003 年超过 10% 的电子商务交易通过手机等移动通信设备来完成，2004 年全球出现 10 亿移动电话用户、7.19 亿网民（以下同，含手机网民），其中 5 亿网民为手机移动网民，2005 年有 25% 的数据业务通过手机移动通信设备来传输。2006 年手机用户达 26 亿人；2011 年手机用户达 60 亿人，全球网民达 20 亿人；2012 年手机用户超过 60 亿人，全球网民达到 24.05 亿人；2013 年底全球网民达到 27 亿人；2015 年网民将达到 30 亿人。据统计，2019 年全球将有 93 亿移动电话用户，其中 56 亿人是智能手机用户。据统计，2013 年全球智能手机出货量超过 10 亿。

二　我国移动商务发展

（一）手机持有人数

2005 年中国手机用户达到 3.88 亿人，居全球第一位，2006 年达到 4.6 亿人，2007 年达 5.5 亿人，2008 年达 6.41 亿人，2009 年达到 7.5 亿人，2010 年超过 8 亿人，2011 年超过 9 亿人，2012 年达 11.12 亿人，2013 年达到 12.29 亿人。

（二）手机等移动终端网民数

2011 年底中国手机网民为 3.56 亿人，较 2009 年底增加了 1.073 亿人，手机网民在总体网民中的比例进一步提高，达到 69.4%，人们对手机及其功能的需求为手机带来了广阔的发展前景。2012 年手机网民达到 4.2 亿人，2013 年 12 月底手机上网用户达到 5 亿人。

（三）移动商务市场结构

我国各移动商务运营商的市场份额被几家大的运营商所占据，据统计，2012 年手机淘宝占 62.7%，京东占 16.7%，QQ 网购占 4.5%，苏宁易购占 2.3%，凡客诚品占 2.1%，当当占 1.1%，1 号店占 1.0%。而 2010 年排名前三位的分别为亿美软通、新网互联、用友移动商街，这三家的市场份额已经超过整体市场的 40%，而现有情况已经发生了较大的变化。

（四）移动支付市场发展较快

2011 年我国手机支付市场规模达到 2.2 亿户，移动支付全年交易额达到 742 亿元，同比 2010 年增长 67.8%。2012 年手机支付市场规模达到 2.5 亿人，市场规模在 2012 年呈爆炸式增长，达到 1511.4 亿元，2013 年达到 96400 亿元。统计机构 Gartner 的数据预计，2013 年全球移动支付用户数将达到 2.45 亿，同比增长 22%；交易量将达到 2354 亿美元，同比增长 44%。

（五）移动商务交易额超过 2300 亿元

2012 年我国手机网民达到 4.2 亿人，移动商务交易额达到 965 亿元，同比增长 135%；2013 年 12 月底手机上网用户达到 5 亿人，移动商务交易额达到 2325 亿元，同比增长 240.93%。

三　我国移动交易当事人及其商业模式

（一）我国移动交易当事人

我国移动商务交易当事人有移动用户、内容提供商、移动网络平台、移动运营商、网关提供商、移动网店、移动社区 7 个。移动商务在此共同协同下完成移动商务业务活动（见图 1）。

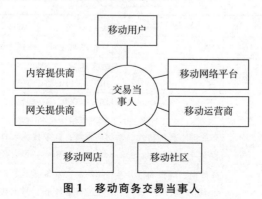

图 1　移动商务交易当事人

（二）我国移动商务技术与模式分析

1. 移动商务技术

移动商务技术多种多样，归纳起来主要有 8 个方面，而且不断在发生变化（见图 2）。

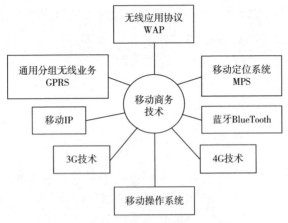

图 2　移动商务技术

表 1 展示了 1G、2G、3G、4G、5G 的演变。随着信息通信技术的演变，下载的速度越来越快，在 2G 时手机还无法传送电子邮件和软件，到 4G 时下载的速度就达到 100Mbps，这是原来台式机都无法达到的速度。通信功能越来越多，1G 时只能接听电话，到现在传送高质量的图像信息，能满足顾客所有的无线通信服务等。到未来 5G 时下载的速度就达到 600Mbps，速度就更快了。

表 1　无线通信技术演进

年　代	系　统	技　术	业　务
20 世纪 80 年代	1G	模拟	模拟蜂窝电话、模拟无绳电话
20 世纪 90 年代	2G	数字个人	数字蜂窝：GSM、IS - 54、PDC 数字无绳、DECT、PHS 移动卫星
2000 年	3G	全球标准	IMT - 2000（3G 蜂窝） 最大数据率：2Mbps
2013 年	4G	高数据、高机动性，基于 IP	4G 蜂窝、宽带接入、ITS、HAPS 最低数据率：2~20Mbps；最大数据率：100Mbps
2020 年	5G	高数据、高机动性，基于 IP	5G 蜂窝、宽带接入、ITS、HAPS 最低数据率：2~20Mbps，最大数据率：600Mbps

2. 移动商务模式

在市场经济条件下，移动商务模式是由移动商务价值链中的某几个部分相互合作而逐步形成的盈利模式。移动商务模式包括移动商务价值链平台模式、移动运营流程链模式、微店模式。

（1）移动商务价值链平台模式。

商务模式是价值链中的多个参与角色根据服务提供和收入分配等方式相互联系、相互影响形成的一个商务系统。商务模式描述了移动运营商和外部合作伙伴在价值链中的分工和扮演的角色，是指外部的、企业实体间合作的方式。重点解决企业与环境的互动关系，包括与产业价值链环节的互动关系。移动商务价值链模式经历了三个阶段。

第一代价值链：20 世纪 80 年代中期，移动技术刚出现，移动服务单一，价值链也非常简单，主要由无线服务提供商、终端设备制造商、中间服务提供商和最终用户 4 个部分组成。图 3 中 4 个部分呈线性关系。

图 3　第一代价值链

第二代价值链：20 世纪 90 年代初期到中期，随着数字技术的出现，数字语音和简单的数据服务得以实现，相应的移动商务价值链也发生了变化。包括：内容服务提供商、无线服务提供商、终端平台与应用程序提供商、用户和基础设施服务提供商 5 个部分。图 4 中前四者呈线性关系，最后一个用于支持无线服务提供商。

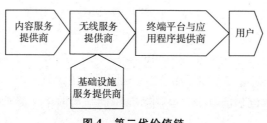

图 4　第二代价值链

第三代价值链：21 世纪初随着 3G、4G 技术的出现，无线网络可以提供基于多媒体数据的各种服务，其价值链也更加复杂。主要包括：内容和应用服务提供商、门户和接入服务提供商、无线网络运营商、支持性服务提供商、终端平台与应用程序提供商和用户6个部分（见图5）。图6是移动商务价值链平台图。

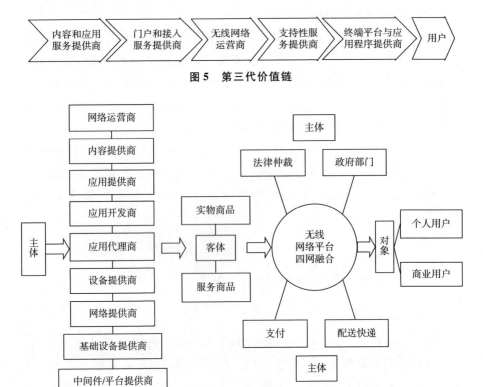

图5　第三代价值链

图6　移动商务价值链平台图

（2）运营链流程模式。

在特定的商务模式下，企业内部支持该商务模式的一组内部业务流程（端到端的业务活动、业务活动之间有先后、依赖、输入输出、并行等关系）或业务实现方式构成了运营模式。运营模式是指企业实体内部的运营流程，由于中国移动二级架构的特点，我们把中国移动分成省公司和集团公司来探讨运营流程的复杂性。图7是中国移动的运营链模式。

（3）微店模式。

①O2O模式。O2O即Online To Offline，也就是将线下商业活动融为一体，让交易网成为线下交易的前台。

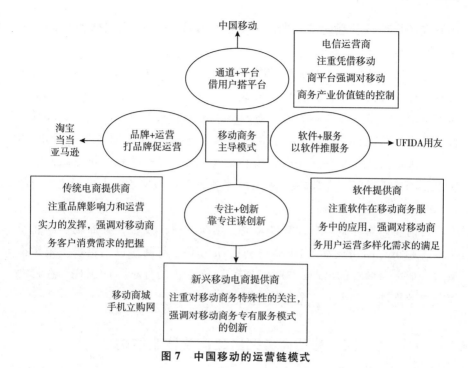

图7　中国移动的运营链模式

②O2M 模式。O2M 即 Offline to Mobile，从线下到移动设备的移动购物模式。地面流量－移动流量－网上流量，形成闭环，从而构成忠诚顾客流量。

③O2P 模式。O2P 即 Online To Place，是本地化的 O2O 营销模式。鉴于大型商品物流不便的情况，人们探索提出了 O2P 营销模式。利用移动终端，将网上商城"植入"门店，并且将经销商、厂家和门店串联起来，形成一个巨大的销售网络，每个门店都是该网络中的一个"配送终端"。

④微店体验店模式。又叫微店全渠道模式，它不仅实现了移动渠道、DM 营销、数字货架、平面和电子海报同步，也是国内第一个实现二维码全覆盖的超市门店，从会员卡、优惠券、订单到商品，均可"扫一扫"，未来还可以实现商品的二维码展示。

（4）具体模式案例。

前几年移动商务的主要模式有：亿美软通模式，3G、4G 门户模式，用友移动模式，天府农业移动商务模式，金蝶 ERP 支撑移动商务模式，整合移动固网优势的联通商务模式，滚石移动全线切入移动商务模式，用移动商宝进行动态管理的移动商务模式，空中网以手机为载体的移动商务模式。

　　无线通信技术的发展推动了移动商务模式的发展和创新，归纳起来主要有：独立运营模式、联盟平台模式、软件服务模式、固有延伸模式等。作为全国 13 个 4G 试点城市，宁波市将率先在全国建设 4G 电子商务园区，普及和推广移动 4G 网络正式商用。目前，宁波市已经建成基站 2500 多个，实现市六区、所有县（市）核心城区、部分发达乡镇、杭甬高速宁波段以及溪口风景区、高教园区等 2000 平方公里区域覆盖，人口覆盖率已超过 70%。

　　目前实体店开微店有甘家口大厦、燕莎、超市发、天虹商场、河北承德宽广超市、四川成都 WOWO 便利店等。2013 年阿里巴巴也联手银泰推微店，加之余额宝的出现，"嘀嘀打车"与"快的打车"的出现，在移动商务领域推动了一个又一个新的浪潮。

四　移动商务网络架构及体系结构

（一）网络架构模型

　　遵循现代通信工程学的基本理念，移动商务涉及三个大的模块的构建，一是客户端应用系统，二是无线传输通道，三是经济组织内部 IT 系统的完善。图 8 是一个典型的移动商务应用模式图。

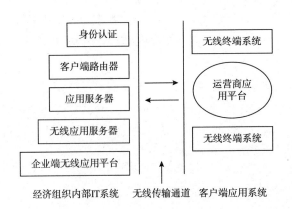

图 8　移动商务应用模式

（二）移动商务系统体系结构

根据移动商务应用的网络模型，我们可以进一步抽象出移动商务的系统体系结构（见图9）。

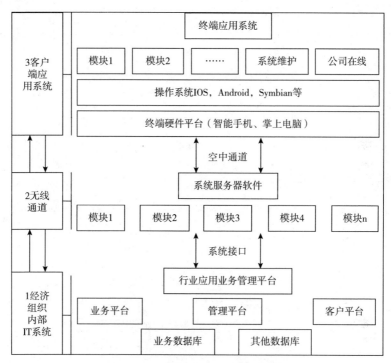

图9　移动商务应用系统的体系结构

五　我国移动商务盈利模式分析

（一）一个核心框架体系

一个核心框架体系是指3+4框架体系，是指以客户群体为对象的价值实现而形成的框架体系。3是指交易、支付、物配；4是指主体、对象、客体、空间，主体是指谁来建设或经营，客体是指实物商品和服务商品，对象是指商户或者顾客，空间是指四网融合，即宽带电信网、新一代互联网、数据电视网、物联网（见图10）。例如，"空中网"构建了一个网络资源平台，为广大手机用户提供了下载手机音乐、动画、游戏的专业网站，方便快捷，并且有质量保证。在这个过程中，空中网收取资源下载费用，实现赢利。

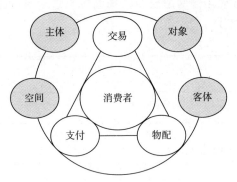

图10 3+4核心框架体系图

（二）五个基本点

五个基本点指的是五个基本构成要素，即利润对象、利润点、利润源、利润杠杆、利润屏障，也以空中网为案例进行分析（见图11）。

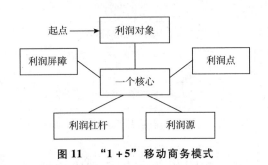

图11 "1+5"移动商务模式

（1）利润对象是指移动商务的对象群体，即企业提供的实物产品和服务产品的购买者和使用者群体，如移动平台"空中网"的目标客户定位为中国15～35岁的年轻人。

（2）利润点是指移动商务所提供的商品是什么，这里指的商品是实物商品和服务商品。对于空中网来说，它的利润点就是其网站上的数字资源，主要有无线互联网门户 Kong. net、2.5G 业务（包括 MMS 短信服务、WAP 无线上网服务、KJAVA 游戏服务），以及 3G、4G 产品和服务。

（3）利润源是指企业的收入来源。空中网主要通过向手机下载客户收取下载费用，根据流量和下载次数计算费用，获得自身收入。

（4）利润杠杆是指移动商务为了吸引对象所采取的各种手段和所开展的各种活动，如"空中网"吸引客户购买和使用产品或服务的一系列活动，空中网与很多知名企业合作，针对不同阶段年轻人关注的热点问题开展各种各样的活动，实现吸引客户和宣传产品的目的。同时，空中网紧跟时代发展的脚步，应用不断发展的数字技术，不断推陈出新，满足广大客户的产品需求。

（5）利润屏障是指企业为防止竞争对手掠夺本企业的利润而采取的防范措施，具体包括核心的技术、核心的商业模式、核心文化等，如"空中网"作为数字技术的前沿机构，具有其权威性和专业性。同时，空中网拥有优秀的企业团队、良好的管理模式，作为中国手机娱乐先锋，带动了国内数字技术的发展。

参考文献

［1］洪涛：《移动商务模式设计》，经济管理出版社，2013。

［2］洪涛：《电子商务盈利模式案例》，经济管理出版社，2012。

［3］《手机网购年增4倍》，行业资讯荆楚网，2013年11月22日。

［4］《移动商务是下一个零售业的路口么?》，雨果网，2013年11月21日。

［5］陈莹莹、倪铭娅：《中国智能手机普及率达66% 移动电子商务将进一步发展》，中证网，2013年11月21日。

［6］《微信营销：移动商务一键完成》，都市网新闻频道，2013年11月22日。

［7］孟妮：《商务部五举措促消费增长》，《国际商报》2013年11月22日。

［8］《"4G速度"前所未有 刺激移动商务使用量增长》，《人民邮电报》2013年12月4日。

［9］洪涛：《鼓励农产品电子商务及其模式创新》，《物流时代》2013年第12期。

基于社会因素视角的微博用户
持续使用研究

徐 建*

摘 要 2013 年以来，开始出现中国微博用户数量增长放缓的现象，用户活跃度也开始停滞甚至出现衰退，这引发了业界对微博用户持续使用问题的广泛关注。本文在动机理论的基础上，将网络外部性、主观规范和形象三个社会因素引入微博用户持续使用问题的研究，并通过基于 PLS 的结构方程模型进行了实证研究，发现：①网络外部性、形象两个社会因素变量对感知趣味性和感知有用性均具有显著的正向影响关系；②感知趣味性和感知有用性对微博用户的持续使用意向均具有显著的正向影响关系，而且感知趣味性的影响作用要大于感知有用性；③网络外部性、形象会以感知趣味性为中介间接影响微博用户对微博平台的持续使用意向，而感知有用性的中介作用不显著。本文对于微博平台运营商巩固和维系用户，增强用户的持续使用具有重要的参考价值。

关键词 微博 网络外部性 主观规范 持续使用

一 引言

微博是一种允许用户及时更新简短文本并公开发布的微型博客。用户可以通过 WEB、WAP 以及各种客户端登录微博，以不超过 140 字的文字

---

* 徐建，东北财经大学副教授。

更新信息，达到实时分享的目的（黎斌，2012）。自 2009 年 8 月新浪网推出"新浪微博"内测版以来，微博用户数量呈"爆炸"式增长，截至 2012 年 12 月 31 日，中国微博用户规模已达 3.09 亿人，占网民总数的 54.7%，我国成为微博用户第一大国[①]。但与此同时，微博用户增速开始放缓，用户活跃度也开始停滞甚至出现衰退。中国互联网数据平台相关数据显示，进入 2013 年，微博用户的人均单日访问时长和人均单日页面浏览量在波动中呈现出整体下降的趋势，微博正面临着如人人网、开心网一样的用户流失危机（李冰玉，2010）。因此，当微博新增用户趋于稳定并达到饱和时，挖掘和发展新用户的"圈地"行为已经不是未来微博服务供应商的主战场，而如何巩固和维系用户，增强用户的持续使用成为微博未来发展关注的焦点。

微博用户持续使用问题已经引起了业界的广泛关注，但相关的研究还非常少，而且现有研究将注意力主要集中在对微博用户持续使用具有直接影响的感知有用性、感知趣味性等任务类影响因素方面（刘鲁川等，2012；彭希羡等，2012），而社会类因素却没有受到应有的关注。实际上，微博用户处在复杂的社会系统之中，微博持续使用的意向和行为不可避免地受到网络外部性、主观规范和形象等各种社会变量的影响。这些社会类因素不仅可能对微博用户持续使用产生直接的影响，而且还可能通过感知有用性、感知趣味性对微博用户持续使用产生间接的影响。鉴于此，本文将社会类因素引入微博用户持续使用的研究，构建网络外部性、主观规范和形象对微博用户持续使用意向的影响模型，并进行实证研究，这不仅有利于揭示社会类因素对微博用户持续使用的影响，以及不同社会类因素在影响程度上的差异，而且有利于揭示感知有用性和感知趣味性差异的形成原因。

二　文献综述

（一）动机理论

组织行为学理论认为，行为是由动机引起的，动机对于个体的行为意

---

① 中国互联网络信息中心（CNNIC）发布的《第 31 次中国互联网络发展状况统计报告》，2013 年 1 月。

愿有着直接的影响。基于此理论形成的动机模型根据动机发生的原因不同，将个体行为背后的动机划分为内在动机和外在动机（Deci，1975）。外在动机是指某个体在参与某种活动或采取某种行为时，从相关组织或其他个体那里得到的利益和回报。内在动机则是指个体在参与某种活动或采取某种行为时，可以获得由行为活动本身产生的快乐和满足感（Davis et al.，1992）。

在随后的研究中，大量的学者通过实证研究发现，感知有用性是一种外在动机因素，而感知趣味性是一种内在的动机因素（Kim et al.，2008；Lin et al.，2008；Moon et al.，2001；Vander，2004）。这两种动机共同影响着个体使用信息技术的行为意向。Kim 等（2008）在其研究中指出，感知利益对个体使用信息系统的行为会产生影响，这种利益感知包括个体所感知到的认知利益和情感利益，即上述提到的外在因素和内在因素。Kuan - Yu and His - Peng（2011）将网络外部性和动机理论相结合探索了人们使用 SNS 社交类网站的原因。Davis 等（1992）在其研究中也发现，外在（有用性）和内在（趣味性）两个因素都会影响个人使用信息科技系统的动机。

一些学者在研究虚拟社区类信息系统的用户持续使用意向时，将社会因素引入动机理论的研究当中，发现感知有用性和感知趣味性可能会受到个人特征、情景因素、主观规范等外部社会因素的影响，尤其是感知有用性，在近年的文献中已经被多次证明（Ames et al.，2005；Wadhwa et al.，2008）。因此，本文将在动机理论的基础上，研究感知有用性和感知趣味性对微博用户持续使用的直接影响，并分析这两者在网络外部性、主观规范和形象等社会因素变量对微博用户持续使用影响中的中介作用。

（二）持续使用意向及其相关研究

信息系统持续使用（IS Continuance）描述了用户对特定信息系统持续使用的行为模式，反映了用户初始采纳某一系统后，后续并未中断使用该特定信息系统，而是对该系统保持持续使用的意向或行为。对于 B2C 的电子商务企业来说，获得一个新用户的成本是保持住一个已有用户成本的 5 倍（Parthasarathy et al.，1998），因此，用户的持续使用能够减少运营成本，提高赢利能力，这也是互联网企业生存的关键（Limayem et al.，2007）。

　　近几年来，国际学术界逐步开始关注用户采纳后的使用意向的研究。例如，Chen 等（2012）通过对 Web 2.0 影响用户持续使用意向的众多因素进行分析，认为用户满意度对用户的持续使用有着显著影响，然而用户满意度则取决于主观规范与临界质量。Shen 等（2010）研究发现人际吸引对虚拟社区用户持续使用意向的重要影响。韩国学者 Kim（2008）以韩国社交网络 Cyworld 为例，将主观规范纳入期望确认模型中形成新的用户持续使用意向模型，以验证影响 SNS 网站用户持续使用行为的各个因素，分析表明了该模型的有效性，以及主观规范对用户持续使用意向的影响。Kang 等（2010）以社交网站为例研究在线服务的持续使用意向，实证研究的结果表明，自我形象一致性（Self – Lmage Congruity）对感知有用性和感知趣味性起到关键影响作用，而后悔（Regret）对持续使用意向的影响更为显著。此外，Kang 等学者曾在 2010 年使用技术接受模型（Technology Aceeptance Model，TAM）以社交网站为研究对象，研究在线服务的持续使用意向，结果表明感知有用性和感知趣味性这两个因素显著影响用户对网站信息的满意度和系统的满意度，并影响其持续使用意向。Barnes 等（2011）以 Twitter 为例研究了国外微博服务用户的忠诚行为的影响因素，认为用户选择是否持续使用与其感知有用性、满意度等有很大关系。

　　我国许多学者也在用户采纳后的持续使用问题领域做了很多的研究，积累了一些有意义的研究成果。张楠、郭讯华（2007）等指出组织中信息技术接受是一个复杂而变化的过程，并且以 TAM 模型为基础做了一些简单的理论扩展。黄丽华（2005）以用户满意度为研究目标，建立了 B2C 网站用户的持续使用动态模型。秦敏与徐升华（2008）则以 TAM 模型和 ECT 理论为基础，将采纳划分为采纳前和采纳后两个阶段，提出了基于过程的用户采纳行为模型。殷国鹏与杨波（2010）以 SNS 社交网站为研究对象，将 ECM – ISC 模型和扩展的 ECM – ISC 模型作为研究框架应用于持续使用意向的用户行为研究中。

　　总体上看，学者们对于社交网站、论坛等形式虚拟社区用户的持续使用意向的研究已经有了较为丰硕的成果，而微博由于出现时间较短，相关研究还很匮乏，更鲜有学者研究网络外部性、形象和主观规范等社会因素对于微博用户持续使用意向的影响。其他领域的持续使用意向的研究虽然具有重要的参考和借鉴价值，却不能直接适用于微博用户。因此本文在上述文献综述的基础上，提出微博用户持续使用意向影响因素理论模型，并以国内微博用户为研究对象，以持续使用意向为核心，结合以往研究的相关指标，采用问卷调查的方式收集数据，并通过结构方程模型对所提出的模型进行检验。

三　研究模型与假设

（一）网络外部性

网络外部性（Network Externalities）是 Jeffrey 和 Rohlfs 于 1974 年研究电信服务产业时最先提出的，主要用来分析信息技术与网络产品的需求特点。当一种产品对用户的价值随着采用相同产品或可兼容产品的用户增加而增大时，就出现了网络外部性（Kauffman et al.，2000）。

国内外的学者在网络外部性及其对网络现象的影响方面做了大量的理论分析和实证研究，并将其应用于论坛、SNS 网站等虚拟社区的初次采纳和持续使用问题的研究中。例如，潘延杰等（2009）将网络外部性作为一个新的影响因素引入技术采纳模型的基本框架中，以此构建 B2C 电子商务的个人采纳意向模型，证明了网络外部性对采纳意向存在显著的影响。邓朝华等（2007）把移动短信服务作为研究对象，以网络外部性为理论基础，在移动服务环境的背景下，探索了影响消费者使用移动短信服务行为的因素，提出了基于网络外部性和技术接受模型的移动服务用户使用行为模型。Sledgianowski 和 Kulviwat（2009）认为，SNS 是一种以娱乐为导向的信息技术系统，由于更多的用户、朋友或同事加入该社区网络，用户自己也更趋向于和更加愿意使用 SNS 网站。

从现有文献看，鲜有学者将网络外部性应用于微博持续使用的研究。实际上，微博作为虚拟社区的一种新兴形式，虽然与论坛、SNS 等其他类型的虚拟社区在信息的发布、组织和互动等方面存在显著的差异（赵玲，2011），但也属于社会性网络服务的一种，其使用人数、其他互补产品以及兼容模式的增加也会增强使用者的感知利益。例如，当使用者感知到更多的成员加入到微博后，自己也加入进来后就可以使他们认识更多的交际圈以外的人，了解更多的有用的信息，并进一步扩充他们的联系，在与其他人不断地联系与分享信息中发现更多的趣味，提高学习与工作的效率（Platt et al.，2009）。因此，网络外部性有助于微博用户之间在广泛的范围内建立交互和共享的机制，提高用户对微博平台有用性和趣味性的感知。

基于此，本文提出如下假设：

H1：网络外部性对网上顾客感知有用性有显著正向影响。

H2：网络外部性对网上顾客感知趣味性有显著正向影响。

（二）主观规范

主观规范（Subjective Norm）是指个体在决策是否执行某种特定行为时感知到来自他人的社会压力，它反映的是对某个个体相对重要的他人或团体，对该个体在做决策时候的影响程度。主观规范会受到规范信念的影响，即"个体主观认为重要的或有影响力的他人（或团体）是否支持其执行某特定行为"；同时也受到顺从动机的影响，即"个体在执行某项特定行为时遵从重要他人或团体意见的程度"（Ajzen et al.，1977）。

主观规范的形成一方面与个体所受到的暗示、顺从等心理因素的影响有关，另一方面还与社会认知有密切关系。在主观规范的影响下，人们自觉或不自觉地以某种群体规范或多数人的意见为标准，比如其上级、同事、朋友、亲人等，这些对个体相对重要的人的意见和建议往往对其主观评价具有一定的影响。潘延杰和史烽（2009）在对网络外部性的B2C电子商务采纳意向的研究中发现主观规范对感知有用性和感知趣味性有显著的直接影响。Lu、Yao和Yu（2005）的研究表明主观规范对感知有用具有显著影响作用，进而影响用户的采纳意向和持续使用意向。如果身边的人都乐于使用某个微博平台，并建议使用该微博平台时，就会对用户产生激励作用，提高他们对该微博平台有用性和趣味性的感知。据此，本文提出：

H3：主观规范对网上顾客感知有用性有显著正向影响。

H4：主观规范对网上顾客感知趣味性有显著正向影响。

（三）形象

形象（Image）是指用户在使用某一项信息技术或服务后，主观感受到的自身形象或社会地位在某个特定社会系统中提升的程度。随着社会的发展，人们越来越渴望向众人展现自己，表达自己的观点，从而塑造和改善自己的形象（沈晓琴等，2012）。而微博就提供了这样一个渠道，用户可以在微博平台上共享信息、视频，发布话题，吸引大量粉丝，从而提高他在网络中的声望，建立良好的形象。如果用户在微博使用中，感知到形象的提升（如发起某一爱心公益活动，并被大家广泛转发），那么会使其感知到这一网络平台（微博）的有用性，并在传播的过程中感受到趣味性。据此，本文提出：

H5：形象对网上顾客感知有用性有显著正向影响。

H6：形象对网上顾客感知趣味性有显著正向影响。

（四） 感知有用性

感知有用性（Perceived Usefulness）是 Davis 基于 TRA 模型首先提出来的，他将感知有用性定义为人们感知到通过使用某一特定信息技术能提高其工作绩效（Davis, 1989）。大量研究表明这一变量对用户的使用意向有显著的正向影响效果，当人们感觉到系统有用时，就会对其产生积极的想法，从而对其产生持续的使用意向（Lin et al., 2009）。微博的使用者关心的是这一网络服务是否可以有效地使他与朋友进行互动并促进友谊，是否会使他与众多的陌生人变得熟悉并保持联系，并为彼此在困难中提供援助。Kang（2010）等学者也曾在研究在线服务的持续使用意向时，发现感知有用性显著影响用户对网站信息的满意度和系统的满意度，并影响其持续使用意向。据此，本文提出如下假设：

H7：感知有用性对网上顾客持续使用意向有显著正向影响。

（五） 感知趣味性

感知趣味性（Perceived Playfulness）是指人们使用某一信息系统时所感觉到的愉快程度（Davis, 1989），并且感知趣味性被认为是用户使用某信息系统后影响满意度和持续使用意向的一个重要因素。如 Kim（2010）揭示了在 Twitter 使用中感知趣味性对于用户持续使用行为的正向影响，用户的感知趣味性可能会吸引其对信息系统再次使用。对于微博平台这类享乐型或愉悦型应用系统而言，用户的使用行为的影响研究应加入愉悦度、娱乐性等内在性因素（Sledgianowski et al., 2008）。而且，在娱乐性移动服务的研究中，感知趣味性也多次被证明对持续使用意向有较大的影响（Ha et al., 2007）。Rid（2000）的研究表明，在享乐型信息系统中，感知趣味性对行为意向的影响较大，甚至超过了感知有用性，足可见感知趣味性的重要性。据此，本文提出：

H8：感知趣味性对网上顾客持续使用意向有显著正向影响。

基于以上假设，我们可以初步构建本文的概念模型，如图1所示。

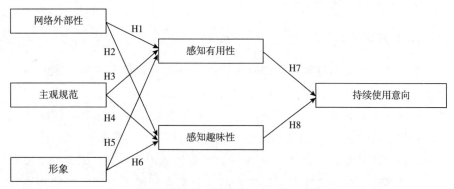

图1 微博用户持续使用意向的概念模型

四 研究设计

（一） 量表开发与设计

为了确保各测量变量具有较高的内容效度，本文的测量题项全部选自国外学者发表在权威杂志上的文献，并结合微博的实际对量表进行了修订。其中，感知有用性的题项主要来源于 Moon（2001）、Hu 和 Kettinger（2008）开发的量表；感知趣味性的题项主要参照了 Lee（2010）、Hu 和 Kettinger（2008）的量表；网络外部性的题项主要依据 Kang（2010）、Lin 和 Lu（2011）的量表；主观规范的题项主要参照了 Taylor 和 Todd（1995）开发的量表；形象的题项则主要来源于 Moore 和 Benbasat（1991）的量表；持续使用意向的题项主要参考了 Lin（2004）、Moon 和 Kim（2001）的量表。此外，为确保测度项翻译的准确性，所有测度项由一个研究者翻译成中文，再由另一个研究者将中文独立翻译成英文，然后比较两个英文版本的量表内容并进行详细修正，以确保中文量表能够反映所有测量项的含义。问卷采用了通行的李克特（Likert）5级量表，即"1"表示完全不同意，"5"表示完全同意。

在发放正式问卷之前，首先进行了小规模的初步测试。问卷首先发放给6位网络营销和信息管理方向的专家进行评阅，并根据他们的意见进行修正；然后邀请了10名使用微博的研究生进行问卷前侧，根据他们的反馈对问卷进行修改，将模棱两可的问题进一步提炼，最后形成 26 个测度项，用于测量 6 个潜在变量，即网络外部性、主观规范、形象、感知有用性、感知趣味性和持续使用意向。

（二）数据采集

本文采用网络问卷调查形式收集数据，首先将设计好的问卷发布在专业性的调查网站"问卷星"（http：//www. sojump. com/）上，然后通过各微博网站（主要是新浪微博、腾讯微博、搜狐微博等国内知名微博网站）、论坛和即时通信软件（如利用新浪微博平台的"@"功能和"私信"功能向他们发送问卷调查的 Web 链接等）邀请微博用户填答。综合运用便利抽样和滚雪球抽样的抽样方法来扩大问卷的调查范围。为了确保问卷填写的有效性，我们在问卷的第一部分设置了筛选问题，调查受访者是否已经使用过某个微博平台，如果受访者选择"否"，则问卷自动跳转到结尾，并提示本次调查结束。另外，为了限制已受访者重复填写答卷，提高回收问卷的质量，我们在问卷中设置了"不允许 IP 地址重复"，以尽量保证回收的每份有效问卷都为不同的微博用户所填写。正式研究在 2012 年8 月至 2012 年 10 月期间，为期 3 个月，实际回收问卷 545 份，剔除没有填写完整与非正常性填答等不合格的 21 份无效问卷，共得到有效问卷524 份。

在样本中，男女比例基本一致，分别为 49.3% 和 50.7%；年龄层次以20～30 岁为主，占样本总体的 71.4%，其余依次是 20 岁以下的占 14.5%，31 岁～40 岁的占 11.2%，40 岁以上的占 2.8%，这和微博网民的年龄特征比较吻合。艾瑞（iResearch，http：//www. iresearch. cn/）网民行为监测系统 iUserTracker 数据显示，与其他新闻媒体相比，微博用户更为年轻，30 岁及以下的用户集中度非常高。在受访者中，已经使用微博服务 1～2年的占 40.8%，3 个月至 1 年的占 30.7%，2～3 年的占 22.4%，另有6.1% 的用户使用微博服务的时间少于 3 个月。从每天微博访问时长来看，大多数用户每天访问微博的时间小于 1 小时，占 50%；其次是 1～2 小时，占 33.9%；访问时间在 2～3 小时、3～5 小时、大于 5 小时的用户比例分别为 9.7%、3.1% 和 3.2%。

为了检验可能存在的应答偏差（Response Bias），本文通过 SPSS18.0统计软件比较被调查者中早期回答者（Early Respondents，前 25% 回收的问卷）和晚期回答者（Late Respondents，最后25%回收的问卷）是否存在显著性差异（Armstrong et al.，1977）。对比两组样本数据，发现两组的控制变量（性别、年龄、微博网龄、每天微博在线时长）在5%的置信区间水平上不存在显著的差异。这初步说明该样本没有显著的无应答造成的偏差。因此，在本文中不存在应答偏差问题。

最后，问卷调查时，所有问项在均由同一填写者填写的情况下，就会出现共同方法偏差（Common Method Variance）的问题。本文采用Podsakoff和Organ（1986）建议的统计方法进行样本数据的检验。本文运用哈曼（Harman）单因子检测方法，对问卷所有条目一起做因子分析，发现在未旋转时得到的第一个主成分，占到的载荷量并没有占到多数。因此，本文中同源偏差基本不会影响研究结论。

五　数据分析

本文采用基于PLS的结构方程模型方法对问卷数据进行分析，分析工具采用SmartPLS 2.0软件。

（一）信度和效度检验

采用李克特量表时，最常用的信度检验方式是利用组合信度和Cronbach's α系数来测量同一建构下各项目间的一致性。从表1可以看出，结构变量中最低的α系数为0.840，最低的组合信度系数为0.888。因此，本测量采用的量表具有较高信度，表明具有较好的内部一致性。

表1　测量模型的信度和收敛效度检验

结构变量	测量变量	标准化因子负荷	平均提炼方差	组合信度	Cronbach's α
网络外部性	NE1. 我认为很多网络用户都会经常使用该微博平台	0.840	0.703	0.922	0.894
	NE2. 我的很多朋友都在使用该微博平台	0.803			
	NE3. 在我看来微博是一种普遍的网络沟通方式	0.881			
	NE4. 在很多情况下，我都要用到该微博平台	0.843			
	NE5. 我认为很多网络用户都会经常使用该微博平台	0.825			

续表

结构变量	测量变量	标准化因子负荷	平均提炼方差	组合信度	Cronbach's α
主观规范	SN1. 对我有重要影响的人（如朋友、专家和偶像等）支持我使用该微博平台	0.918	0.871	0.953	0.926
	SN2. 对我有重要影响的人（如朋友、专家和偶像等）希望我使用该微博平台	0.954			
	SN3. 对我有重要影响的人（如朋友、专家和偶像等）倾向我使用该微博平台	0.927			
形象	I1. 使用该微博平台，有助于提升我的社会形象	0.888	0.789	0.949	0.933
	I2. 使用该微博平台，可以提高我在交际圈中的重要性	0.913			
	I3. 相对于那些不使用的人来说，使用该微博平台的人有更高的知名度	0.903			
	I4. 相对于那些不使用的人来说，使用该微博平台的人有更高的影响力	0.899			
	I5. 在我的交际圈中，使用该微博平台是时尚的象征	0.836			
感知有用性	PU1. 使用该微博平台，能够提高我学习和工作的效率	0.750	0.612	0.888	0.842
	PU2. 使用该微博平台，能够帮助我更迅速地完成某些工作	0.786			
	PU3. 使用该微博平台，能够使我获取到许多有用的信息	0.760			
	PU4. 使用该微博平台，对我和朋友们保持联系很有帮助	0.812			
	PU5. 使用该微博平台，能够使我结交更多朋友，扩大我的交友圈	0.813			
感知趣味性	PU1. 使用该微博平台让我感到很有趣、很好玩	0.865	0.762	0.941	0.922
	PU2. 使用该微博平台能为我带来更多生活、学习上的乐趣	0.896			
	PU3. 该微博平台提供了很多有趣的内容和应用	0.887			
	PU4. 该微博平台是很好的娱乐信息提供来源	0.875			
	PU5. 该微博上讨论的许多话题都很有意思	0.842			

结构变量	测量变量	标准化因子负荷	平均提炼方差	组合信度	Cronbach's α
持续使用意向	CIU1. 未来一段时间内，我更加愿意继续使用该微博平台	0.896	0.759	0.904	0.840
	CIU2. 未来一段时间内，我会推荐我的朋友使用该微博平台	0.914			
	CIU3. 未来一段时间内，我仍将经常使用该微博平台，而不是其他的微博平台	0.780			

本文也对收敛效度和判别效度进行了检验，以确保每个多指标量表体系都能够充分而适当地捕获和描述特定概念的内涵。从表 1 可以看出，各个测量项的标准化因子负荷最小为 0.750，高于 0.7 的门槛值 (Carmines et al. , 1979)，而且都具有很强的统计显著性 (P0.001)。同时，本项研究中每个潜变量的平均提炼方差 (Average Variance Extracted, AVE) 最小值为 0.612，大于门槛值 (Fornell et al. , 1981)。这表明本文所用量表具有充分的收敛效度。为了确保各个概念之间存在着内涵和实证方面的差异，模型中每个潜变量的 AVE 的平方根应该大于该概念与其他概念的相关系数 (Fornell et al. , 1981)。本文对模型中主要概念的各个维度进行描述性统计分析，并计算两两之间的相关关系，如表 2 所示。分析结果表明这个条件也能够较好地满足，充分体现了各个概念之间存在着较高的判别效度。

本文所用测量问项均来源于国外学者发表在权威杂志上的文献，且在最终确认问卷之前，通过咨询相关领域的专家，预试并修正问卷的部分提

表 2　测量模型的区别效度检验

	网络外部性	主观规范	形　象	感知有用性	感知趣味性	持续使用意向
网络外部性	0.839					
主观规范	0.740	0.933				
形象	0.645	0.740	0.888			
感知有用性	0.666	0.622	0.711	0.782		
感知趣味性	0.745	0.608	0.585	0.682	0.873	
持续使用意向	0.754	0.666	0.662	0.625	0.722	0.871

法与内容，因此问卷具有较高的内容效度。

（二）模型的基本路径检验

本文基于偏最小二乘法的结构方程模型，构造出网络外部性、主观规范、形象、感知趣味性、感知有用性和持续使用意向的整合分析框架，系统地剖析各个变量之间的相互影响关系。

从分析结果可以看出，对于感知有用性而言，形象的正向影响最大（0.480，p），网络外部性对感知有用性也具有显著的正向影响关系（0.354，p）。对于感知趣味性而言，网络外部性的正向影响最大（0.616，p），形象对感知趣味性也具有显著的正向影响关系（0.168，p）。而主观规范对感知有用性和感知趣味性的影响均不显著。因此，假设 H1、假设 H2、假设 H5 和假设 H6 得到支持，而假设 H3 和假设 H4 没有得到支持。该研究结果表明随着网络外部性的提升，越来越多的网络用户和自己的朋友使用该微博平台，将使得该微博平台中的信息更加丰富，互动更加频繁和便利，从而提升微博用户对该微博平台有用性和趣味性的评价。同时，用户在微博的使用过程中，感知到形象的提升也会增强其对这一微博平台的有用性和趣味性的感知。而主观规范对感知有用性和感知趣味性的影响不显著的可能原因在于：主观规范是通过内化及认同的方式对个人的持续使用意向施加影响，通常对以任务为导向的信息系统使用行为具有显著的影响，但微博是一种新兴的娱乐平台，其用户又多为年轻的一代，具有较强的思想独立性和自主性，受他人或媒体的影响较小。因此，主观规范在本文中没有显著的影响作用。

对于用户的持续使用意向而言，感知趣味性和感知有用性都具有显著的正向影响作用，其中感知趣味性的影响（0.554，p）比感知有用性（0.248，p）更强。因此假设 H7 和 H8 得到支持。该结果表明，感知有用性和感知趣味性的提升都有利于提高用户对微博平台的持续使用意向，但相对而言感知趣味性比感知有用性的影响力更强。这可能是因为微博作为社会性网络服务，属于典型的享乐型信息系统平台，微博用户使用该类网站更多的是出于生活消遣、获取快乐和感情维系的目的，而对微博平台的有用性要求并不是很高。

表3 模型的假设检验的结果

假设路径关系	标准化路径系数	T值	结　论
H1：网络外部性——→感知有用性	0.354 ***	6.216	得到支持
H2：网络外部性——→感知趣味性	0.616 ***	10.669	得到支持
H3：主观规范——→感知有用性	0.005	0.089	没有得到支持
H4：主观规范——→感知趣味性	0.027	0.448	没有得到支持
H5：形象——→感知有用性	0.480 ***	12.372	得到支持
H6：形象——→感知趣味性	0.168 ***	3.774	得到支持
H7：感知有用性——→持续使用意向	0.248 ***	5.703	得到支持
H8：感知趣味性——→持续使用意向	0.554 ***	11.831	得到支持

注：** 代表 $p < 0.01$；*** 代表 $p < 0.001$。

（三）感知有用性和感知趣味性的中介效应

本文进一步根据 Liang 等（2007）的建议再运用 PLS 结构方程模型进行感知有用性和感知趣味性的中介效应的检验，分析结果如表4所示。①感知趣味性在网络外部性和持续使用意向之间起部分中介作用，实现路径为：网络外部性→持续使用意向，或者网络外部性→感知趣味性→持续使用意向。②感知趣味性在形象和持续使用意向之间起部分中介作用，实现路径为：形象→持续使用意向，或者形象→感知趣味性→持续使用意向。该结果表明，网络外部性和形象不仅能对微博用户的持续使用意向产生显著的直接影响，还会提升微博用户对微博服务趣味性的感知，进而对微博用户的持续使用行为意向产生显著的间接影响。

从表4的结果中还可以看出：①感知趣味性在主观规范和持续使用意向之间的中介作用不显著；②感知有用性在网络外部性、形象、主观规范和持续使用意向之间的中介效应不显著。正如前文所述，微博平台是一种享乐型系统平台，微博用户使用该类服务更多的是出于生活消遣、获取快乐和感情维系的目的，因此，主观规范对持续使用意向既没有显著的直接影响，也不会以感知有用性和感知趣味性为中介对持续使用意向产生显著的间接影响。与感知有用性相比，感知趣味性对微博用户持续使用意向的影响要重要得多，不仅直接影响程度更大，而且还在社会因素（网络外部性和形象）与持续使用意向的关系中起到部分中介的作用。

表4　感知趣味性在网络外部性、主观规范和形象与持续使用意向间的中介效应

步骤	解释变量	被解释变量	值	成立条件
步骤一	自变量	因变量	1-1, 1-2, 1-3	1 应具显著性
	网络外部性	持续使用意向	0.520 ***	
	主观规范		0.087	
	形象		0.263 ***	
步骤二	自变量	中介变量	2-1, 2-2, 2-3	2 应具显著性
	网络外部性	感知有用性	0.347 ***	
			0.004	
	主观规范		0.486 ***	
			0.616 ***	
	形象	感知趣味性	0.028	
			0.168 ***	
步骤三	自变量	因变量	3-1, 3-2, 3-3	4 应具显著性；1>3；3 不具显著性，完全中介效应成立；3 具有显著性，部分中介效应成立
	网络外部性	持续使用意向	0.335 ***	
	主观规范		0.079	
	形象		0.214 ***	
	中介变量		4	
	感知有用性		-0.006	
			-0.006	
			-0.008	
	感知趣味性		0.303 ***	
			0.303 ***	
			0.303 ***	

六　研究结论与展望

（一）研究结论和理论贡献

本文遵循科学研究的逻辑，结合微博平台的实践情境与特征分析，将网络外部性、主观规范和形象作为前因变量，感知有用性、感知趣味性两个关键变量作为中间变量，对微博用户持续使用意向进行理论扩展与假设开发，探讨社会因素对微博用户持续使用意向的影响机制。实证研究发

现：①网络外部性、形象两个社会因素变量对感知趣味性和感知有用性均具有显著的正向影响关系；②感知趣味性和感知有用性对微博用户的持续使用意向具有显著的正向影响关系；③网络外部性、形象会以感知趣味性为中介间接影响微博用户对微博平台的持续使用意向；④感知有用性在网络外部性、形象、主观规范和持续使用意向之间的中介效应不显著。

本文的理论贡献主要体现在三个方面。第一，将社会类因素引入微博用户持续使用问题的研究，并通过实证研究方法证实了网络外部性和形象两个社会类因素对微博用户的持续使用具有重要的影响。微博作为一种重要的社会化媒体应用，其用户持续使用问题正受到越来越多的研究的关注。本文的开展证实了社会类因素在微博用户持续使用中的重要作用，有利于后续研究在关注任务类因素的同时，进一步重视社会类因素的重要作用，将主观规范、形象等社会类因素引入微博持续使用的研究，从而更为系统和全面地揭示微博持续使用的影响机制。第二，分析了易用性和趣味性两个变量在社会类因素和微博持续使用意向间的中介效应，并通过实证研究方法证实了趣味性在网络外部性、形象和微博持续使用意向间存在显著的部分中介效应。网络外部性和形象会提升微博用户对微博服务趣味性的感知，进而对微博用户的持续使用行为意向产生显著的间接影响。第三，从现有的社会化媒体持续使用行为的研究来看，大多数研究集中在论坛、社交网站等已经非常成熟的社会化媒体平台上，针对中国微博平台用户持续使用行为的研究还非常少，无论是广度还是深度都远不及前者。本文对微博用户的持续使用意向进行实证研究，揭示了不同网络外部性、形象、感知趣味性等因素对微博用户持续使用意向的影响程度差异，不仅对微博平台运营商具有参考价值，也为今后进一步研究相关问题提供参考。

（二）管理启示与实践意义

本文在理论探索的基础上，遵循理论与实践相结合的原则，对我国微博平台运营商的经营管理具有三个方面的实践启示。

第一，网络外部性对微博用户持续使用意向具有重大影响。随着微博市场的发展，特别是各大门户相继加大微博业务的投入力度，如何留住原有用户群、吸引新用户的加入，并使之保持对自身微博平台的忠诚，成为值得运营商深入思考的问题。首先，运营商可以加大线上和线下的推广力度，吸引更多的用户加入微博，比如邀请名人加入，利用名人效应，不但能带动一部分粉丝的加入，更能通过该名人的一些动态信息或是名人的互动来提高微博用户的活跃度。其次，微博平台运营商可以与各大综艺节目或是综艺比赛的主办方进行合作，提供观众通过微博参与互动活动的方式，这样不仅可以将一部分观众加入到微博中，更能提高这些微博用户的活跃度。最后，微博用户之间多以单向关注为主，这种单向关注关系具有较大的不稳定性，如果其他微博网站有用户更想关注的内容，则用户流失不可避免。微博运营商需注重为用户引入稳定的好友关系，挖掘潜在的好友关系，并且满足用户实时沟通的需求。当用户在微博上既能获取大量信息的同时又能便捷地与好友保持联系，微博用户的黏性也将得到提高。

第二，微博平台用户对自身形象提升程度的感知将对微博运营商起到至关重要的作用。在当今这个彰显个性、追求时尚的时代，人们更关注自己的形象或是品位，在任何方面都要显示自己的能力。微博运营商要想抓住更多的用户，可以利用用户的这些特点在微博中增加一些附加的标志，来彰显用户的能力。例如，可以根据用户粉丝的数量或是与粉丝互动活跃度来对用户进行排行，并实时更新。在游戏中也可以加入排行榜，鼓励用户争取"王者之冠"。根据用户加入微博的年限或是在微博上的活跃度颁发各种勋章来彰显身份。另外，一个健康、平衡的微博生态环境，也可以使用户感知到自己的个人形象得到提升，进而影响其对该微博的持续使用意向。因此，微博运营商需要能够对微博内容起到过滤、把关的作用，从而有效地防止对用户形象有严重损害的微博信息扩散、泛滥，使微博更加文明、纯净，朝着规范、有序、健康的方向发展。

第三，本文表明感知趣味性对用户持续使用意向的影响作用很强。在当今快节奏的生活条件下，人们不论是在工作还是在生活方面都有很大的压力，人们更倾向于在工作、学习之余使用一些有趣、轻松的东西来释放压力和放松心情，而微博则提供了这样的平台。但目前各大微博平台趋于同质化，在功能和操作方面都相差无几。因此，要想提高微博用户持续使用意向，就需要开发出更多使用户感受到趣味性的东西。因此，运营商应该从多方面入手提高用户的感知趣味性。首先，可以引入一些参与性、互动性较强，可玩性较高的网页游戏，建议微博运营商与第三方网络公司合作开发网页版互联网小应用程序和网页版游戏。其次，微博供应商也可以与一些专门从事搞笑的网络名人签约或是委派专门的人负责定时发布一些有趣、减压、搞笑的文字、图片或视频，来吸引更多的用户，并且鼓励用户互动，如发布一些如内容接龙的文字等。这些在提高用户感知趣味性的同时也可以提高用户的持续使用意向。值得一提的是，微博运营商提供的娱乐项目需要不断推陈出新，使用户对微博持有一定的新鲜感，以达到增强用户的感知趣味性的目的。

（三） 研究局限与展望

本文主要存在两个方面的局限性，这是未来相关研究应该改进的地方。

一方面，本文中的微博用户持续使用只关注了用户的意向，而非真实的持续使用行为，而实际上微博用户的持续使用意向和持续使用行为之间是存在差异的。未来研究可以考虑将数据抓取与数据挖掘方法应用于微博用户持续使用的研究中，获取微博用户持续使用的行为数据，进而分析持续使用意向与实际使用行为之间的关系，以及实际使用行为背后的影响机理。

另一方面，本文虽然通过实证研究方法证实了网络外部性和形象两个社会类因素对微博用户的持续使用具有重要的影响，但仍有可能存在其他本文没有关注到的对微博用户的持续使用具有重要影响的社会因素。因此，未来的研究可以在模型中引入新的社会类变量，对模型进行进一步完善，从而更为系统全面地揭示微博用户持续使用的影响机制。

参考文献

[1] 邓朝华、鲁耀斌、张金隆：《基于 TAM 和网络外部性的移动服务使用行为研究》，《管理学报》2007 年第 2 期。

[2] 黎斌：《微博用户持续使用意愿影响因素研究》，浙江大学硕士学位论文，2012。

[3] 李冰玉：《3D 虚拟社区与社交网站的融合发展探析》，《东南传播》2010 年第 2 期。

[4] 刘鲁川、张新芳、孙凯等：《微博活跃用户持续使用行为的实证研究》，《2012 中国信息经济学年会会议论文集》，重庆，2012。

[5] 潘延杰、史烽：《基于网络外部性的 B2C 电子商务采纳意向研究——以在校大

学生为例》，《江苏商论》2009 年第 11 期。

［6］彭希羡、孙霄凌、冯祝斌：《微博用户持续使用意向的理论模型及实证研究》，《现代图书情报技术》2012 年第 11 期。

［7］沈晓琴、宋万林：《论微博在个人以及企业形象塑造中的作用》，《东南传播》2012 年第 1 期。

［8］殷国鹏、杨波：《SNS 用户持续行为的理论模型及实证研究》，《信息系统学报》2010 年第 1 期。

［9］赵玲：《虚拟社区成员参与行为的实证研究》，华中科技大学博士学位论文，2011。

［10］Ajzen I., Fishbein. M., 1977, "Attitude - Behavior Relations: a Theoretical Analysis and Review of Empirical Research", *Psychological Bulletin*, 84 (5), pp. 888 - 918.

［11］Ames C. D., Vanlangendonck R., Morrissey K., et al., 2005, "Evaluation of Surgical Models for Renal Collecting System Closure During Laparoscopic Partial Nephrectomy", *Urology*, 66 (2), pp. 451 - 454.

［12］Armstrong J. S., Overton T. S., 1977, "Estimating Non - Response Bias in Mail Surveys", *Journal of Marketing Research*, 14 (3), pp. 396 - 402.

［13］Barnes, J. S., Böhringer, et al., 2011, "Modeling Use Continuance Behavior in Microblogging Services: the Case of Twitter", *Journal of Computer Information Systems*, 51 (4).

［14］Carmines E. G., Zeller R. A., 1979, *Reliability and Validity Assesment*, Beverly Hills: Sage Publications.

［15］Chen S., Yen D. C., H. wang M. I., 2012, "Factors Influencing the Continuance Intention to the Usage of Web 2. 0: an Empirical Study", *Computers in Human Behavior*, 28 (3), pp. 933 - 941.

［16］Davis F. D., 1989, "Perceived Usefulness, Perceived Ease of Use, and User Acceptance of Information Technology", *MIS Quarterly*, 13 (3), pp. 319 - 340.

［17］Davis F. D., Bagozzi R. P., Warshaw P. R., 1992, "Extrinsic and Intrinsic Motivation to Use Computers in the Workplace", *Journal of Applied Social*, 22, pp. 1111 - 1132.

［18］Deci E. L., 1975, *Intrinsic Motivation*, New York: Plenum Press.

［19］Fornell C., F., L. D., 1981, "Structural Equation Models with Unobservable Variables and Measure - Ment Error: Algebra and Statistics", *Journal of Marketing Research*, 18 (3), pp. 382 - 388.

［20］Ha I., Yoon Y., 2007, "Determinants of Adoption of Mobile Games Under Mobile Broadband Wireless Access Environment", *Information & Management*, 44 (3), pp. 276 - 286.

[21] Henseler J. , Ringle C. M. , Sinkovics R., 2009, "The Use of Partial Least Squares Path Modeling in International Marketing", *Advances in International Marketing*, 20, pp. 277 - 320.

[22] Hu T. , Kettinger W. J., 2008, Why People Continue to Use Social Networking Services: Developing a Comprehensive Model, Proceedings of the 29th International Conference on Information Systems.

[23] Kang Y. S. , Lee H., 2010, "Understanding the Role of an IT Artifact in Online Service Continuance: an Extended Perspective of User Satisfaction", *Computers in Human Behavior*, 3 (26), pp. 353 - 364.

[24] Kauffman R. J. , Mcandrews J. , Wang Y. , 2000, "Opening the 'Black Box' of Network Externalities in Network Adoption", *Information Systems Research*, 1 (11), pp. 61 - 82.

[25] Kim G. S. , Park S. B. , et al. , 2008, "An Examination of Factors Influencing Consumer Adoption of Short Message Service", *Psychology and Marketing*, 25 (8), pp. 769 - 786.

[26] Lee M. , 2010, "Explaining and Predicting Users' Continuance Intention Toward E - Learning: an Extension of the Expectation - Confirmation Model", *Computers & Education*, 2 (54), pp. 506 - 516.

[27] Liang H. , Saraf N. , Hu Q. , et al. , 2007, "Assimilation of Enterprise Systems: the Effect of Institutional Pressures and the Mediating Role of Top Management", *MIS Quarterly*, 31 (1), pp. 59 - 87.

[28] Limayem M. , Hirt S. G. , 2007, "How Habit Limits the Predictive Power of Intention: the Case of Information Systems Continuance", *Management Information Systems Quarterly*, 31 (4), pp. 705 - 737.

[29] Lin C. P. , A. B. , 2008, "Elucidating Individual Intention to Use Interactive Information Technologies: the Role of Network Externalities", *International Journal of Electronic Commerce*, 13 (1), pp. 85 - 108.

[30] Lin C. S. , Wu S. , Tsai R. J. , 2004, "Integrating Perceived Playfulness into Expectation - Confirmation Model for Web Portal Context", *Information & Management*, 42 (5), pp. 683 - 693.

[31] Lin K. , Lu H. , 2011, "Why People Use Social Networking Sites: an Empirical Study Integrating Network Externalities and Motivation Theory", *Computers in Human Behavior*, 27 (3), pp. 1152 - 1161.

[32] Lin, Pei - Chun, Chou, et al., 2009, "Perceived Usefulness, Ease of Use, and Usage of Citation Database Interfaces: a Replication", *the Electronic Library*, 27 (1), pp. 31 -

42.

［33］ Lu J. , Yao J. E. , Yu C. , 2005, "Personal Innovativeness, Social Influences and Adoption of Wireless Internet Services Via Mobile Technology", *Journal of Strategic Information Systems*, 14 (3), pp. 245 - 268.

［34］ Moon J. , Kim Y. , 2001, "Extending the TAM for a World - Wide - Web Context", *Information & Management*, 38 (4), pp. 217 - 230.

［35］ Moore G. C. , Benbasat I. , 1991, "Development of an Instrument to Measure the Perceptions of Adopting an Information Technology Innovation", *Information Systems Research*, 2 (3), pp. 192 - 222.

［36］ Parthasarathy M. , Bhattacherjee A. , 1998, "Understanding Post - Adoption Behavior in the Context of Online Services", *Information Systems Research*, 9 (4), pp. 362 - 379.

［37］ Platt, G. R. , 2009, "Groundswell Winning in a World Transformed by Social Technologies", *Journal of Information Technology Case and Application Research*, 11 (2).

［38］ Podsakoff P. M. , Organ D. W. , 1986, "Self - Reports in Organizational Research: Problems and Prospects", *Journal of Management*, 12 (4), pp. 531 - 544.

［39］ Birkhiluser Verlag, Basel, 2000, "Intracolonial Demography of the Mound - Building Termite Macrotermes Natalensis (Haviland) (Isoptera, Termitidae) in the Northern Kruger National Park, South Africa", *Insectes Sociaux*, 47 (4), pp. 390 - 397.

［40］ Shen Y. C. , Huang C. Y. , Chu C. H. , 2010, "Virtual Community Loyalty: an Interpersonal Interaction Perspective", *International Journal of Electronic Commerce*, 15 (1), pp. 49 - 73.

［41］ Sledgianowski D. , Kulviwat S., 2009, "Using Social Network Sites: the Effects of Playfulness, Critical Mass and Trust in a Hedonic Context", *Journal of Computer Information Systems*, 49 (4), pp. 74 - 83.

［42］ Sledgianowski D. , Kulviwat S. , Social Network Sites: Antecedents of User Adoption and Usage, Proceedings of the 14th Americas Conference on Information Systems, 2008.

［43］ Taylor S. , Todd P. A. , 1995, "Understanding Information Technology Usage: a Test of Competing Models", *Information Systems Research*, 6 (2), pp. 144 - 176.

［44］ Vander Heijden H. , 2004, "User Acceptance of Hedonic Information Systems", *Management Information Systems Quarterly*, 28 (4), pp. 695 - 704.

［45］ Wadhwa N. , Venkatesh P. , Sampangi R. , et al , 2008, "Rhegmatogenous Retinal Detachments in Children in India: Clinical Characteristics, Risk Factors, and Surgical Outcomes", *Journal of AAPOS*, 12 (6), pp. 551 - 554.

图书在版编目（CIP）数据

中国流通理论前沿 . 7 / 荆林波,依绍华,李蕊主编 . —北京：
社会科学文献出版社，2015.6
（中国经济科学前沿丛书）
ISBN 978 - 7 - 5097 - 7398 - 7

Ⅰ.①中…　Ⅱ.①荆…　②依…　③李…　Ⅲ.①商品流通 –
研究 – 中国　Ⅳ.①F724

中国版本图书馆 CIP 数据核字（2015）第 076084 号

· 中国经济科学前沿丛书 ·

中国流通理论前沿（7）

主　　编／荆林波　依绍华　李　蕊

出 版 人／谢寿光
项目统筹／林　尧
责任编辑／林　尧

出　　版／社会科学文献出版社·经济与管理出版分社 （010）59367226
　　　　　　地址：北京市北三环中路甲 29 号院华龙大厦　邮编：100029
　　　　　　网址：www. ssap. com. cn
发　　行／市场营销中心 （010）59367081　59367090
　　　　　　读者服务中心 （010）59367028
印　　装／北京季蜂印刷有限公司

规　　格／开　本：787mm × 1092mm　1/16
　　　　　　印　张：16　字　数：267 千字
版　　次／2015 年 6 月第 1 版　2015 年 6 月第 1 次印刷
书　　号／ISBN 978 - 7 - 5097 - 7398 - 7
定　　价／69. 00 元